L'ANY DELS FRANCS

ALBERT VILLARÓ

L'ANY DELS FRANCS

COLUMNA

Premi Nèstor Luján de Novel·la Històrica 2003

COL·LECCIÓ CLÀSSICA - NOVEL·LA HISTÒRICA
PRIMERA EDICIÓ: DESEMBRE DEL 2003
PROJECTE GRÀFIC: COLUMNA COMUNICACIÓ, S.A.

AVINGUDA DIAGONAL, 662 - 08034 BARCELONA
ISBN: 84-664-0388-4
DIPÒSIT LEGAL: B. 48.549-2003
FOTOCOMPOSICIÓ: VÍCTOR IGUAL, S.L.
CARRER CÒRSEGA, 237, BAIXOS - 08036 BARCELONA
IMPRÈS A: HUROPE, S.L.
CARRER LIMA, 3 BIS - 08030 BARCELONA

EL JURAT DEL VII PREMI NÈSTOR LUJÁN
DE NOVEL·LA HISTÒRICA (2003)
ESTAVA FORMAT PER:
FRANCISCA ESPERANZA DE LUJÁN, GABRIEL JANER MANILA,
ESTER PUJOL, VICENT SANCHIS I JAUME SOBREQUÉS.

Primo

El que és l'incipit o per on es comença

En nom de Déu lo Pare omnipotent, del Crist que ens redimia i de l'excels Paraclet. Au. Amén. Ja està. Que a partir d'ara ens empari la Trinitat, si existeix, si pot i si vol, ni que sigui només al llarg d'aquesta crònica on apareixeran molts homes que, a l'hora esmolada de la veritat, no van tenir la seva protecció i que avui paguen els seus pecats a l'infern o gaudeixen d'eterna benaurança al paradís.

Començo a escriure el segon dia de les calendes de juny de l'any divuitè del regnat del rei Robert, fill i hereu d'Hug dit el Capet. Ja són anys, divuit, els de Robert, rei dels francs. No sé gran cosa sobre ell. És gras com un bou, sua llard i li agraden les dones, i diuen que està casat amb tres a la vegada, com si fos un alfaquí dels ismaelites, malgrat les queixes de bisbes i fins i tot les protestes del papa Gerbert, que li ha enviat missatgers i requisitòries d'excomunió, de les quals no n'ha fet mai cap cas. Podria ser veritat, o invenció de maldients. Diuen els que hi han tingut tractes que els reis no hi són ben bé tots, que com més ens enfilem per les escales de la noblesa, menys homes virtuosos s'hi troben, i que els vicis i la vida còmoda els estoven el bon criteri, fins a convertir-los en criatures fades, sense voluntat. I quan el rei Robert es mori, podran passar ben bé cinc o sis o set mesos abans no ens arribi la notícia, i llavors tindrem tot de documents que porten la data del regnat d'un rei difunt, cosa que no pot ser i és de mal averany

El pare abat, que s'ha llegit amb atenció i profit els tractats de Dionís l'Escàs o l'Exigu i n'ha continuat fent els càlculs, diu que som a l'any de l'Encarnació que en fa mil tretze. Mil tretze. És una xifra absurda. Però prou podria ser veritat, perquè si alguna cosa he après en aquesta vida és a no sorprendre'm de res. Que n'és de vell, el món.

Em diu el pare abat que no escrigui més. Que ho deixi estar i no perdi el temps. Tot això que ha passat i vull explicar és d'una natura tan extraordinària que travessarà intacte les generacions, els pares ho contaran als fills i els fills als néts dels pares, i d'aquesta manera perdurarà per sempre, amb alguns detalls oblidats i d'altres d'embellits o inventats, i que la imatge que en quedarà a la fi dels segles serà com una pedra polida per la força de l'aigua, que la deixa sense arestes i amb una forma perfecta, sense que per això deixi de ser pedra i mantingui la seva duresa. A tot això li dic que no, que la memòria dels homes és fràgil i voladissa, subjecta a capricis i accidents, que la mort i l'oblit acaben per esborrar-ho tot, i que només les coses que queden fixades per la paraula escrita tenen alguna oportunitat, i encara escassa, de convertir-se en perdurables. El que avui ens pot semblar sublim i heroic, immortal i inoblidable, pot ser vist l'endemà com tronat i ranci, sense interès, i encara en podran fer escarni, per acabar-ho perdent, com passa en aquells rius cabalosos que, de sobte, s'escolen entre els rocs de la llera i queden del tot eixuts, sense deixar ni rastre de tot aquell doll que tenien només uns instants abans. ¿Què se n'ha fet, de la santa memòria de Carlemany, i del seu fill el Piadós, que foren els senyors del món, quan encara no han passat ni cinc generacions? D'aquells herois ben poca cosa n'ha quedat: unes quantes cançons de fons de bóta, que canten a mitges els soldats embriacs, quatre preceptes i capitulars que els monjos ja han après a falsificar sempre que els convé per defensar o inventar-se els seus drets. Unes argolles de ferro que vaig veure una vegada dalt del port de Fontargent, a l'entrada de les terres de França, mig colgades per la neu. I poca cosa més.

No vull córrer aquest risc. Cada cop que veig un cel rogent de capvespre ventós m'imagino que és el reflex de la sang vessada en aquell dia de glòria a la costa de les Vaques, tan lluny de casa. O, encara pitjor, de la que va rajar durant la batalla del riu d'Aro. M'és igual el que diguin. Ho escriuré. Hi ha coses que si no les explico jo, no les explicarà ningú. I això pot quedar-se en una biblioteca tant de temps com vulgui. Si s'ho mengen les rates, si un bon dia raupen les ratlles amb la navalla per escriure-hi una altra mentida al damunt o si no pot ser llegit de tan florit, serà només per la misteriosíssima voluntat de Déu, sobre la qual no hi tinc res a dir, només que de vegades es revela com a capriciosa i incomprensible.

Els temps nous ja han arribat. Fa una bona estona han passat uns cavallers pel camí de dalt, el que mena al castell d'Elins. Portaven un parell de mules carregades, no he vist amb què. Potser eren pells adobades, o bóts de vi. Venien de la banda de Cassovall i de Saulet. Eren una bona colla, deu o dotze. M'ha semblat reconèixer algun dels genets: Berenguer Ros d'Ortons, el saig vell de Centelles. Només de veure el núvol de pols que aixequen al seu pas ja fan por. No hi ha dia en què no arribin al monestir notícies de les malvestats que cometen. Abans d'ahir van tallar el coll a un home que els havia maleït en veu baixa per haver xafat un sembrat d'aufals tendre. Ni tan sols van poder sentir què els havia dit. El nou comte, el jove Ermengol, encara no té quatre anys, i amb prou feines s'aguanta dret. No té cap autoritat sobre aquesta catèrvola de cavallers sense amo, ni la tindrà fins d'aquí a molts anys. Ni que fos més gran i dues vegades més valent que l'Ermengol pare i primer no podria controlar-los. Viu tancat al palau de Ciutat, envoltat de dides i vigilants que no el deixen estar ni de nit ni de dia, sota la protecció directa del vescomte Guillem. El seu oncle i tutor, Ramon Borrell, prou maldecaps té a Barcelona i a la seva part de la frontera. No s'atreveix a endur-se'l al seu costat, on estaria més segur. Pensa, i potser amb tota la raó, que si abandona les seves possessions els nobles del comtat se les repartiran l'endemà mateix, sense cap consideració ni a les lleis dels gots ni als costums antics, ni a la santa memòria del pare i de l'avi, el comte Borrell, que Déu hagi salvat. Si viu al palau, és com si hi hagués una il·lusió de continuïtat, un fil d'aranya que lliga l'ahir amb l'avui.

Però aquesta és una terra deixada de la mà de Déu, a mercè dels homes de la guerra, que campen pel país sense respectar res, ni el que és més sagrat. Cada dia tinc més motius per penedir-me'n, perquè he ajudat a convertir-los en unes bèsties sense fe. En el fons, sóc com ells. Sóc un d'ells.

II

On es continua l'anterior, entre els vessants rostos de Tost i el monestir de Codinet, que era petit i modest però venerable

Diuen els entesos en retòrica (però també els que no ho són i només ho fan veure, que són majoria), que els relats han de començar per la presentació correcta dels seus protagonistes i de les circumstàncies que els envolten, en bon ordre i sense passar d'amunt cap avall, tornar enrere i capgirar-ho tot. Ha estat sempre així i no hi ha cap motiu per fer-ho d'una altra manera. Cap impediment, doncs. Tot el que explicaré d'ara cap endavant serà el relat real i sincer dels fets extraordinaris que he viscut. Com si fos un judici, en donaré testimoni veritable, fins i tot de les coses que hauria d'amagar, per ser motiu de vergonya o remordiment.

Vaig néixer a la vall de Tost. No sé ben bé on, ningú no m'ho va dir mai i tampoc no vaig fer preguntes que no serien contestades amb sinceritat o precisió. Tost és un mal país, segons és fama entre els habitants envejosos de les valls veïnes. Terra de cabres magres i de sembrats de rocs, diuen. L'entrada a la vall, que és seca i costeruda, amb turons tous, com fets de guix, torrenteres fondes, de mal passar, i un riuet prim que arriba només amb un filet d'aigua a Segre, fins i tot en temps de desglaç. Des de la ribera fins a la carena s'hi estenen mil feixes de vinya, que produeixen poc vi i encara tan aspre i de poc cos, que només es pot beure cas que no n'hi hagi de millor.

El castell de Tost és situat just al lloc on la vall comença a fer-se una mica amable, com si volgués vigilar que ningú no hi entri sense permís. No hi ha fura que pugi des de Segre que no es vegi d'una hora lluny. És un castell més aviat petit i lleig. No té l'aire elegant de les torres que es fan ara, amb aquelles filades tan estretes, aquelles alçades insòlites, que em fan venir vertigen des de la plataforma que hi ha a dalt de tot. Té forma estranya, perquè s'ha d'adaptar als capricis de la penya i al mateix temps ha de vetllar per no deixar racons morts, que serien difícils de defensar. Això fa que des de dins algunes de les estances siguin estrafetes, on no hi ha ni bagul ni escó que s'hi pugui posar bé. Vist des de lluny, es confon amb la penya clara sobre la qual s'aixeca, perquè té un bon arrebossat, de color d'os vell assecat al sol. El van construir en temps dels padrins dels padrins dels padrins, conten, i durant molts anys no hi van fer cap reforma, excepte una cisterna que van construir durant tot un estiu: aquella mateixa tardor hi va caure la meva mitja germana Gerberga, i una mica més i s'hi ofega. Una vegada, en una escletxa del mur que dóna al pati, hi vaig trobar una moneda, que em van dir era d'un rei de Roma.

Allí m'hi vaig criar. Tinc entès que he fet vint-i-dos anys, igual que el meu mig germà Arnall, si ningú no es va descomptar quan era massa petit per poder dur jo mateix el càlcul. Això vol dir que vaig néixer l'any que en feia quatre del regnat del rei Hug, també famós rei de França, de la família dels Capets, pare que fou del rei Robert que ja hem trobat una mica més amunt. Noucents noranta-u, segons l'abat i segons l'Exigu. És aquesta una xifra tan gran que s'escriu amb totes les lletres que es fan servir. El pare abat em va ensenyar l'altre dia un altre camí per representar els nombres, a la manera dels infidels, i que es fan amb una mena de lletres, posades les unes al costat de les altres, de manera que una xifra és com una paraula. Ell ho havia après del papa Gerbert, quan estudiava a Ripoll, i suposava que jo les hauria d'haver vist a Còrdova, perquè allà són d'ús comú i tothom qui ha de fer comptes les empra sense dificultats. Li vaig contestar que allí no les vaig veure, o que no m'hi vaig fixar prou. No hi vaig anar a aprendre matemàtiques ni geometria. Potser hauria estat millor.

El meu pare és Miró de Tost, senyor de la vall i amo del castell, que havia heretat la senyoria del seu pare i al seu torn el seu pare l'havia rebuda del seu pare i així anant fent fins al primer de la llista, que no sé pas qui fou, i ningú dels que remenen escriptures de la família i han estat preguntats tampoc no ho sap. Però sóc un fill bordisc i sense drets, perquè Miró, home de gran vigoria, escampava la seva llavor entre les dones joves de la vall com qui sembra feixes d'ordi. Vaig néixer gairebé al mateix temps que el seu primogènit, l'Arnall Miró. Diuen que ens assemblem molt, que tots dos tenim els mateixos cabells llepats color ala de corb, ulls blau fosc, d'aigua entollada. Una criada vella em va dir que el petit Arnall era un nadó malaltís i enaiguat, com un moixonet caigut del niu, i que els va semblar que no passaria de la quarantena, encara albat, i que l'haurien d'enterrar sota la llinda de l'entrada de la sala, com era costum. Si s'hagués mort, potser jo hauria estat l'hereu, no els hauria costat gens de fer el canvi.

L'esposa de Miró, la senyora Sança, va tenir unes febres terçanes molt fortes que la van privar d'alletar. Segurament la meva mare va fer de dida de tots dos. Recuperats la mare i el fill, m'hi vaig quedar. De nom em van posar Dacó. De vegades, quan estava de bon humor, Miró em deia que era nom de guerrer, que el nom ajudava a la providència i marcava un camí. Ell sí que era un guerrer, i prou que ho semblava. Quan era petit gairebé mai no el veia. Se n'anava a caçar al cap de la vall, pels boscos de Selvanyà, o de Segars, o bé d'expedició amb el comte o amb els seus cosins de Cabó. Quan tornava a Tost, brut, cansat i esgarrapat, era capaç de passar-se dos dies seguits dormint, llevar-se, menjar una mica i encabat tornar a marxar.

No sé per què es van estimar més que em quedés al castell. Potser per fer companyia a l'hereu, o bé a Miró li va saber greu que tornés a la casa de la meva mare, que tal vegada no era sinó una cabanota dalt d'un serrat, al límit del bosc, i va pensar que el fill d'un guerrer mereixia alguna altra cosa més que no pas fer artigues i preparar parets de marge per poder-hi plantar quatre ceps escarransits. Malaguanyada la seva sang, que seria sang de cavaller en cos de pagès. A més, vaig néixer amb un queixal petit al mig del paladar, cosa que es considera senyal de fortuna. L'Arnall, al seu torn, fou parit embolicat amb un tel, que també és molt bon averany: un cop sec i trenat en forma de collar proporciona a qui el porti gran protecció.

Així, em vaig quedar a Tost, barrejat amb tota la colla de fills de servents i de soldats, i també amb els quatre fills reconeguts de Miró que van anar arribant al món: Arnall, Sunifred, Bernat i Gerberga. De vegades dormia amb ells, a la sala, al costat del peó de guàrdia, o bé me n'anava a la cuina, a la vora del foc, damunt d'un caixabanc i tapat amb una pell de corder. Vaig créixer com una fereta salvatgina. I amb l'Arnall sempre al costat. L'infant malaltís va quedar enrere, i el primogènit de Miró va esdevenir un noi alt i cepat, de reflexos rapidíssims, ple de força i de resistència. Li agradava anar a caçar amb l'arc, i enxampava tota bèstia que se li posés al davant, ànecs i guineus i àligues, i una vegada fins i tot un llop cerver que era gran com un gos de ramat. Ens deien els Mirons. Ens passàvem el dia enganxats, barallats com dos gats fers. Si jugàvem a les espases de fust, l'Arnall lluitava com si li pengés la vida, i, si mai em queixava, deia que no era un joc, que els moros de Lleida i de la Barbitània no jugaven mai, i que havíem d'estar preparats per si mai no intentaven tornar a regnar sobre les nostres valls, com deien que ho havien fet en temps antic, i com havien jurat que tornarien a fer sobre la tomba del seu profeta. Ell volia aprendre a lluitar i jo l'havia d'ajudar, sense queixes ni plors.

—Hem d'estar ben preparats, Bord Dacó. Si badem, ens la fotran pel cul —em deia.

Quan tenia dotze o tretze anys, em va cridar la senyora Sança, un dia que havia pujat al castell. Passava molt de temps a la Seu, vora el seu cosí Ermengol, del qual ja se sabia que seria bisbe quan morís el vell Sal·la. Jo tenia la sensació que s'enyorava, que mai no s'havia pogut acostumar a la duresa de la terra de Tost, i el seu marit i pare meu no veia amb bons ulls tanta proximitat amb els capellans, que odiava sense que es prengués la molèstia de dissimular-ho. Sança deia que la pols d'aquest país li assecava el cor. Ella havia nascut a Aiguatèbia, al país del Conflent, frescal i verd, d'on l'aigua raja de tot arreu i no els cal patir per secades, si de cas per aiguats. La senyora Sança em tenia en una molt bona consideració, un fet poc comprensible, si tenim en compte els meus orígens i la meva natura bastarda. Però jo tenia molt assumida la condició d'il·legítim, i fins i tot me n'havia arribat a enorgullir. D'entrada, em va agrair l'amistat que mantenia amb el seu hereu, com si fos, en el fons, una mena de gosset faldiller. Va afegir que ens anàvem fent grans, que era el moment d'afrontar noves responsabilitats, i que havia estat pensant en el meu futur, com a membre que era, en certa manera, de la família. Em va dir que els altres dos mig germans meus, Sunifred i Bernat, estaven a punt d'entrar al monestir de Codinet, per estudiar llatí, les escriptures i les obres dels filòsofs. Més endavant, quan haguessin avançat una mica, pujarien a l'escola de la catedral d'Urgell, on podrien prosperar a l'ombra d'Ermengol, que s'hi havia compromès personalment. Ella havia pensat que jo els podria acompanyar en aquest camí, perquè encara eren molt petits per anar sols pel món. Li havien dit que tenia facilitat per les coses de lletra, i als bessons els aniria bé de tenir-me al costat. No vaig poder evitar pensar que el que volia en realitat era allunyar-me de l'Arnall, com si tingués temença que pogués fer-li alguna ombra. La veritat és que, posat l'un al costat de l'altre, també podríem passar per bessons, com els dos petits, tot i que mai no se m'hauria acudit tenir-hi cap mena de competència. Però no hauria estat la primera vegada. Recordava com, uns pocs anys abans, Ramon de Taús va morir esbalçat a la serra d'Ares, en el que van dir havia estat un accident de cacera. El seu germà petit, Galí, va heretar la senyoria, i ningú no va gosar insinuar res, però tothom sabia què havia passat.

Vaig comprendre els motius de la senyora Sança. Només podia obeir-la. No li hauria costat re d'enviarme a pasturar els porcs de la devesa. De fet, li hauria d'estar agraït. Si em quedava al costat de l'Arnall podia haver aspirat a ser garding, o com a molt, cap de mainada, sempre al seu servei, de nit i de dia, sempre exposat a caure en batalla o, pitjor encara, a morir travessat per un barró de roure en un parany plantat per alguns vilatans enfadats.

Si me n'anava a Codinet, deixaria també de patir aquelles sessions d'entrenament que no s'acabaven mai. Ens ensenyava a lluitar el vell Enecó, un antic escuder del comte Borrell. Li faltava el braç dret, i jurava que l'hi havia tallat en persona l'al-Mansur, el diable dels ulls grocs, prop de la marca de Balaguer. D'això en feia una muntera d'anys, quan la frontera bullia i ell era un jove arrauxat i sense seny. La pèrdua del braç li va espatllar el caràcter, i el va transformar en un busca-raons rondinaire, però va aconseguir ensenyar-nos quatre coses. Vam aprendre a cavalcar sense haver de pensar tota l'estona en el cavall, a aguantar l'escut com cal, i a mantenir l'equilibri amb l'espasa brandada —espases de ferro, de les de veritat—, a col·locar bé els peus en els estreps, de manera que, en cas de caiguda, poguéssim saltar a temps d'evitar quedar atrapats sota el pes del cavall. No era fàcil treballar amb l'Enecó. En fer-se gran no va millorar, ans al contrari. No tenia gaire paciència amb nosaltres, i quan no fèiem bé els exercicis que ens manava ens ventava uns màstecs amb el braç bo que ressonaven a tots els racons de les muntanyes. Però ens en va ensenyar, a còpia d'insistències i mil repeticions.

Tot això es va acabar com s'havia d'acabar. L'Arnall seria l'hereu, l'encarregat de defensar i augmentar el patrimoni de la casa de Tost amb la força de les armes. A mi em concedien el privilegi de començar una nova vida, i no volia desaprofitar-la. Molts bords no tenien cap oportunitat com aquesta, i malvivien, plens de vicis i de rancúnia, fent de mossos de quadra o de pastors. El dia que vaig deixar Tost no ho vaig lamentar. Abans de marxar, Galí, el capellà de la parròquia de Sant Martí, em va voler donar quatre consells. Sobretot, que no em fes monjo, per molt que insistissin, per moltes promeses que em fessin. Sens dubte, era un bon lloc per aprendre les beceroles de la instrucció, però era com enterrar-se en vida, em deia. No havia conegut mai cap monjo que, de gran, fos persona normal. Tots tenien un comportament estrany, o parlaven sols, o es tornaven muts o bé maniàtics. Es trastocaven. No dormien mai més de tres hores seguides, ni a l'estiu ni a l'hivern, i estaven tan lligats a la disciplina que per tallar-se les ungles dels peus havien de demanar permís a l'abat. Mai. Sempre estaven resant o llegint o treballant. Ni migdiades ni rostit: molt treball i, per sopar, veces bullides. Només menjaven un cop al dia. Així que pogués, em recomanava, hauria de pujar fins a l'escola de la catedral d'Urgell. I, si mai podia anar-hi algun dia, a Ripoll. Allí sí que hi havia bons mestres, i la que era la millor biblioteca del món, deia. No hi entrava tothom que volia, però ho havia d'intentar. I un altre consell, en veu baixa: que no fes cas dels qui deien que un capellà no podia tenir cap dona. Que una cosa era no poder-s'hi casar i una altra de ben diferent tenir-hi tractes, perquè ningú no n'havia de fer res, que les dones feien molta companyia les nits d'hivern i ajudaven a regular els humors dolents que corrien pel cos, que si no sortien per la via natural, acabaven per enverinar la sang. I ho justificava dient que si David l'habilitós, Salomó el savi i Samsó el forçut havien caigut en la temptació de la carn, ¿què no faria un pobre capellà perdut a les muntanyes?

Sant Climent de Codinet era un monestir petit i més aviat pobre, construït amb pedres vermelles mal tallades, que tenia una església amb coberta de fusta, emblanquinada de dins i amb estrelletes blaves pintades, i un claustre on només calien trenta passes per fer-hi una volta sencera. Estava a una hora de Tost, sortíem quan encara era fosc i arribàvem quan ja havien cantat primes. Sança no volia que ens hi quedéssim a dormir. El pare abat, el vell Osbern, tenia una barba que semblava feta d'argelagues. Però es va prendre amb interès la missió de vetllar per la nostra educació. L'avi de Miró —ens deia moltes vegades, perquè no ho oblidéssim— havia afavorit el monestir amb bona part de les terres bones que tenia, i se sentia obligat amb les necessitats de la família. Potser no havia perdut l'esperança d'aconseguir noves propietats.

El vell Osbern ens ensenyava a escriure sobre una tauleta de cera. Copiàvem aquelles lletres rodones, que venien de les escrivanies del nord i eren novetat. Ens va ensenyar el nom i figura de les lletres, a tallar les canyes i les plomes, i ens va explicar que el tall que hi havia a la punta, que feia que fos com dues peces en una de sola, simbolitzava els dos testaments, l'antic i el nou. I jo em preguntava, sense fer-ho mai en veu alta, que el món és ple de coses que són dues en una, però intuïa que alguns comentaris no li agradarien, i qui sap si em picaria al cap amb el bastó que feia servir per ajudar-se a caminar. Llegíem moltes estones en veu alta, i de mica a mica vam anar aprenent aquella llengua que ens sonava familiar i, al mateix temps, tan estranya. Més tard ens van fer escriure sobre pergamí. Quan acabàvem, l'esborràvem amb una ganiveta esmolada, tantes vegades com podíem, fins que el pergamí es tornava gairebé transparent i l'havíem de canviar per un de nou.

Així van passar dos anys. En aquell temps l'Arnall no es va moure de Tost. Encara ens vèiem sovint, i aprofitàvem les tardes llarguíssimes dels estius per córrer cavalls per tota la vall. De vegades refrescàvem les tècniques de combat, i vaig poder comprovar que no havia oblidat del tot com es movia l'espasa.

Però ens vam anar distanciant. Ell va créixer més de pressa, em treia una mà, i el fet de passar-se mitja vida dalt d'un cavall feia que quan caminava tingués aquell aire mig garrell dels genets de llarga durada. Quan vaig començar a copiar els comentaris de Beda per encàrrec de l'abat, molts dies em quedava a dormir a Codinet. Quan l'Arnall va complir els dotze anys va començar a acompanyar el seu pare a fer les visites per les possessions, perquè tothom comencés a conèixer qui seria algun dia el nou amo. Ben dret damunt la sella, amb les cames premudes contra els lloms de la seva equa rossa, aparentava més edat de la que tenia, i s'havia pres molt seriosament les noves responsabilitats. Miró havia començat la construcció de dos nous castells als límits de la senyoria, i feien estades llargues als plans per supervisar les obres i vigilar que cap dels seus habitants s'escapolís de les obligacions d'anar-hi a treballar dos dies de cada setmana.

Gairebé al mateix temps, a la primavera del mil sis, el monestir va tancar, d'un dia per l'altre. Fins als darrers mesos no vaig notar res d'estrany, quan Codinet semblava habitat per esperits més que no pas per monjos de carn i ossos. Vist de fora, semblava abandonat. L'abat passava molt de temps absent. La resta de monjos mormolaven en veu baixa i es comportaven d'una manera peculiar. A les hores de lleure passejaven en grupets, que es feien i es desfeien, com si fossin gallines picossejant per l'era. Jo continuava amb la còpia dels comentaris, com si res no passés. Finalment, va arribar l'ordre de tancament. Es veu que Ermengol l'ardiaca, en persona, hi havia intervingut. No podia continuar obert més temps. Els monjos van poder escollir a on anaven: a Centelles, Segre avall, o al monestir d'Elins. Els quatre camps i el tros de bosc passarien a incrementar el patrimoni de Sant Andreu de Centelles. No hi havia gran cosa més a repartir. No vaig tornar a veure el pare abat. Més tard em van dir que l'havien jutjat a la catedral per sodomia, i que se n'havia anat a viure en un eremitori, en un forat a la roca, prop de la frontera, per expiar culpes. Llavors ho vaig entendre tot, aquells silencis, les mirades, l'ombra fosca del pecat i la seva dolçor apegalosa. Ningú no em va fer cap pregunta. Jo no vaig haver de dir mentides.

Van dur a Elins la mitja dotzena de llibres del monestir. Em vaig poder quedar amb el que jo havia copiat. No em veia amb cor de continuar tancat, envoltat de monjos taciturns. D'acord amb Sança, vam acordar que pujaria de seguida a la ciutat d'Urgell, per continuar els estudis a l'escriptori de Santa Maria. Miró no hi va dir res, i vaig tenir la sensació que no volia saber què seria de mi. Tenia en aquell moment setze anys, i potser sí que ja començava a estar cansat de tenir els peus tenyits de la terra roja dels camins de la vall.

III

On hi ha canvis d'aires a l'ombra d'una catedral, i on es toca l'orgue d'aigua

Pujar a la ciutat d'Urgell va ser com tornar a néixer. Sunifred i Bernat, que encara eren massa petits per adonar-se de la dimensió del canvi, van protestar davant de la seva mare, perquè no volien anar tan lluny de casa i s'enyoraven. Sança els va dir que no podia ser d'una altra manera. Se'ls havia acabat la infantesa de cop, i calia pensar en el seu futur. A Tost ja no hi podrien aprendre res. No era una senyoria rica, i calia anar acomplint les etapes que s'havien fixat ja feia temps. Quan els bessons es queixaven, la senyora Sança els demanava si volien acabar com el capellà Galí, ple de polls i de xacres, que pràcticament no sabia ni llegir i que tenia com a ocupació principal portar el compte dels censos de la parròquia fent ratlles amb un punxó a l'encalat de l'església. Gerberga, la germana més petita, encara no tenia nou anys i ja sabia de feia temps que es casaria amb Guillem Miró, senyor de Castellbò i vescomte d'Urgell. No era pas cap mal partit. Ella ho sabia i esperava amb delit i temences el moment en què compliria la dotzena.

La perspectiva del canvi i dels nous horitzons ja m'anava prou bé. No hi vaig oposar cap queixa i sí que vaig pronunciar unes manifestacions sinceres d'agraïment. Tost no era lluny, hi podia arribar en quatre hores, si caminava prou lleuger, però hi anava molt poques vegades. L'Arnall passava cada vegada més temps acompanyant el seu pare, i havia sentit rumors que deien que entraria aviat al servei del comte, com a escuder. A mi em van posar sota l'autoritat directa de l'ardiaca Ermengol, encara jove, molt intel·ligent i potser massa ambiciós per la poca edat que tenia. Tot i que no em podia admetre com a membre de ple dret de la seva parentela, la senyora Sança em va assegurar que m'acolliria molt bé. Ja el coneixia. Quan feia poc temps que Ermengol havia arribat a Urgell, procedent d'Aiguatèbia, va passar una temporada curta a Selvanyà, per refer-se d'una malaltia dels pulmons que demanava aire sec i càlid. Aleshores ens va demanar que l'acompanyéssim al Congost. N'havia sentit a parlar tantes vegades que no volia tornar a Urgell sense veure'l amb els seus propis ulls. Fins al monestir de Centelles encara s'hi podia arribar, per un corriol estretíssim que penjava sobre un Segre encaixonat i brugent, amb unes muntanyes que s'estrenyien com si volguessin escanyar el riu. Havíem de vèncer el vertigen agafant-nos a una soga estacada a la roca, i, sobretot, mirar només cap endavant. Una mica més avall del monestir el camí s'interrompia de sobte. Hi havia una inscripció a la penya, mig esborrada, que ningú no sabia llegir. Els monjos de Centelles deien que els romans havien volgut continuar el camí, feia molts segles, però que, per alguna raó que se'ls escapava, hi havien renunciat. Des de sempre s'havien hagut de fer unes marrades insòlites per continuar en direcció a migdia. Ermengol s'ho mirava, atònit, sense dir res. Al cap d'una estona es va senyar i va pronunciar una sentència que tenia aires solemnes de jurament.

—Jo l'obriré. No pot ser que un camí d'aquest món no pugui seguir el curs d'un riu.

Quan vaig pujar a Urgell Ermengol recordava perfectament la visita al congost. Em va rebre amb calidesa, i això em va sobtar, perquè tenia fama d'home eixut i enemic dels compliments. Semblava un normand, amb els ulls grisos i una cabellera d'un ros cendrós, recollida al clatell amb una cinta de vellut brodat. Havia madurat, s'havia fet gran. Li vaig haver d'explicar quins havien estat els meus progressos durant l'estada a Codinet. Em va dir que, gràcies a la formació que ja tenia, el bisbe em podria nomenar acòlit ben aviat. Només fóra precís que m'acomodés als ritus que es celebraven a la catedral, qüestió de pocs mesos.

Ja no veia tan sovint els meus mig germans, que es van instal·lar a la residència particular d'Ermengol i continuaven estudis a l'escriptori de la catedral. Jo vivia amb els domèstics del bisbe, que m'atipaven com si fos un llegat del Sant Pare. Jugàvem a daus i robàvem vi del celler. Em passava el dia a Santa Maria, sempre empegat a Wiscafred, el cantor. M'emocionaven les antífones i els graduals de la litúrgia. A poc a poc vaig aprendre a desxifrar aquells signes que, tot i que semblaven cagades de mosca, servien per modular les veus dels escolars i ajudaven a omplir les naus amb aquell artifici sonor, tan colpidor com les columnes de pedra i l'antipendi de plata de l'altar. I, sobretot, m'impressionava l'orgue d'aigua, que estava instal·lat al costat de l'epístola, i que funcionava amb un reservori d'aigua que venia de Valira gràcies a una canalera de plom de mil colzes de llargària. Wiscafred deia, tot orgullós, que fins a Aquisgrà no hi havia cap altre orgue com aquell. Me'l deixava tocar quan no hi havia ningú més a la catedral, i em deia que aquest era un privilegi que no havia concedit a cap altre aprenent. Em va ensenyar a obrir i tancar les palanques que generaven els sons segons els principis més elementals de l'harmonia, a acompanyar el cant, amb bordons que canviaven segons les inflexions de la melodia, a endevinar el moment precís en què calia canviar de nota. Wiscafred, que tenia l'esperança que algun dia podria ser el seu substitut, em va regalar un monocordi fet amb fil de coure perquè aprengués la ciència de la música, que no era cap altra cosa que aritmètica.

La vigília de Sant Miquel de l'any mil vuit vaig entrar de ple al servei de l'església d'Urgell. El bisbe Sal·la em va fer la primera tonsura, davant de l'altar de Sant Just. El bisbe ja era un home vell, desmanegat, amb només una ombra d'energia que el mantenia viu. Tot i que deien que tenia només setanta anys, jo mai no havia vist ningú amb més cara de vell. Havia consagrat dotzenes d'esglésies per tots els racons del país, fins i tot als ermots més exposats de la frontera: algunes d'elles havien estat profanades pels moros l'endemà mateix. Havia viatjat tres vegades a Roma i una a Terra Santa. Era amic del famós papa Silvestre, amb qui havia estudiat uns anys a Ripoll. Sempre que me'l trobava no podia evitar un calfred d'emoció. Estava tan sec que semblava que no tocava de peus a terra, i alguns llenguts deien que ja feia temps que era mort, però que havia de tancar alguns negocis a la terra abans d'anar-se'n.

Ermengol l'ardiaca l'assistia i l'acompanyava a tot arreu, en qualitat de nebot i successor, i tota l'estona li anava mormolant noms i instruccions a l'orella, o recordant els moviments que exigia la litúrgia. La cerimònia va ser breu. El bisbe em va fer una tremolosa imposició de mans, i em va donar unes *ampullae* buides i una espelma apagada, que eren els símbols de la meva nova condició de servidor. Si tot hagués anat com estava previst, l'any següent hauria estat nomenat levita, i més tard, hauria passat de levita a prevere, i després potser m'haurien donat una parròquia, o m'hauria quedat a la seu, com a cantor o com a canonge.

Però moltes vegades, res del que els homes han previst s'acompleix, i un núvol d'imprevistos i de soroll, la voluntat divina que ho destarota tot, escombra els nostres projectes i les nostres il·lusions. Els primers rumors van arribar poc temps després d'haver estat ordenat. Aquell any l'hivern es va avançar unes setmanes. Van caure tres pams de neu la vigília de Sant Andreu, que no es van acabar de fondre fins a mitjan febrer. Tot i que els camins eren dolents i perillosos, hi havia un moviment insòlit. Cada setmana arribava algun missatger que anava a trobar el comte Ermengol al palau de Ciutat. Alguns —pocs— passaven després a saludar Sal·la. La majoria eren emissaris del germà del comte Ermengol, Ramon Borrell de Barcelona. Però un dia, passat Nadal, van arribar un grup de genets procedents de la frontera inferior. Eren musulmans enviats pel governador de Lleida, ens van dir, i també volien parlar amb el bisbe. Anaven vestits amb unes capes gruixudes de burell, i només vaig poder fixar-me en les selles dels cavalls, que eren més lleugeres que les nostres, amb un respatller rebaixat, i també en els estreps, que eren de bronze i de tirada curta.

Jo amb prou feines havia vist mai cap musulmà viu. El bisbe Sal·la tenia al seu servei tres esclaus sarraïns, que eren tan vells com ell. De sarraïns morts sí que n'havia vist. Una vegada, feia anys, Miró de Tost va arribar al castell amb tres caps de moro que penjaven de la llança, plens de mosques. Eren d'un escamot de bandits que es dedicaven a atacar les cases de les Anoves i la Móra. Després d'ensenyar-los a tothom que els va voler veure els va llençar al forat del Marrà Negre, que deien que donava directe a l'infern. Per celebrar-ho em va donar una moneda d'or, de les que en diuen mancús o metical, i que algun d'aquells desgraciats portava al damunt.

—Guarda-la bé, noi. És la primera que hauràs vist, però en vindran més, no ho dubtessis pas.

Els musulmans es van quedar un dia sencer. El comte Ermengol va baixar del castell de Ciutat per afegir-se a la reunió. No acostumava a deixar-se veure gaire sovint per Urgell, com si volgués deixar ben clar quin era l'espai del bisbe i quin era el seu. Però aquell dia el vell Sal·la estava especialment delicat de salut, i els visitants no tenien temps, perquè volien continuar de seguida el seu viatge cap als comtats de ponent. Amb Ermengol van venir també alguns cavallers pallaresos. Jo només en coneixia un, Gosbald de Mur, a qui li deien el Llarg de Mur, perquè era tres pams més alt que un home normal, i semblava que cavalqués dalt d'un ruc en comptes d'un cavall.

L'Arnall Miró també formava part del seguici del comte. S'hi havia incorporat al començament de la tardor, com a primer escuder d'Ermengol. Miró havia pensat que li aniria bé passar una temporada al seu costat, on podria veure una mica més de món. Ja tindria temps més tard per ocupar-se dels afers de Tost. L'Arnall, que encara no tenia prou categoria per assistir a les negociacions, em va venir a buscar a l'escriptori. Feia uns mesos que no ens vèiem. Mentre els altres deliberaven a la sala dels judicis, nosaltres ens en vam anar a la cuina del palau, vora el foc, a recordar els vells temps amb unes sopes de pa i timons.

—Arnall, ¿què està passant? —li vaig demanar—. Des de fa uns mesos que tot són visites i moviments estranys. ¿Què en saps?

—No pas gran cosa —va respondre, amb la boca mig plena—. Hi ha algunes notícies que van arribant de Còrdova.

—¿De quina mena?

—Hi haurà canvis, Dacó —va dir, amb un cert to de misteri—. Diuen que seran importants. Ens afectaran a tots, encara que Còrdova sigui tan lluny. Hem d'estar preparats.

Jo no sabia gran cosa de Còrdova, ni de qui n'era el seu rei, llevat que era la gran capital dels ismaelites de l'Àndalus, i que era una ciutat rica fins a extrems difícils d'imaginar. De vegades el vell Enecó ens en parlava, asseguts vora el foc, durant les llarguíssimes nits d'hivern. Ell no hi havia estat mai, però coneixia un home que hi havia anat amb l'ambaixada del comte Borrell, feia quaranta o cinquanta anys. Deia que Còrdova era la ciutat més gran del món, tan extensa que ni en dos dies de camí no podies fer el tomb sencer a les seves muralles, que eren tan altes com deu homes posats l'un damunt de l'altre. Tenia mil mesquites, i la més gran de totes era com un bosc de pedra, que des d'un dels seus extrems no veies com s'acabava. La tancaven setanta portes, i el califa vivia en un palau fet de marbres i d'or.

Vaig insistir perquè l'Arnall m'expliqués tot el que sabia. Les novetats, vistes des d'on érem, no s'entenien pas gaire. Hi havia baralles internes. Feia poc que havia mort el fill primer de l'al-Mansur, que es deia Abd al-Màlic. El va succeir el seu germanastre, que es deia Sançol i era descendent de cristiana, fill de la filla del rei de Navarra, concubina d'al-Mansur, penyora de pau. La família de l'al-Mansur o el Victoriós, a qui Déu confongui, havia tingut durant anys el poder efectiu del califat, en qualitat de ministres. Però Sançol va aconseguir que el califa Hixam el nomenés successor, cosa que anava en contra de tots els usos i les lleis sarraïnes. Els fills del califa no ho van acceptar, i van fer córrer per Còrdova l'opinió que un mig cristià no podia regir l'Àndalus, que seria cosa com escopir a la memòria del profeta Mahoma, perquè Sançol era mal musulmà, d'aquells a qui els agrada el vi i les blasfèmies, i posar el pardal allà on li rotés, mal que fos contra la natura. Les darreres notícies, eren que Sançol havia sortit de Còrdova amb el gruix del seu exèrcit per atacar els cristians del nord, i, d'aquesta manera, demostrar que podia ser un digne successor del Victoriós.

Per un moment vaig imaginar que tornarien a atacar Barcelona, com ho havia ordenat l'al-Mansur feia uns trenta anys. Tothom deia que a la ciutat encara eren ben visibles les cicatrius que havia deixat l'atac, que havia estat ferotge i cruent. Miró de Tost sempre explicava com havia vist, des de les muntanyes del Penedès, les fileres de presoners que els atacants es van endur a fer treballs forçats a Còrdova. Però, segons l'Arnall, l'objectiu era la terra dels asturians, a les muntanyes del ponent, vora l'oceà del nord. Mentrestant, a la capital es congriava una revolta.

—¿I en això nosaltres què hi tenim a veure? —vaig preguntar a l'Arnall.

—Els revoltats, si no se'n poden sortir sols, demanaran ajuda. O els altres, si no ho veuen clar.

—¿I a quin dels bàndols s'haurà d'ajudar?

L'Arnall va arronsar les espatlles. Ell pensava que sempre s'havia de fer costat a qui pagués millor, perquè de moros bons, o de més bons que els altres, no n'hi havia. Fins a aquell moment només hi havien anat cavallers a sou, que es llogaven com a capitans o com a instructors. Em va posar l'exemple del cosí del nostre pare, per exemple, el borni de la Guàrdia, que se'n va anar quan érem molt petits, per evitar la revenja de la família d'un home que havia matat durant una baralla per la propietat d'una font. Va dir que s'hi estaria un parell o tres d'anys, que tornaria ric, carregat d'or, i podria d'aquesta manera pagar el perdó dels ofesos. I no el vam veure mai més. La major part dels que hi anaven s'hi quedaven, i no volien tornar. N'hi havia de renegats, que prenien quatre dones, els feien governadors d'una ràpita, cobraven unes bones rendes i vivien millor que el rei de França. Potser jo tampoc no tornaria mai més a casa, amb tractes així. Qui ho sap.

Però el que tractava el comte amb els enviats era molt diferent. Volien temptejar la possiblitat d'enviar a Còrdova un exèrcit sencer que donés suport a una de les faccions. Anar, lluitar, cobrar i tornar, i després tothom al seu cau, suposant que no haguessin deixat la pell pel camí. Des de feia dues o tres primaveres que havien contractat tropes formades per cavallers gallecs o castellans per fer campanyes puntuals. I havien pensat en nosaltres. L'Arnall deia que ens respectaven com a guerrers, que s'estimaven més tenir-nos com a aliats que no pas com a enemics. En el fons sabien que si no ens llogaven ells, potser ho farien els competidors. No se sabia res més.

L'Arnall va callar, com si estigués lligat per un secret més que no pas per la ignorància. Se li notava, era incapaç de dissimular, tenia un rostre transparent. Al cap de poca estona, el comte Ermengol i els seus homes de confiança van sortir. Vaig baixar fins al pati per veure com se'n tornaven cap a Ciutat, enmig de la barrufada que baixava de les muntanyes. Ermengol duia una capa negra, amb uns rivets daurats, i uns brodats que representaven fulles d'heura. Era una peça molt elaborada, adquirida a mercaders andalusins, o aconseguida potser com a botí d'una incursió frontera enllà. Però els seus acompanyants —el vescomte Guillem, Miró de Tost, el Llarg de Mur, i la resta, que no coneixia— anaven abrigats amb roba del país, de llana fosca i mal rentada. Al costat del comte, desmereixien. Semblaven una colla d'apòstols malfargats al costat d'un messies transfigurat. Les espases, no obstant, lluïen com si fossin acabades de forjar. En aquell moment vaig entendre que la decisió ja s'havia pres, i que només calia esperar el moment propici.

IV

On s'intenta fer un resum, a partir de molts retalls i engrunes, de successos que són greus i complicats d'explicar de manera entenedora

Els més impacients —que prou n'hi havia— no van haver d'esperar. Aquell hivern mateix els esdeveniments es van precipitar. Les notícies arribaven amb una rapidesa sorprenent, i rebíem sovint la visita dels correus secrets que anaven a informar Ermengol, procedents de Balaguer, de Lleida o d'Osca. Les novetats arribaven a gotims, incompletes, i només al cap d'un temps, sumades les unes amb les altres, adquirien una mica de sentit, com l'aigua que baixa tèrbola després de la pluja i, passat un temps, es torna transparent.

Així, entre els mesos de gener i de juliol de l'any que en feia mil nou vaig pujar cada dia al palau comtal, per treballar a l'escrivania. Miró havia parlat de mi al comte, i el comte Ermengol em va voler conèixer. A l'ardiaca no li va fer gaire gràcia, però quan el comte en persona l'hi va demanar no s'hi va poder negar. L'escrivà comtal, el vell Ponç, va estar d'acord que em quedés a Ciutat mentre fos necessari, perquè s'havia girat molta feina. Ajudava a escriure cartes, la major part de les quals anaven adreçades a Ramon Borrell. Ermengol en persona em va encarregar que hi fos present quan arribessin els correus, que volia que algú posés per escrit els missatges verbals o traduís al llatí els escrits en la parla dels àrabs, perquè la memòria és feble, i el que avui ens sembla inoblidable se'n va l'endemà i no torna més. El comte Ermengol, d'acord amb el bisbe, va fer que pugés al palau un dels esclaus musulmans de Sal·la, que feia les traduccions i, quan no hi havia altra feina, m'alliçonava en aquella llengua, que era tan difícil i, al mateix temps, tan fascinant.

Des d'on érem, tan lluny dels escenaris principals, tot plegat semblava una història de vetllada, de les que s'expliquen vora el foc i que no tenen per què ser veritat. Sançol, que tenia pressa per demostrar vàlua militar i la puresa de la seva fe, va trencar la tradició de moure els exèrcits només amb bon temps i va voler atacar els asturians en ple mes de gener, en un hivern que mossegava com un llop. Només a un boig o a un imprudent se li acudiria. El seu exèrcit no va ser capaç de travessar les muntanyes. Durant un parell de setmanes van provar de localitzar un port obert, però o bé els trobaven tancats per la neu o bé eren tan estrets i ben defensats que es convertien en rateres per a qualsevol que intentés passar-hi. Al mateix temps, els exèrcits del rei de Lleó es van començar a moure amb gran rapidesa per mirar d'impedir que fugissin. Si Sançol no hagués ordenat la retirada a temps, no s'haurien pogut salvar.

No es van aturar fins que van arribar a Toledo. Allí van rebre les males notícies: a Còrdova havia esclatat la revolta contra Sançol, dirigida per Muhàmmad, fill de Hixam, que era besnét d'Abd al-Rahman el tercer. El primer que va fer va ser canviar de nom, i fer-se dir Muhàmmad al-Mahdí Bil·là, que vol dir en el seu idioma el que és guiat per Déu, amb aquesta manera tan estrafeta que tenen els musulmans de posar-se motarrots i noms de guerra. I de veritat que semblava menat per una mà divina, perquè els musulmans no havien vist mai ningú que tingués tanta determinació a l'hora de combatre els seus enemics.

Sançol fou detingut. En comptes de jutjar-lo i tancar-lo a la presó, l'al-Mahdí el va fer martiritzar davant del poble, com si fos un infidel. L'agonia li va durar dos dies sencers. Li van tallar el nas i les orelles, el van passejar dalt d'un ruc per tots els carrers de la ciutat. Després el van decapitar. Van clavar el seu cap en una llança llarga, i el cos fou crucificat.

Muhàmmad al-Mahdí va fer segrestar el califa, i va fer córrer la brama que havia mort. Però els soldats procedents de les muntanyes d'Àfrica li negaren l'obediència. Un altre descendent d'Abd al-Rahman el tercer, que es deia Hixam fill de Suleimà, va aconseguir el suport dels soldats africans i va entrar al palau de l'al-Mahdí, que es va veure obligat a negociar. Per pressionar l'al-Mahdí, els africans van amenaçar amb el saqueig de

Còrdova, i de fet van plantar-se a les portes de la ciutat. Però les tropes fidels al califa van atacar els africans, que foren delmats i vençuts. Hixam no va poder fugir a temps, i va ser detingut i executat, encara amb més crueltat que la que havien fet servir amb Sançol.

Arribats en aquest punt els correus regulars es van interrompre. Molts ho vam agrair, perquè ja havíem renunciat a entendre tot el que succeïa amb aquella selva de noms pagans i embolics de família. Vam passar mesos sense saber res de nou. Els missatgers enviats a Osca, a Lleida i a Barcelona van tornar amb les mans buides, només amb rumors vagues de grans enfrontaments prop de Còrdova, amb un resultat incert o contradictori. Semblava com si la frontera s'hagués tancat amb pany i clau.

A mitjan novembre va arribar una comitiva procedent de Saragossa. Res a veure amb els correus que s'havien anat presentant fins llavors, que eren camperols joves i resistents que lliuraven els documents i se n'anaven esperitats, gairebé sense temps de reposar, com si ens els haguéssim de menjar tot seguit. La comitiva l'encapçalava un capità que parlava un romanç molt pobre, fet de dues dotzenes de paraules, i que es feia dir Halaf. Era un home corpulent, d'un ros gairebé blanc, d'ulls grisos i mirada ferotge: probablement era un dels magiars que feia temps que servien a l'exèrcit del califa: havia perdut la mà esquerra i en el seu lloc hi duia tres ganxos de plata. El comte va voler que jo fos present a l'audiència, juntament amb l'Umar, el servent sarraí del bisbe. Durant les darreres setmanes, el ritme de les classes que em feia s'havia intensificat, i llavors ja era capaç d'entendre una mica l'idioma i fins i tot podia seguir una conversa senzilla.

El capità Halaf va omplir els buits que teníem en la relació dels esdeveniment que passaven a l'Àndalus. La reacció ràpida de l'al-Mahdí a l'hora de fer executar els rebels no va solucionar els seus problemes, i només els va ajornar per poc temps. La facció dels africans es van replegar a les terres de l'interior que controlaven, cap a llevant, i van nomenar un nou pretendent, de nom Solimà fill d'al-Haquem, dit també l'al-Mustaí, i que la paraula mustaí deu voler diu alguna cosa en bon romanç, com ara el Gras o el Memoriós o el Cagambpena o el que sigui, però ja ho he oblidat, i era un altre dels mil besnéts d'Abd al-Rahman el tercer. El cabdill de la bandositat dels africans, que es deia Zawí, va voler negociar amb el gran general Wàdih, governador de la frontera superior, per tal que els donés suport i una base des d'on poder organitzar la reconquesta de Còrdova. Confiava que s'acabaria afegint a la coalició contra l'al-Mahdí, amb la promesa que el faria visir, que és ofici important i de gran consideració. Però Wàdih, en comptes d'ajudar-los, els va combatre amb fúria, lligat pels juraments de fidelitat que havia fet a l'al-Mahdí. Llavors Zawí i els africans van demanar auxili al comte Sanç de Castella, que tenia un gran nombre de cavallers al seu càrrec, i era home furro i de sang calenta i grans ambicions. A la cort de Sanç van coincidir els ambaixadors dels africans i també els enviats de l'al-Mahdí, que hi havien anat amb el mateix objectiu, perquè qui aconseguís que els castellans fossin els seus aliats tindria molt de guanyat. No cal dir que la trobada va ser violenta, un intercanvi de males mirades i penjaments. El comte de Castella se'ls va escoltar a tots amb molta atenció, va sopesar les promeses i les condicions que li presentaven totes dues parts, i al final va decidir-se per donar suport al bàndol africà, que era el que li havia ofert més bons tractes o garanties de victòria.

Aquell era el punt en què havien quedat les coses: Sanç de Castella, aliat amb els africans, havia anat amb els seus cap a Còrdova, disposat a fer que es nomenés califa a Solimà al-Mustaí. El general Wàdih va mobilitzar tot l'exèrcit de la Marca Superior per córrer a defensar Muhàmmad l'al-Mahdí. Les dues faccions es van enfrontar en una gran planúria. Wàdih fou derrotat, i va haver de fugir cap als seus territoris, al nord, i es va refugiar a Tortosa. La victòria dels africans els va donar via lliure per ocupar Còrdova i per posar a Solimà al-Mustaí la corona de califa, si és que en gasten, de corones. El pretendent derrotat es va fer fort a Toledo, on esperava l'arribada de temps millors.

Al comte Ermengol no li van fer cap gràcia les notícies procedents de l'Àndalus. Les anava rebent amb un gest creixent de preocupació. Al final de la relació la major part dels presents ja estaven ben perduts, amb tanta anada i vinguda de cabdills moros. Llavors el capità Halaf va demanar formalment a Ermengol que viatgés a Tortosa, amb la resta de comtes cristians, a una reunió amb el general Wàdih, que tenia una proposició per ferlos. Llavors el comte va tancar els ulls, com si dormís o medités. Era un gest que feia sovint, i molts dels que l'envoltaven no l'acabaven d'entendre i pensaven que se'n desentenia, quan en realitat el que feia era ordenar els seus pensaments. Amb la punta dels dits palpava les cicatrius que tenia als canells. Eren les marques del seu captiveri, quan va caure presoner a Albesa, en el decurs d'una cavalcada per la frontera sud del comtat, quan un peó musulmà li va matar el cavall amb un cop de llança. Ermengol no volia parlar d'aquella feta, i ningú no sabia com s'ho havia fet per fugir d'aquella fortalesa. Al final va dir que d'acord. Ja ho podien anar preparant tot. Va prometre que en tres setmanes serien a Tortosa.

V

Que tracta dels fatigosos preparatius d'un viatge cap a la famosa ciutat de Tortosa, i també del viatge en si

A partir d'aquell moment vam començar a preparar el viatge a Tortosa, amb un moviment frenètic d'enviats i recaders. Hi va haver una reunió prèvia entre Ermengol i Ramon Borrell, al castell de Cardona, per decidir una estratègia comuna i no mostrar-se ni desunits ni dubitatius davant de Wàdih, que tenia fama de ser home tan astut com malfiat. Ermengol estava dividit. Per una banda pensava que el que estava passant a Còrdova els anava gran, però per l'altra creia que se'ls oferia una oportunitat única de fer sentir la seva força i, si tot anava bé, aconseguir una posició favorable i posar els fonaments d'una pau ferma i profitosa amb l'Àndalus. En el pitjor dels casos, si res no sortia com estava previst, cobrarien el que s'hauria estipulat i prou, i sempre s'hauria de confiar en l'ajut de la providència per tornar tots vius.

Els comtes Toda de Ribagorça, Guifré de Cerdanya i Gausfred d'Empúries se'n van desentendre ja des dels primers contactes: no impedirien que els seus cavallers s'afegissin a la coalició a títol individual, si volien, però ells no s'hi implicarien personalment perquè no ho veien gens clar. Es rentaven les mans. Pel darrere, se'ls acusava de covardia. El comte de Barcelona va intentar de convèncer-los amb afalacs i, en darrera instància, amenaces, però no hi va haver manera. En realitat, el que no volien era haver-se de sotmetre a l'autoritat militar de Ramon Borrell, i temien que acabés per imposar-se a la resta de comtes de la terra. Bernat de Besalú, dit Tallaferro, en canvi, va mostrar el seu entusiasme. Tenia la sang calenta, i moltes ganes de fer-se un nom entre els prínceps cristians. Volia també fer oblidar el record del seu pare, l'Oliba Cabreta, que havia lliurat les regnes del comtat al seu fill per anar a tancar-se al monestir del pare fundador, a Montecassino, avorrit d'una vida plena de lluites i d'intrigues, i potser aclaparat pel pes d'alguns pecats que ningú no coneixia. Amb la seva fugida havia deixat un regust amarg: un guerrer no podia fer-se monjo, que era cosa de ser poc home, com si un llop mengés cols.

Els bisbes, al seu torn, es van trobar al monestir de Sant Benet, per decidir qui els representaria a la reunió amb Wàdih. Sal·la va delegar en el seu nebot l'ardiaca. Cada dia es trobava més feble i malalt, i de fet, durant aquells mesos Ermengol ja governava sense restriccions, mentre preparava la successió. Es va acordar que seria Ató de Vic qui acompanyés els comtes a l'entrevista, perquè era el més jove. Tots els bisbes, sense excepció, estaven disposats a moure i reforçar les seves hosts per atacar els africans i el partit dels descendents del Victoriós, el fill podrit del diable. Com a excusa recordaven les humiliacions que va suposar l'atac de l'any nou-cents vuitanta-cinc, les profanacions i incendis d'esglésies i la captura de clergues i monjos, que van ser vexats i maltractats, i molts d'ells venuts com a esclaus als mercats de Còrdova. No volien que res d'això tornés a passar, i no estalviarien esforços per fer valer la seva potència, i, de passada, obtenir unes bones rendes. Tampoc no volien que els comtes fossin els únics capaços de mobilitzar cavallers. Si els acompanyaven i feien un bon paper, ho haurien de tenir present en el futur.

La delegació que aniria a Tortosa va quedar tres dies abans de la data fixada a Olèrdola, a la fortalesa més important de la frontera cristiana. Allí s'hi farien les darreres converses prèvies i s'organitzaria la resta del viatge, que a partir d'aquell moment discorreria per un territori en teoria hostil, tot i les garanties totals que ens havia ofert el general Wàdih. La comitiva procedent d'Urgell hi vam arribar després de dos dies de viatge. Havíem fet dos colls, el de Creus i el de Port, per baixar a Solsona i passar cap a Manresa, on vam fer nit. L'endemà vam seguir el curs del Llobregat en direcció sud. Vam travessar el riu a Martorell, per un pont com no n'havia vist mai cap d'altre, i del qual es deia que era obra del diable o bé dels pagans, ço que és la mateixa cosa, si bé es mira. El turó d'Olèrdola no era gaire lluny del pont, i hi vam arribar a l'hora foscant. Al campament instal·lat al pla dels Albats, al peu de les muralles, ja hi vam trobar Ramon Borrell i els seus fidels, avorrits d'esperar. A l'expedició s'hi havien afegit un petit grup de comerciants jueus de Barcelona, que vindrien amb nosaltres en qualitat de traductors i consellers. N'hi havia tres, acompanyats per quatre o cinc criats. Ermengol no se'ls esperava, i va arrufar el nas quan els va veure. El que feia de jueu principal es deia Bosom, i dels altres no en recordo ni noms ni rostres, perquè van callar durant tot el temps en què vam coincidir i després ja no els vaig veure més. Eren uns personatges discrets, de vestits foscos, com la seva mirada, i de gestos lents que no acabaven de lligar del tot amb les paraules, cosa que ens desconcertava extraordinàriament.

Més tard, ja de negra nit, es van presentar Bernat Tallaferro i el bisbe de Vic, fent més soroll del que hauria estat estrictament necessari. El comte Tallaferro —que era cosí segon d'Ermengol i Ramon Borrell— era fet d'una altra pasta, com si l'haguessin confegit meitat home i meitat mineral. A la llum de les fogueres se'l veia com un personatge sorgit del cor de la terra, amb la seva cabellera roja recollida en trenes, i uns braços com de fusta polida de roure. Els protectors de bronze dels canells li anaven petits, a punt de rebentar. No era gaire més alt que els seus parents, però tota la seva persona deixava anar una aura de seguretat i de força. Ermengol i Ramon Borrell se sentien alleujats en tenir-lo a la vora, i no ho podien dissimular. Van passar una bona estona tots tres al costat del foc. El bisbe Ató, que havia mig emmalaltit durant el viatge, per ser els homes d'església de natura fràgil i delicada, se n'havia anat a reposar a la seva tenda. Jo me'ls mirava de lluny. Ermengol atiava les brases amb un bastó, i gairebé no parlava. A poc a poc, la seva actitud va contagiar els altres, i al final van callar tots.

El campament es va aixecar abans de l'alba. El bisbe de Vic, que ja s'havia recuperat, va voler dir missa a l'església de Sant Miquel. Vam baixar a la plana, a buscar l'antic camí que anava recte entre camps de blat abandonats: passàvem per una terra que no era de ningú, i els olerdolans no s'atrevien a conrear una terra de la qual no en podien garantir la collita. El bisbe Ató va comentar que aquella via per on passàvem venia de Roma, i que si mai continuéssim fins al final, acabaríem per arribar als Pilans de l'Àfrica, i que aquella via l'havien feta fer els cèsars, més o menys pel temps de Crist encarnat. Em meravellava que fos tan ampla i que tingués un empedrat desgastat pel pas dels carros. Era un país pla i amable, molt diferent del nostre, que és costerut i accidentat on ni rodes ni carros no hi tenen res a fer.

Els enviats de Wàdih ens esperaven al camí i a l'ombra, sota d'un castell que en deien la Ràpita. Eren una dotzena de genets, comandats pel lloctinent de Wàdih, el capità Halaf, a qui ja coneixíem. No hi va haver grans cerimònies de rebuda. Halaf només ens va recordar que el camí era llarg i que havíem d'anar fent via.

Al cap d'una poca estona vaig veure el mar, que va aparèixer a l'esquerra del camí, entre dues muntanyes. No m'havien dit que el trobaríem. Abans només l'havia pogut endevinar des de dalt de tot del pic de Cristall, un dia d'estiu que havíem anat a la serra amb Miró i l'Arnall a caçar isards. Des d'aquelles alçades vaig veure, molt lluny, un reflex platejat i blavós, que amb prou feines es podia distingir del cel. Miró ens el va assenyalar.

—Goiteu. El mar gran, el país de les veles i dels pirates. I més enllà, Mallorques.

Jo no em podia imaginar que fos possible travessar aquella immensitat per anar a viure en un tros de terra voltat d'aigua per totes bandes. Miró ens va explicar que en aquella ombra terrosa que amb prou feines es veia a l'horitzó hi vivien cent mil moros, tots bandits de la marina i molt bons navegants, que no hi havia cap vaixell cristià que s'atrevís a perdre de vista la línia de la costa.

Em delia per anar-lo a veure de prop, però no ens vam aturar. No podíem perdre temps, i cavalcàvem a bon ritme. Vam passar pel costat d'algunes granges de moros. Els pagesos ens miraven de reüll, i els nens corrien a amagar-se quan ens veien, horroritzats. El capità Halaf i els seus homes callaven. Només un dels hebreus que acompanyaven Ramon Borrell explicava, de tant en tant, alguna particularitat dels llocs per on passàvem, sobretot dels vestigis dels antics romans: un pont, unes torretes massisses. Així, quan ens estàvem acostant a Tarragona vam passar per sota d'una porta molt estranya. Sola, emmarcada per unes columnes, i amb una inscripció que no vaig acabar de poder llegir a la part de dalt de tot. La porta no tenia cap paret que la continués, ni per una banda ni per l'altra, de manera que no servia per res més que perquè el camí hi passés per sota. L'hebreu ens va dir que no era porta, sinó arc, i que a la ciutat de Roma n'hi havia a dotzenes.

Quan se'ns va fer de nit encara faltava una estona per arribar a Tarragona, Halaf ho va consultar amb els comtes i van decidir que no valia la pena fer l'esforç, i que podríem passar la nit en un dels poblets que hi havia vora la via. Em va saber una mica de greu, perquè l'hebreu Bosom m'havia explicat com era el temple pagà de l'antiga ciutat, llavors convertit en lluïda mesquita, i també com encara era visible una plaça molt gran per on els romans feien curses de carros els dies de festa. Però Halaf ens va dir que l'antiga ciutat de Tarragona s'havia convertit en una fortalesa mig abandonada, un camp de pedres on només hi vivien uns soldats monjos que es queixaven d'haver estat destinats en aquell cul de món, massa a la vora de la frontera pel seu gust, i que s'havien tornat mig llunats i malfiats. Mentre sopàvem, el bisbe Ató es va queixar amb amargor de la decisió presa. Li hauria agradat anar a veure el lloc on sant Fructuós va patir martiri cruelíssim, i així ho va exposar a Ramon Borrell. El comte, que estava molt cansat, li va llançar al cap un crostó de pa, mentre li responia amb fermesa i una punta de grolleria:

—No hem vingut pas a veure meravelles ni els ossos dels teus sants, bisbe Ató. Quan acabem amb la nostra feina, vés allà on vulguis, però ara no ens toquis els ous, que estem prou cansats.

No vaig poder aclucar l'ull. Temia que els moros ens tallessin el coll a tots plegats, malgrat la guàrdia que havia organitzat Tallaferro. Per treure'm aquestes cabòries del cap, pensava en el destí dels romans. Recordava haver llegit a l'escriptori, en un llibre de gramàtica, alguns fragments gairebé intraduïbles d'un poema que parlava del fundador de Roma, que es deia Enees, i que havia passat per molts perills i moltes aventures. També havia pogut llegir les vides dels cèsars, de Suetoni. En els nostres dies els romans semblaven haver estat escombrats pel pas del temps, i tot el que ens quedava d'ells eren quatre llibres ratats, aquell pont exagerat que havíem passat a Martorell i aquell arc o porta tan estranya al mig del camí. Però Roma em continuava provocant una estranya fascinació. El comte Ermengol hi havia estat en dues ocasions, acompanyant el bisbe Sal·la, i una vegada li havia demanat com era la ciutat santa.

—No t'agradaria, Dacó —va respondre—. És com un mort. És un camp de pedres i runes, i quatre esglésies al mig. Hi viuen més lladres que capellans, i el papa ha de dormir sobre l'urna on hi ha els ossos de Sant Pere per evitar que l'hi prenguin i després hagi de pagar un rescat. Tot és ple de bandits, clergues i marjaules, i quatre pelegrins que s'han begut l'enteniment. Les putes pareixen infants i els llencen al riu des d'un pont que hi ha, on són pescats amb filats pels criats del papa, que els posa al seu servei, com a esclaus de la guàrdia. I poca cosa més puc dir-te'n. De cases sense sostre, tantes com en vulguis. I diuen que era el centre del món. El papa és el primer que se n'aniria, però els ossos de Sant Pere, que són allà en un foradot, no li ho deixen fer.

Però jo no em volia resignar. Alguna vegada hi aniria, segur. De moment, era possible que pogués arribar a veure Còrdova, de la qual deien que era molt més rica que Roma en temps d'August. Jo encara no m'ho creia.

Vam començar a moure'ns abans de l'alba. Hi havia pressa per arribar, i encara ens faltava un bon tros per recórrer. Com més cap al sud anàvem, més poblat trobàvem el país. Tot i que semblava una terra seca on no hi podia créixer gran cosa, a tots els racons hi vèiem hortes ben treballades i retalls sembrats, verdíssims. No acabava d'entendre d'on sortia l'aigua. L'hebreu Bosom em va fer veure com la treien d'un pou amb un ruc, a qui feien fer voltes i més voltes per fer girar una roda amb olles de terrissa, que agafaven aigua i la deixaven caure en un nivell superior.

—L'aigua que surt d'aquí pot arribar a regar un hort que és a una hora lluny —em va dir—. D'aquí cap al sud hi ha molt poca aigua. Plou poc, i encara el poc que plou s'escola per barrancots i esquerdes, i fa de mal aprofitar. Els musulmans no pensen en altra cosa que a recollir fins a la darrera gota d'aigua que cau del cel.

Lluny de meravellar-me, aquella em va semblar feina malaguanyada. ¿Per què escarrassar-se a fer aquelles obres? Si la terra era un ermot, era un ermot, i qualsevol esforç que es fes per corregir-ho era un acte de supèrbia i, en certa manera, un desafiament a la voluntat de Déu. Allà dalt, l'aigua potser no ens sobrava, però no ens calia treballar tant per regar unes poques feixes. On no hi arribaven les secles, hi podia ploure. Pobres rucs, condemnats a fer tombs i més tombs sense poder veure món. I tanta aigua com es veia allà al costat, la del mar, i tan dolenta que era, que et cremava l'estómac i, si en bevies massa, et tornava boig, segons deien.

Anava barrinant aquestes i d'altres qüestions quan, amb un copet donat amb la punta de la llança que duia, l'Arnall em va fer caure el casc. Sort de la corretja de cuiro que l'aguantava.

—Dacó, no t'encantis i estigues pel camí —va dir, entre riallades—. Si tens por, torna-te'n cap a casa, neneta.

Uns anys abans, hauríem començat a barallar-nos com dos gats calents, fins a quedar exhaustos. No era el moment, però ningú no ens privava de fer servir la llengua. Si l'un era un feló, l'altre un cap de moro, un lluert esventrat o un carnús pudent. Mentre practicàvem l'escalada de mots, una veu fonda i rogallosa, com si sortís d'una cova, ens va tallar. Era Bernat Tallaferro.

—Vosaltres dos. Foteu-vos la llengua al cul, per favor, que aviat arribarem i hem de causar bona impressió.

Ja feia estona que havíem deixat la via principal per agafar una drecera. Érem dalt d'un collet. La ciutat de Tortosa era als nostres peus. Era gran, i tenia una alcassaba blanca al capdamunt, i unes muralles tan fermes que prometien setges durs i avorrits. Però el que em va impressionar més era el riu, una llengua amplíssima i lenta d'aigua calmosa, que a la llum del capvespre semblava una cinta de plata amb reflexos daurats. Era el famós riu Ebre, Per creuar-lo hi havia un pont de barques, que es bellugava mogut pel corrent. En un punt on l'aigua s'encalmava, hi havia tres o quatre naus, amb les veles plegades i, al costat, allò que en semblava una altra a mig fer, col·locada sobre un sorral a la ribera. No em podia imaginar com aquelles construccions eren capaces de fer-se a la mar i navegar, només a mercè del vent, i, tot i això, ser capaces de seguir un rumb determinat per poder anar, posem per cas, a les Mallorques, i més lluny encara. Suposava que, sent la mar tan gran i les illes tan petites, fóra fàcil de passar de llarg, i més encara quan no hi ha camins marcats enlloc i perdre's en la immensitat és la cosa més fàcil.

Vam entrar a Tortosa per la porta de llevant. Vam pujar tots de dret a l'alcassaba, que estava vigilada per un grup de guardians d'aspecte ferotge que ens van mirar amb malfiança, però que ja ens esperaven. Els hebreus no ens van voler acompanyar, i es van esmunyir, perquè se n'anaven a veure els membres de la seva comunitat que vivien en un barri propi, fora murs i vora el riu. Un cop vam descavalcar, Halaf ens va dir que el governador Abu al-Asbag i el general Wàdih ens rebrien l'endemà, després de les oracions del matí. Amb la taula parada que vam trobar, plena de tots els fruits que produïa aquella terra feliç, com si volien fer-nos esperar una setmana sencera.

VI

On s'intenten reproduir uns parlaments que foren llargs, cansats i prolixos

Em va despertar un crit que era com una cançó o una cançó que era com un crit. Em vaig llevar d'un bot, ple d'espant, amb el cor que em bategava fort. L'Arnall, que havia dormit damunt d'una màrfega al meu costat, ja s'havia llevat, i mirava per la gelosia de fusta de la finestra.

—És el seu crit d'oració. Si vols anar a la seva missa, encara hi ets a temps.

M'hi vaig acostar. Pels foradets es veia una ciutat que despertava: crits llunyans, fumeretes blanques, una barca amb una vela que baixava mandrosa pel riu. La veu venia d'una torre que rematava un gran edifici blanc i daurat, que s'estenia sota de la suda. Dalt de tot de la torreta, un home vestit de blanc cantava i acompanyava les pujades i baixades de la melodia amb uns grans cops de cap. Aquella construcció era la mesquita. Ató, que havia entrat a la nostra estança per cridar-nos, es va senyar en veure-la. Ermengol, Tallaferro, Ramon Borrell i els seus consellers més propers s'esperaven en una eixida, on hi havia uns arbres que donaven una fruita groga que no havia vist mai, que era com un codony però d'un gust tan àcid que no es podia aguantar, i era cosa curiosa de veure com tot d'homes fets i drets feien ganyotes en mossegar-la.

No portaven l'arnès, ni duien espasa ni punyal, com a senyal de bona voluntat. Jo m'hauria estimat més disposar d'alguna mena de protecció, perquè no se sabia mai. De seguida l'hebreu Bosom, a qui acompanyava un altre jueu vell, que esbufegava i arrossegava els peus, ens va venir a buscar. Ens van conduir per escales, patis i passadissos fins a una estança amb volta, amb uns grans finestrals oberts sobre la ciutat. El terra era cobert de catifes toves com prat de dall, i ens van fer seure en uns escambells de fusta negra. No hi havia ningú. No ens van fer esperar gaire, només el temps suficient per poder arromassar uns bons grapats de figues i uns traguinyols de vi que hi havia en unes gerres de vidre fi. M'havien dit que els mahometans no en bevien, però el bisbe Ató, que es veu que n'estava ben informat sobre aquest aspecte de la doctrina pagana, deia que no, que condemnaven l'embriaguesa però que un ús mesurat no estava proscrit per les seves escriptures. Ja se la saben prou llarga, vaig pensar. Sense que ningú els anunciés, van aparèixer per una porta que hi havia amagada rere unes cortines. En primer lloc, l'alfaquí Abu al-Asbag, el governador. Durant el camí d'anada, Bosom ens havia dit que l'al-Asbag era un savi de molta anomenada, dels més reputats de tot l'Islam. Es deia que quan era jove havia viatjat fins a les muntanyes altíssimes on s'acabava el món i que contínuament arribaven a Tortosa viatgers a la recerca dels seus consells. A mi més aviat em va semblar un vell xacrós que caminava a passes petites, de pardalet, com mig adormit. Si mai havia arribat a l'altra punta del món, havia tornat cansat. L'acompanyava el general Wàdih, més jove del que m'imaginava, amb una cabellera de color cendra mig amagada sota una mena de caputxó de seda blava que li tapava les orelles. Arrossegava la cama esquerra, però la primera impressió que transmetia era que millor si no el tenies com a enemic. Es van petonejar cerimoniosament amb els comtes i el bisbe Ató, com si fossin vells aliats. Quan li va tocar el torn al comte Ermengol vaig notar com tothom aguantava la respiració. No va passar res. Quins tombs que fa el món, perquè només un parell de mesos enrere el governador de la Marca Superior era per a nosaltres com una bèstia assedegada de sang, i s'explicaven moltes històries veritables de la seva crueltat, i a tothom li hauria agradat tornar a casa ensenyant el seu cap com a trofeu. Ell i el comte Ermengol eren vells coneguts i enemics. Corria el rumor que havia jurat que mataria Wàdih quan se li presentés l'oportunitat, i que la promesa era recíproca. I ara el tenia assegut a la vora, i li acceptava una tassa d'aigua amb mel i essència de roses, i no li deia re i li aguantava la mirada, i si encara eren vàlides les antigues promeses, no era el moment de complir-les.

Però aquella era una reunió de negocis, i ningú no havia fet l'esforç d'arribar fins allà amb la intenció de recordar els greuges del passat. Van entrar un grup de jutges de la ciutat, vestits de negre, que es van asseure en un racó, immòbils i callats, fins a arribar a un estat proper a la invisibilitat. Un cop es va instal·lar tothom, van començar els parlaments. Jo m'estava assegut en un racó, amb un parell de plomes tallades noves, una tauleta sobre els genolls, tinta i un pergamí blanc, disposat a apuntar, si s'esqueia, xifres i dates.

L'alfaquí de Tortosa va encetar la reunió. Parlava en un romanç que podíem entendre força bé. Si mai tenia un dubte o s'embussava en alguna paraula, el jueu Bosom l'ajudava de seguida. Entre floritures retòriques, ens va donar la benvinguda i ens va agrair l'esforç per haver assistit a la trobada. Sabia que aquella decisió no havia estat fàcil per a nosaltres, que s'havien hagut de vèncer resistències i prevencions, però confiava que l'excepcionalitat dels esdeveniments que s'havien escaigut a Còrdova i el paper que en el futur haurien de jugar els comtats de la muntanya franca —és així com ens va anomenar— servissin per posar els fonaments d'una entesa futura i perdurable. Era aquest el seu desig i ens va assegurar que parlava també en nom del califa.

A mi em va semblar que el seu discurs era assajat i no acabava de sonar prou afinat, com si no se l'acabés de creure. Al final del seu parlament es va pastar un silenci que amenaçava de fer-se insuportable. Llavors Wàdih va prendre la paraula. El seu romanç era molt millor que el de l'alfaquí, i no va ser necessària la intervenció del jueu Bosom.

—Voldreu saber què esperem de vosaltres. Jo no puc ser diplomàtic. Em coneixeu bé, sóc home d'acció i la vida dels palaus m'ofega, de manera que aniré per feina. Volem reforçar el nostre exèrcit. Ja sabeu quina és la natura del conflicte, i en quin punt es troba avui. Cal que forcem la situació amb un cop d'efecte. Necessitem més cavallers entrenats, que siguin capaços de lluitar amb garanties. Fa vint anys que us he combatut i us conec prou bé. Sou valents, teniu bones armes i no us arronseu davant de les dificultats. Pensem que si us poseu al nostre costat tenim moltes possibilitats d'èxit. Els africans seran molt valents quan es troben tots junts, però la majoria no saben agafar una espasa sense tallar-se els dits, i al mig de la batalla no hi ha grups ni clans, només homes sols que lluiten contra homes sols. Als castellans que els auxilien potser no els coneixeu. Tenen un aspecte ferotge i molt bons cavalls, però si hagués de triar entre ells i vosaltres aviat ho tindria clar. Els falta malícia i sovint els venç l'orgull. Les nostres condicions són prou bones. Una peça d'or al dia per cavaller armat, i setanta-cinc més per cada comte que ens ajudi. Hem calculat que podríeu aportar entre sis-cents i vuit-cents cavallers. És el contingent que esperem. Els setanta-cinc mancusos són també per als bisbes, si és que tenen una host ben formada, que prou sé que la tenen. Si consideréssiu necessari portar forces a peu, nosaltres no hi tenim cap inconvenient, i ja ho acabaríem de negociar. No faran falta peons, però els arquers bons i els foners sempre seran benvinguts. La campanya començaria la primavera de l'any vinent. Si tot anés com hauria d'anar, no passaríeu més de tres mesos fora de casa. És possible que ni tan sols arribeu a combatre. El califa és ara a Toledo, preparant un gran exèrcit. Si Solimà al-Haquem, Zawí i els africans i el comte de Castella fossin una mica llestos, aprofitarien el perdó que els ha ofert el nostre califa i evitarien la confrontació oberta, on tenen totes les de perdre. Ells no us coneixen prou. Jo sí. Ara ja no us puc dir res més. Depèn de vosaltres la decisió. Ara, jo no m'ho pensaria dues vegades. No tindreu mai més una oportunitat com aquesta d'assegurar-vos una pau futura i uns guanys que mai no podríeu aconseguir.

Jo anava observant les reaccions dels nostres, mig amagat rere l'escriptori. Amb prou feines havia apuntat re. Una xifra, cent, i dues paraules més: tres mesos. Ermengol tenia la mirada clavada al terra, i movia molt lleument els llavis, com si pregués o maleís. Em va semblar que en aquell moment començava a penedir-se'n, d'haver fet aquell viatge. Ramon Borrell estava ben quiet, però pel moviment dels ulls era evident que feia comptes mentals. Ell hi aniria, segur, ni que fos per demostrar que Barcelona ja s'havia refet de la urpada del Victoriós. I si ell es decidia, Ermengol no tindria cap altre remei que seguir-lo, per vergonya i per no deixarlo sol. Tallaferro s'amagava rere la barba, i no deixava traspuar cap emoció, desplegava la seva famosa cara d'arrel de roure. Ell faria el que decidissin els altres. Tot sol no hi podria anar. El bisbe Ató, en canvi, estava plenament convençut de la viabilitat de la missió, i no feia cap esforç per dissimular-ho. Si fos per ell, no caldria esperar a la primavera i ja tiraria cap avall. L'oportunitat de matar infidels al cor mateix del seu regne i, a més, guanyar una bona quantitat de diners, era una temptació massa gran. Els nostres bisbes tenien uns exèrcits petits però molt ben organitzats, i unes propietats que creixien cada dia. Tots tenien també moltes ganes d'enriquir-se, i entre ells hi havia una competició somorta a veure qui tenia la catedral més ben guarnida. Qui més qui menys ja tenia previst de fer-hi obres, perquè la majoria dels edificis s'havien fet petits en els darrers temps.

Wàdih es va aixecar. Els ossos li van cruixir, com si hagués estat cavalcant durant hores.

—Ja no us podem dir res més. Aquesta és la nostra oferta i la voluntat del califa, que Al·là el guardi i faci bo. Ens heu de donar una resposta aviat. No us volem pressionar, però hem de saber amb quines forces podem comptar, perquè no és fàcil planificar la campanya sense tenir una idea precisa del contingent i, també, sense saber si sereu amics, enemics o neutrals. Més tard tornarem a parlar. Però ja sé què decidireu. Mentrestant, sou lliures de quedar-vos aquí o bé de sortir a la ciutat, on ningú no us ha de molestar. Després de l'oració de la tarda ens tornarem a trobar.

Va agafar del bracet l'alfaquí, que semblava fora d'aquest món, i van sortir per on havien entrat. Els jutges també es van fondre. De seguida Ermengol ens va fer fora de la sala. Volien quedar-se sols per deliberar amb tranquil·litat, i no m'hauria agradat d'aguantar-los mentre discutien. Vaig suposar que ja ho havien decidit, i que només farien veure que s'havien de posar d'acord.

Amb l'Arnall vam córrer escales avall, buscant la sortida de la suda. La ciutat em va atabalar. Mai no havia vist tanta gent junta. Ens miraven amb una mescla de curiositat i prevenció, perquè es veia d'una hora lluny que érem forasters, però ningú no ens va dir res. Les parades del mercat eren plenes d'hortalisses i espècies que ens eren del tot desconegudes. Finalment, l'amo d'una de les parades ens va preguntar d'on érem. Ho va fer en llengua aràbiga, i com que era una pregunta senzilla, la vaig entendre bé. Com vaig poder vaig respondre que érem del país de les muntanyes, del país dels francs. Va fer un gest admiratiu i ens va regalar unes branquetes que tenien una fruita estranya.

—Són dàtils. Allà no en teniu, segur. Que us aprofitin, joves natzarens.

Li vaig donar les gràcies amb la fórmula que m'havia ensenyat el vell esclau del bisbe, omplint-lo de benediccions i desitjos de fortuna i fills amb salut. Vam passar per davant de la porta de la mesquita, però no ens vam atrevir a entrar-hi, tot i que de primer ens va semblar que hi havia com una mena de plaça, plena de joves que s'asseien en grups presidits per un home gran, com si escoltessin una lliçó. No sabíem si ens era permès treure-hi el nas, i tampoc no volíem arriscar-nos a provocar un conflicte. Vaig pensar que si s'acceptava la proposta d'incorporar-nos als exèrcits del califa, ja ens vagaria, de veure mesquites, i encara més grans i més riques que no pas la de Tortosa, que ja ho semblava prou, de gran i de rica. Vam continuar pels carrerons, baixant en direcció a la muralla, que era construïda amb uns blocs enormes de pedra, tan ben tallats que semblaven fets d'argila tova. Jo volia veure el riu i els vaixells. Vam resseguir la muralla fins que vam trobar la porta, que era tan ampla que quatre homes amb els braços estirats i posats un al costat de l'altre no tocaven les llindes. La porta era de fusta recoberta per planxes de ferro, pensades per desanimar els possibles assetjants, i no es podia obrir si no es produïa l'acció conjunta d'una bona colla de ciutadans. Fora murs encara hi havia més carrers i més cases i més gent, i una altra muralla, més feble i mal feta que la primera, però no vaig poder endevinar si era perquè era més vella o més nova. Ens va semblar passar pel barri dels hebreus, perquè en una paret hi vaig veure una inscripció en la seva llengua, i els carrers tenien un aire lleugerament diferent als que havíem vist fins llavors. Al fons hi havia l'Ebre. Vist de prop, encara era més impressionant, sobretot perquè l'aigua es veia mansa i sense escumes ni bots i alhora discorria amb una força indeturable. A l'altra riba es veien unes munteres de troncs de pins, llarguíssims i vermells, que estaven destinats a les drassanes. Una mica més avall hi havia el port. Ens vam acostar a la primera nau, que estava pintada de vermell i de blanc. L'estaven buidant. Un grup de noiets descarregava uns grans cistells plens de plats d'una ceràmica que semblava feta amb pintura d'or, protegits amb capes de palla, i els deixaven al peu d'un carro. ¿On els feien? ¿Venien de Síria o potser de l'Índia? M'hi vaig acostar una mica. El plat que hi havia al damunt de tot tenia dibuixat un colom envoltat d'espigues. Mai no havia vist res de semblant. Els nostres plats eren de fusta de freixe, i els pocs que hi havia de terrissa eren negres com un cul de guineu. Això era el que ens movia al combat. Tot per canviar els plats de fusta per uns d'altres que tinguessin ocells pintats.

L'Arnall em va estirar de la màniga. Dalt del minaret de la mesquita, el muetzí va tornar a entonar el càntic de l'oració.

—Au va, anem. No podem fer tard.

Vam anar tornant a l'alcassaba. Com que no hi havia pèrdua, miràvem de passar per uns altres carrers. Cada carrer i cada barri tenia la seva olor característica. Brasers de carbó, vernissos, tints, perfums, fusta verda, sacs de flors seques, llana, cuiro i tripes. Tanta varietat em marejava. L'Arnall no feia pas gaire més bona cara. Anàvem pels carrers fent tortes, com un parell de borratxos farts de vi dolent. Ens vam asseure en un pedrís per asserenarnos una mica, abans de tornar a l'alcassaba, s'anava acostant l'hora. Era a les portes d'un altre món, ho notava, i no sabia si estava preparat per acabar-hi d'entrar.

—Arnall. ¿Ho veus clar, això que farem? —vaig demanar. Volia que algú em convencés.

Es va donar un copet amb el puny a l'espatlla.

—Sí. Suposo que sí. Però si no hi vols anar, no cal que vinguis. Ningú no t'obligarà a fer-ho. Millor. N'hi haurà més a repartir. Pots quedar-te a l'escriptori de la catedral, a copiar llibrots d'aquells que ningú no entén ni del dret ni de l'inrevés i que només serveixen per donar de menjar a les rates. Quan torni de Còrdova carregat d'or ja t'ho explicaré, si n'estava, de preparat. Si no torno, senyal que no. És així. Dacó, per ser un cadell bord ets una mica ruc. Queda't a casa i et convertiràs en una lleganya, en un vell capellanot curt de vista i ressentit. Hauràs d'arrossegar tota la vida el rosec d'haver-t'ho perdut. I no tinguis por de morir-te. Et moriràs igual. Pots beure aigua d'un font podrida i quedar-t'hi com si fossis un moixonet. Si un moro et talla el cap d'un cop d'espasa segur que no et farà més mal. I d'aquesta manera te'n vas al paradís segur, de patac. Així ho diuen a tots els sermons i jo m'ho vull creure. I si no és d'aquesta manera i anem a espetegar a l'infern, mala fortuna, i cremarem com a tions per sempre. Però amb tants bisbes com vindran amb nosaltres, m'estranyaria que ens passés alguna cosa d'aquestes. Bons uns, per deixar-se enxampar per les seves pròpies trampes. Anima't, Dacó, va. Fora morros. I anem, que tinc gana.

Vam arribar a temps de presenciar la formalització del pacte. Ramon Borrell, en la seva qualitat de germà gran i portaveu de la coalició va fer una promesa davant Wàdih. Assumirien la comanda i prepararien en un any un exèrcit suficient per poder ajudar el califa Solimà a restablir l'autoritat del seu poder, sense defugir mai el combat i sempre sota el comandament del general, que hauria de crear un consell de guerra on es decidissin les actuacions. Al seu torn, el califa Solimà es comprometia a recompensar adequadament els contingents cristians que l'auxiliessin, i a respectar en tot moment la seva autonomia militar, d'acord amb les necessitats de la campanya i l'estat dels exèrcits. Els pactes s'estendrien per escrit. El general va acceptar totes les condicions i per segellar l'entesa va besar, un per un, tots els comtes i el bisbe Ató. En prova de bona voluntat, els va oferir un caixonet ple de mancusos, tan lluents i ben fets que semblaven acabats d'encunyar. Els tres comtes van agrair l'obsequi amb una certa displicència, i amb prou feines se'l van mirar, com si volguessin donar a entendre a tothom que no eren allà pels diners, sinó per una pura qüestió de justícia.

El sopar havia de ser una festa. Llevat del governador, que continuava mig absent i només va menjar un plat de cigrons amb sèmola, com si fos un anacoreta, la resta ens vam atipar com si fos el darrer de la nostra vida. Els servents negres ens portaven corder amb mel, un pa blanc i pla com una hòstia, fruits de país, i unes copes plenes de gel baixat de les muntanyes i perfumat amb suc de magrana, que més d'un dels nostres no va voler provar, perquè semblava neu tacada de sang. I un vi dolcet i fresc, que el general només s'atrevia a tastar quan el governador tancava els ulls. Cap al final de l'àpat van aparèixer un parell de músics, i jo tenia la vaga esperança que sortissin també unes esclaves ballarines. Ermengol sempre en feia broma, de les ballarines andalusines, de qui deia que eren capaces de fer trempar un mort, encara que no les havia vistes mai en part de món. Però semblava ser que el governador de Tortosa era una mena de monjo sorrut i no li agradaven segons quines distraccions. Una mica de música i prou, i encara perquè no fos dit que no havien fet un acte una mica més vistós. M'hi vaig acostar. Un dels sonadors tocava un instrument que tenia la forma d'una mitja closca d'ou amb un mànec curt i un claviller tort. De grat l'hauria bescanviat pel meu monocordi, que em va servir per aprendre molta teoria, però que a l'hora de la veritat no em servia per a gran cosa. El músic pinçava les cordes, que eren de seda de colors, amb una ploma d'àliga. L'instrument més semblant que teníem nosaltres era la lira, una capseta de fusta o closca de tortuga amb una tapa de pergamí i un mànec llarg de quatre pams. Tenia només tres cordes, i quan el tocava jo —i no era pas dels que ho feien més malament— sonava ben bé com si espellessin un gat.

El governador, que ja no reprimia els badalls, es va aixecar de seguida. Se'n va anar fent aire amb les mans, com si volgués dir que continuéssim la festa, que ell ja havia de plegar. Sense ballarines, la festa era una mica ensopida. El grup de cavallers que havien acompanyat el comte de Barcelona jugaven a daus. El bisbe Ató, superades les diferències religioses, parlava amb els hebreus, sense deixar de menjar pastissets. Ramon Borrell, Bernat Tallaferro, el bisbe Ató i Wàdih seien en un extrem de la taula, i conversaven en veu baixa. Discutien tàctiques militars, perquè el general Wàdih escampava molles de pa sobre les tovalles i les organitzava i movia com si fossin cavallers en plena batalla. De vegades, Tallaferro feia que no amb el cap i les recol·locava al seu gust. Els músics badallaven i tocaven una mica d'esma, perquè gairebé ningú no se'ls escoltava.

Ermengol no hi era. Se n'havia anat sense fer soroll: quan me'n vaig adonar potser ja feia una bona estona que havia marxat. Durant tot el sopar amb prou feines havia obert la boca. Se'l notava incòmode, com si tingués un pes al ventre. La seva absència es notava, i Ramon Borrell no va voler perllongar més la vetllada. Va picar de mans.

—Tothom a dormir. Demà sortirem abans de l'alba. Hem de fer un llarg viatge i se'ns ha girat molta feina. Descansarem una mica i tots cap a casa.

Ató va aixecar la mà, com si tingués una objecció. Ramon Borrell li va endevinar les intencions.

—Bisbe Ató, si vols dir missa, la pots dir des de dalt del teu cavall. No passarà re. L'oirem amb tota la devoció, i ja vigilarem que els nostres no caguin, mentre duri. Però no perdrem més temps.

El bisbe no va gosar de presentar cap rèplica, perquè sabia que era inútil portar la contrària a Ramon Borrell, que tenia unes arrencades de geni que el feien temible. Els músics, atemorits pel to de veu que havia emprat, van guillar com si algú els empaités. Un servent va afanyar-se a apagar els llums d'oli, mentre les rialles d'alguns cavallers ressonaven pels passadissos. Després d'una visita a les latrines de la suda, vaig anar a la cambra on dormíem la majoria de companys. A les palpentes, vaig preparar el meu sac, que també em servia de coixí. L'Arnall, que jeia al meu costat, roncava com un porc fer, però no més que alguns dels que dormien cap al fons de l'estança. Quan va arribar l'hora de marxar jo encara tenia els ulls ben oberts, com un xut, i el cap ple de foscos pensaments, d'una sensació vaga de neguit.

El viatge de tornada se'ns va fer curt, perquè tornàvem cap a les muntanyes i el paisatge ja no era novetat, que sempre que es reprèn el camí de casa no es fa tan pesat. Vam passar de llarg de Tarragona i els seus ferotges estadants, i vam tornar a fer nit a la mateixa granja on ens havíem aturat a l'anada. Ató no va pensar més en les relíquies de Sant Fructuós. Bernat de Sant Martí, un cavaller del comte Ramon, que de baixada havia estat cantant tot el seu repertori de cançons de batalla, s'havia tornat mut. Tenia tantes ganes com tots nosaltres de passar com més aviat millor la ratlla invisible de la frontera. L'altra ratlla, la que marcaria un abans i un després en les nostres vides, que era molt més subtil i alhora més determinant, ja l'havíem travessada, i tot just en aquell moment ens en començàvem a adonar.

VII

On hi ha una ambaixada imprevista i que fou tractada com a inoportuna

Arribats a casa vam trobar un ambaixador del rei Robert que s'esperava. S'havia presentat dos dies abans que nosaltres, i el bisbe Sal·la, que en absència del comte l'havia acollit al seu palau, ja no sabia com entretenir-lo ni quina conversa donar-li. Ermengol l'ardiaca se'l volia endur de cacera, o a cavalcar amb la seva host fins a les terres buides de la frontera, però l'ambaixador els va dir que no, que s'estimava més esperar. Volia veure el comte tan aviat com arribés, perquè portava un missatge personal i urgent del rei dels francs en persona, el Robert dels anys. Un soldat del bisbe s'havia avançat per advertir Ermengol, i ens va trobar quan començàvem la pujada cap a coll de Creus. Ermengol es va sorprendre de la visita, però no estava disposat a humiliar-se davant de cap enviat de rei.

—Si té tanta pressa, que s'esperi fins demà. Avui no estic d'humor —va dir.

Vam arribar cap al tard, i el comte se'n va anar directe cap al palau de Ciutat. Jo vaig baixar a Urgell. El comte havia donat instruccions precises perquè ningú no el molestés fins l'endemà, i que només quan ell ho digués podríem pujar amb l'enviat franc. Quan li ho van comunicar, l'ambaixador, que es deia Riquier Bordel, es va molestar, i s'enfilava per les parets com una mesquera. La pell de la seva cara, que era de color de mort, es va encendre. Va començar a cridar pels passadissos del palau, dient que era una ofensa insòlita i intolerable, i que estava rebent un tracte indigne del seu càrrec i de la seva missió. Entre Sal·la i Ermengol l'ardiaca el van calmar com van poder, i d'amagat li van posar al vi una cocció de cascall perquè es tranquil·litzés. L'endemà, a mig matí, va baixar un servent del palau comtal per dir-nos que el comte ja ens esperava. Volia que Ermengol l'ardiaca hi fos present, també, juntament amb la resta del seu consell.

Durant el curt trajecte que hi havia fins al palau, Riquier no va obrir la boca. Abans de pujar al cavall havia exigit que la seva trobada amb el comte fos estrictament privada i confidencial. Ermengol l'ardiaca es va arronsar d'espatlles amb un enuig gens dissimulat i li va dir:

—El comte ja ha disposat, ambaixador. Si voleu un consell, resigneu-vos. Ermengol és un home colèric, i faríeu bé de no atiar la seva fúria, que està cansat i no té paciència.

L'ardiaca va fer que l'acompanyés fins al palau. Dalt de la fortalesa de Ciutat no hi havia ningú per rebre l'ambaixador. El cap de la guàrdia ens va indicar que tothom era dins, a la sala. Quan hi vam entrar, Ermengol el comte estava dret, recolzat sobre una taula i consultant una escriptura que li comentava l'escrivà Ponç. Asseguts als escons que feien el tomb a la sala hi havia una dotzena de cavallers, la plana major de consellers del comte: Isarn Caboet, el vescomte Guillem, Hug de Taús, Bernat de Sanavastre, el Guàrdia de Lavansa, i d'altres. A la vora de la porta s'hi asseia el vell Miró, al costat de l'Arnall, que em va saludar amb la mà oberta sobre el pit. Jo em vaig esmunyir a un racó, el més discret. Ermengol l'ardiaca se'n va anar al setial que ocupava habitualment a les audiències judicials més importants, a la cantonada de la dreta, prop del comte. L'ambaixador Riquier es va quedar dret al mig de la sala, mentre Ermengol se n'anava al seu lloc, encara amb el pergamí a la mà. Llavors va parlar:

—Ambaixador del rei. Sigueu benvingut i perdoneu l'espera. Si haguéssiu avisat amb prou temps, m'hauria afanyat una mica més. Però ja està fet. Ara, feu el favor de dir-nos quina és la vostra missió, que us ha fet venir de tan lluny fins a aquestes muntanyes maleïdes.

Riquier estava incòmode. Mirava amb prevenció els rostres dels membres del consell d'Ermengol, com si no s'atrevís a parlar davant d'ells. Ermengol li va llegir els pensaments.

—No tingueu por d'aquestos homes, ambaixador. Tots són lleials col·laboradors nostres. Entre persones de la mateixa fe no hi ha d'haver secrets. Jo no en tinc, i ells prou que ho saben. Si vós en teniu, podeu continuar callat. Vós mateix. Diguéssiu el que diguéssiu, sortiríeu per aquesta porta i tot seguit ho sabrien igualment.

—D'acord, doncs —l'ambaixador Riquier va recuperar una mica l'esma. Parlava un dialecte del nord, amb sons guturals, com si s'hagués constipat—. Com vulgueu. M'havien dit que éreu un home tossut, groller i maleducat, i veig que s'havien quedat curts en la descripció. Així doncs, no us molestaré gaire i podré anar-me'n de seguida. Hem sabut que esteu fent tractes amb el pretendent al-Mahdí per ajudar-lo, per dir-ho d'alguna manera, amb els seus problemes interns. Si les nostres notícies són certes, tot just heu acabat de lligar un tracte per incorporar-vos ben aviat al seu exèrcit. El vostre germà deu haver rebut també una ambaixada, que s'expressarà en els mateixos termes en què ho faré jo. Molt bé. Ara us recordaré quines són les vostres obligacions, per si de cas les havíeu oblidat. Sou encara súbdit nominal del rei dels francs, de qui prové la vostra autoritat i a qui deveu respecte i obediència. Són molts els documents que ho demostren, i no en podeu aportar cap que digui el contrari. Sabeu prou bé que la seva autoritat cau molt lluny i mai no és exercida si és que no hi concorren circumstàncies excepcionals. El rei espera que no ho hagueu oblidat i us exigeix la mateixa veneració que van obtenir els seus avantpassats dels vostres. Afegiré que no veu amb bons ulls que busqueu aliats entre els que, fins avui, s'han comportat com uns enemics cruels i ferotges. I, a més, com a infidels que amenacen la nostra religió pel sotmetiment i la força. Vol que us faci saber que és una mala tàctica tenir enemics a tramuntana i a migdia. Com a bon guerrer que sou, no us hauria de costar d'entendre-ho.

Ermengol, que se l'havia escoltat mig entravessat sobre el setial, fastiguejat, es va incorporar.

—¿És això tot el que m'havíeu de transmetre, ambaixador? M'esperava una mica més de substància, si em permeteu que us ho digui. Això sí, us he de felicitar per l'eficiència dels vostres espies, que estan atents i no en deixen passar una. Ara escolteu-me bé. Estic content que, de tant en tant, el rei Robert pensi en nosaltres. Ens honora. Pel que fa als tractes que hi havia entre els nostres comtats i el vostre regne, només diré que són pactes vells i que els pactes són com les espases velles, que s'omplen de rovell i no serveixen per a res si no se'n té cura. En temps del meu pare, el comte Borrell, que Déu conservi al seu costat, l'al-Mansur va fer el que va voler per les nostres ciutats, va incendiar Barcelona, sense que el rei Hug gosés moure ni un sol dit per defensar-les. Fa només cinc o sis anys, li va tocar el rebre a Manresa. Si tant se les estimava i tan present tenia els sagrats pactes, podria haver aixecat el cul de la trona i baixar a ajudar els súbdits. Avui, dubto molt que el seu fill o el seu nét o qui collons sigui que tingui avui la corona es comportés d'una altra manera. O sigui que ja li podeu dir al vostre rei, que aquí el seu nom només ens serveix per posar data a les escriptures de compravenda. A més, s'ha estroncat la saba que venia de Carlemany. És possible que jo tingui més sang de l'emperador que no pas el vostre rei d'ara. No li tenim cap por. El respectem, però que no ens amenaci. Hem pres una decisió com a homes lliures, i no hem de retre comptes a ningú del que fem. Si durant la nostra absència intenta acostar-se al nostre territori, quan tornem se n'haurà de penedir. Ho juro davant de Déu. Digueu-li això, ambaixador. Repetiu-li-ho paraula per paraula, que no quedi cap dubte. Esmoleu la memòria. I ja podeu córrer: com més aviat ho sàpiga, millor.

Riquier no va gosar contestar. Amb les dents serrades i un gest d'incredulitat gravat a la cara, va girar cua i va sortir de la sala. Ningú no li va anar al darrere. Tot seguit vam sentir com se n'anava al galop acompanyat de la seva escorta. Per un moment vaig témer que Ermengol fes un gest al cap de la guàrdia, perquè anés a empaitar el seguici de l'ambaixador i els matés a tots. No ho va fer, i segurament no pas per falta de ganes. Jo estava segur que si aquesta escena hagués succeït uns anys enrere, hauria acabat així de malament. Deien que, a mesura que s'anava fent gran, el comte Ermengol es civilitzava una mica. Alguns dels assistents van començar a comentar la trobada, entre grans rialles, estrafent el to solemne que havia utilitzat l'ambaixador, i la seva veu nasal. Ermengol va sortir sol de la sala. Una mica més tard, quan vaig passar cap al pati d'armes, el vaig veure dalt de la torre gran, la de la cantonada que donava a la vall del Valira. El guaita que fins llavors s'estava allà dalt era al pati, desvagat, fent dibuixos al terra amb un bastó. L'Arnall, que també va fer cap al pati, em va dir que sovint s'hi passava hores i més hores, quiet, com si fos un tronc d'alzina recolzat al parapet, contemplant els conreus i les muntanyes.

La visita inesperada de l'ambaixador només va ajornar un dia la posada en marxa dels preparatius de l'expedició. L'endemà mateix van sortir un estol d'enviats per totes les valls del comtat, per fer recompte d'efectius i començar a fer previsions. Hi havia prou marge de temps, però calia organitzar-la bé si no es volia anar a fer el ridícul tan lluny de casa i, al mateix temps, assegurar la defensa del comtat mentre el gruix de l'exèrcit fos fora, i més encara després de les amenaces del rei de França. Durant unes setmanes vaig dubtar. No sabia què fer. Per un costat, em moria de ganes de veure món i participar en una experiència que transcendiria a la successió de les generacions i al pas dels segles, i algú tindria la missió sagrada de perpetuar el record del meu pas pel món. Com que no estava gens segur que hi hagués una altra vida —en això sospitava que jo no era gaire diferent de tots els capellans que m'envoltaven— una bona manera, i potser l'única, d'aconseguir alguna cosa que s'assemblés a la immortalitat. Per l'altre, una veu interior, prima i covarda, però insistent, em deia que era una bogeria, un suïcidi segur. Quan hi pensava amb una mica més d'intensitat, i segons l'humor, notava una pressió somorta als budells. Si em posava d'aquella manera només de contemplar la possibilitat de guerrejar, ¿què no em passaria a l'hora de la veritat, quan tingués al davant mil musulmans disposats a matar-me a la primera ocasió que se'ls presentés? Així, aquella veueta em mormolava amb insistència que no hi anés, que un mauritá afortunat ho aprofitaria per fer-me la pell abans que jo tingués l'oportunitat de matar-lo. Un dia em fixava en l'actitud del comte Ermengol, cada vegada més taciturn i silenciós, com si arrossegués un dolor antic o bé una premonició; l'altre, l'Arnall, m'encomanava el seu entusiasme sense reserves, i m'omplia el cap amb les seves imaginacions i projectes. La perspectiva de la campanya va desvetllar l'ambició de l'Arnall. No volia ser com el seu pare, sinó que aprofitaria les oportunitats que li donaria la guerra per convertir-se en alguna cosa més que el senyor d'una vall perduda i secana.

—Això si no et maten, innocent. Amb aquesta cara de criatura que fas, no dures al camp de batalla ni un parenostre —li deia, per fer-lo enrabiar.

El bisbe Sal·la no volia influir en la meva decisió. Quan em vaig atrevir a demanar-li consell i, esperava, alguna ordre que m'acabés de decidir, només va saber dir-me que, com a fill de Miró que era, i vista la instrucció rebuda, podia participar amb tots els drets a l'expedició, ja fos al costat del meu pare, com hauria estat normal, o dins de l'host de l'església, com a membre amb vots de la seva comunitat, alhora que cavaller instruït però no gaire bregat. Les forces episcopals serien comandades per Ermengol l'ardiaca, i feien falta un munt de guerrers per poder-se comparar a les forces comtals. Que fes el que volgués, en definitiva. A la seva seu també eren necessaris els escrivans habilidosos, però que poques vegades coincidien en una sola persona qui dominés per igual les arts del càlem i de l'espasa. Vaig anar a l'audiència amb la vaga impressió que em donaria una ordre taxativa, que em faria anar cap aquí o cap allà, i en vaig sortir encara més confós. L'ardiaca va notar de seguida el meu desconcert. Quan pujava fins a l'escriptori em veia poc aplicat, llangorós, amb la vista fixada en el tros de paisatge que es veia de la finestra estant. La meva feina també se'n ressentia, i cada dia notava com la regularitat de la cal·ligrafia se m'anava esvaint, i cometia més errors dels que eren admissibles, fins i tot en un simple aprenent.

Un dia, després de la missa de matines, se'm va plantar al davant. Ermengol era capaç de convèncer els seus interlocutors gairebé sense haver d'obrir la boca, i quan l'obria ja s'acabaven tots els arguments. M'havia estat observant, havia parlat amb el bisbe Sal·la, i tot el que em diria també havia estat acordat amb ell. Pensava que malaguanyat si no anava amb ells a la guerra. Em va dir que sabia que tenia bones aptituds de cavaller i que per assegurar l'èxit de la campanya totes les forces eren necessàries. Volia que me n'anés una temporada a Tost, per acabar de reflexionar i, de passada, afinar la meva competència de guerrer. A Urgell estaria sotmès a massa estímuls, a massa distraccions i si m'hi quedava acabaria per fer malbé tota la reserva de pergamins de l'escriptori.

L'Arnall també tornava a casa. Ermengol l'enviava a Tost per acabar d'enllestir la seva preparació. El comte feia una visita a les valls altes del Pallars per acabar de lligar les aliances amb alguns dels cavallers que s'afegirien a l'exèrcit, com a guerrers lliures, i ja no el necessitava més com a escuder: era massa traçut i hauria estat malaguanyat. El substituiria Ramon, el fill petit d'Isarn Caboet, que ja havia fet els onze anys. L'Arnall i jo, amb gairebé divuit, ja no teníem edat per anar traginant espasots amunt i avall i esmolant destrals. Ja podíem anar solets pel món, amb els grans, com dos moixons esquerats. Marxaríem l'endemà. A Tost ja ho sabien i ens esperaven. No havia dit res de la decisió de posar-me a les ordres de l'ardiaca. Tenia la sensació que no ho rebrien amb entusiasme.

VIII

On la major part de les coses que s'hi expliquen passen dalt o al costat d'un destrer regalat

Vam sortir cap a Tost a punta de dia. A l'entrada de la vall ens esperava el senyor Miró. Em va sorprendre que fos allà. Una mica més apartat hi havia Enecó l'Esguerrat. El caràcter del nostre antic instructor s'havia tornat una mica més agre amb el pas del temps, i, després de repassar-nos de dalt a baix amb l'ull bo, el que no mirava cap al Roc del Quer, ens va rebre amb una declaració solemne:

—Miró, jo crec que d'aquestos caganius barbamecs no en farem re de bo. Si vols un bon consell, ven-te'ls als moros i encara en podrem treure algun diner calent. I així no perdrem el temps i ens estalviarem disgustos.

Nosaltres ja no érem aquell parell de nenets que anàvem amb la closca enganxada al cul i jugàvem a ser cavallers. L'Arnall havia crescut dos pams durant el temps que havia passat fora, i jo potser no tant, però em va semblar que ja era tan alt com el meu pare. Potser no tenia la solidesa de la seva còrpora, feta a còpia d'anys de lluites, de carn roja i vi espès, però em veia capaç de qualsevol cosa.

Miró va llençar una escopinada a l'aire, que va passar per davant dels nassos de l'Enecó. Rient, li va dir:

—Esguerrat, cada dia gastes més mala bava i algun dia petaràs d'un mal de ventre de tanta agror que et corre pels budells, fill de mala mare. No et podrem ni enterrar, que ja estaràs podrit per dins. Ni els corbs, et tastaran, mira què et dic, cabró.

Llavors Miró va descavalcar i se'n va anar cap a la clopera que creixia vora el riu. Hi havia dos cavalls, ensellats i guarnits, que pasturaven la mica d'herba que hi havia. Els va agafar per les regnes i els va portar cap a on érem nosaltres.

—Arnall i Dacó. No s'ha vist mai que dos cavallers vagin a llom de mules, per molt bones que siguin. Són molt útils per córrer per aquest país tan penjat. No obstant, a l'hora de la veritat no us servirien de gran cosa. Ja sabeu anar a cavall, però els que heu cavalcat fins avui eren bèsties manses, sense caràcter, inútils per a la batalla. A partir d'avui tindreu el vostre propi destrer. L'haureu de cuidar com si fos una part més del vostre cos. Serà la vostra ombra. Mireu-los bé. Els he comprat a un criador musulmà de Balaguer, que no ens els volia vendre, que els tenia emparaulats per al fill del governador d'Osca, i que no podia fer-ho de cap manera. Al final el vaig poder convèncer, després de jurar que li arrencaria el fetge i me'l menjaria amb pebrada si no eren per nosaltres. Mireu-los bé. No són gaire corpulents, la mida justa. Tenen potes fortes però són àgils i esvelts, i tan aviat us serviran per pujar i baixar muntanyes com per lluitar en terra plana. Seran cavalls resistents i equilibrats, si aconseguiu fer-los vostres. Això no és fàcil. De vegades, muntura i genet no estan fets l'un per l'altre, i no s'acaben d'entendre mai. De seguida ho veureu. Si lligueu, el cavall serà la vostra propietat més preuada, i dependreu d'ell per arribar vius al final de cada jornada. Un bon destrer és més important que l'espasa, més que l'ausberg. Haureu sentit mil històries on s'explica que el cavall i el cavaller actuaven com un sol home, meitat cristià i meitat bèstia, i l'un endevinava el pensament de l'altre i a l'inrevés, sense paraules ni tibades de brida ni renills. No ho dubteu pas: totes són veritat.

Vam escollir cavalcadura. Miró em va suggerir que prengués el cavall ros, color de palla bruta, perquè era un pèl més petit que l'altre, i m'hi adaptaria millor. El de l'Arnall era negre, amb unes clapes blanques al coll i al morro. Quan el vaig muntar, vaig notar de seguida que aquell animal era fet d'una altra matèria que els altres. Després d'ajustar la llargada dels estreps —sempre ens havien dit que havien d'anar més aviat llargs— el vaig posar al galop. Li agradava córrer, i no es va fer gens estrany. El de l'Arnall era també un exemplar magnífic, i ell, que era un genet més bregat que no pas jo, li treia tot el partit possible. Sabia que cada destrer valia l'equivalent de vint vaques. Era tota una fortuna.

Als matins fèiem pràctiques de combat amb l'Esguerrat i amb l'Arnall. De vegades s'hi afegia Miró, que era esquerrà com jo, i em donava consells per poder treure tot l'avantatge possible d'aquesta particularitat. Per escriure tenia prou habilitat amb la dreta, però en aquesta mà em faltava força per fer anar l'espasa. Miró deia que quan ell era petit sempre li havien dit que mai no aconseguiria sobreviure en un combat fent anar l'espasa amb l'esquerra, que el matarien el primer dia. Lluny d'això, va aconseguir aprofitar el desconcert que provocava moltes vegades en els seus adversaris, que s'esperaven l'atac per l'altra banda, i rebien el cop definitiu des de l'esquerra. Però a Miró li agradava més atacar amb la destral de batalla. En tenia una bona col·lecció, i sempre deia que no hi havia arma més eficaç que una destral ben esmolada. El pes havia d'estar molt ben repartit entre el mànec i la fulla, i ens havia explicat mil vegades que el cop sobre l'enemic calia donar-lo a la tapa del cap, i de preferència sobre les costures del crani, que n'hi havia dues, una just damunt dels ulls i una altra que anava des del capdamunt de la closca en direcció al clatell. Una bona destralada sobre aquestos dos punts era necessàriament fatal, i Miró deia que havia matat dotzenes i dotzenes de moros per haver-los encertat a la primera, sense donar-los cap oportunitat per a la defensa o la revenja. I era ben bé igual que portessin casc de ferro o no. Miró els llançava la destral, que estava lligada al seu canell per una cadena fina de vuit pams de llarg, i després del cop la recollia d'una estrebada i la caçava al vol. Era una tècnica espectacular i arriscada, a parts iguals, que provocava l'admiració incondicional dels seus companys d'armes i un terror equivalent entre els seus enemics. L'Arnall encara aconseguia fer-la servir, però jo no em vaig atrevir ni tan sols a provar-ho, per por de prendre mal.

La major part de les tardes me n'anava a passejar amb el meu destrer. El feia anar pels camins del fons de la vall, i després pujàvem cap a les planes altes de Muntan, on podia posar-lo al galop una bona estona pel camí de Sant Germé, que era el més pla que teníem al termenal. Un diumenge vaig sortir d'hora, després de la missa, i vaig decidir de continuar una mica més enllà, en direcció a la vall de Lavansa. Havia planejat d'anar a buscar el riu per Colldarnat i l'Espluga, i pujaria per Guàrdia i Banyeres en direcció a coll de Creus, per acabar baixant al castell per Selvanyà. Seria un recorregut llarg i cansat, però em sentia fort, tenia temps, el dia ja s'havia allargat molt i notava com el cavall tenia moltes ganes de voltar.

La primera part del trajecte va seguir per una ruta que havíem fet moltes vegades. El cavall gairebé se la sabia de memòria. El camí era estret però ben empedrat, i no hi vam trobar cap tros gaire compromès. Ens vam desviar un moment per veure com avançaven les obres de la torre de Muntan. No hi treballava ningú, però havia guanyat molta alçada i feia ja una certa impressió. Així vam arribar al coll. Vaig aturar el cavall al costat de la caixa del Moro. Sempre m'havia intrigat aquella construcció, tan semblant a d'altres que havia anat trobant per les planes de Muntan i també per la serra d'Ares, tan senzilla de plantejament i tan complicada d'execució. Havia sentit a dir que eren obra de dimonis o dels gegants antics, que eren foscos de pell i de l'alçada de dos homes. Sí que hi havia trobat algun tros de queixal, o un padellàs de ceràmica, i això donava la raó als que pensaven que eren tombes d'idòlatres.

La filla de la Guisla era unes passes més enllà, al costat d'una alzinera. No l'havia vista, perquè s'havia estirat a terra. Semblava com si s'amagués, fins que em va reconèixer. Llavors es va aixecar. Duia a la mà un coltellet petit, amb el qual collia les herbes que després venia al mercat, herba fetgera, cominassa, all de serp, el que fos.

—Et conec —em va dir—. Ets el Dacó. Dacó, el Bord de Tost.

—Sí. I tu ets la filla de la Guisla d'Aïnat. No sé com te dius.

Em vaig estremir. Tenia la mateixa mirada de mostela que la seva mare.

—La filla de la Guisla es diu Llobeta.

La Guisla vivia a l'altra banda del barranc de Lavansa, en una cabanota penjada sobre el congost. Ho sabia tot sobre les plantes, i molta gent li demanava consells en cas de malaltia. Hi havia qui deia que era capaç de fer sortilegis i fetilleries, però jo no ho sabia del cert. L'havia vista de vegades amb un farcell ple d'herbes seques i tupinets amb greixos i olis, camí del mercat o de visita pels pobles, sempre acompanyada per una nena petita, escabellada i amb els peus bruts. La Llobeta havia crescut.

—No és nom de cristiana, em sembla —em vaig atrevir a dir.

—Tots els noms ho són. O ho són tots o no n'és cap, de cristià. M'agrada el teu cavall. ¿Com se diu?

Es va acostar per acaronar-li el llom.

—Encara no té nom —vaig respondre—. Em costa de trobar-ne un que sigui escaient. Vull pensar-ho amb calma.

—No pot ser que un cavall com aquest no tingui cap nom. És un cavall de batalla. Tots els cavalls de combat en tenen un.

—Sí. És cert.

—¿Aniràs amb ell fins a Còrdova? He sentit a dir que s'està aixecant un gran exèrcit.

—Sí. Suposo que sí.

—Llavors és necessari que li posis nom. No pot ser que un cavall vagi a la guerra i no tingui nom. Jo ja en tinc un, si vols.

—¿I quin és?

—Colldarnat.

—¿I per què, Colldarnat?

La Llobeta es va treure una figa seca que duia al sarró i la va donar al cavall, abans de respondre.

—És on som ara. És un lloc bonic, és un nom bonic, és un cavall bonic. Tot lliga.

—No ho sé. És un nom prou estrany, per posar-lo a un cavall.

—No n'és gens, d'estrany, Dacó. Hauries de fer-me cas. No et vull cap mal. Ni a tu ni al Colldarnat. —Em va treure el peu dret de l'estrep—. Descavalca, va.

Vaig obeir-la. Com si m'hagués xuclat la voluntat amb els seus ulls color de riu. Em va agafar de la mà i em va conduir cap a la caixa del Moro. Va fer que m'estirés damunt de la llosa de la coberta. Em va descordar les calces. Que Déu em perdoni, però he fet vots de veritat. Em va agafar el membre i se'l va endur a la boca, que era tan calenta i tan humida com la seva natura, que també em va deixar tastar, entre pantecs i tremolors. Vaig tancar els ulls. Durant un instant breu, com una llambregada, em van venir a la memòria records de la cel·la a Codinet, que ja gairebé havia oblidat. Però el contrast entre les parets fosques del monestir i aquell cel transparent era massa gran. La Llobeta no em va deixar estar fins que es va endur tot el que jo podia oferir-li. Llavors es va alçar d'un bot, va obrir un ungüentari de vidre verd que li penjava del coll i el va omplir amb el fruit dels seus esforços. Es va tornar a posar damunt meu. Abans no me'n pogués adonar, va treure el petit coltell amb què collia les herbes i em va fer un tall net al braç, damunt del canell.

—¿Què fas? —em vaig espantar.

—No tinguis por. Espera.

Va posar l'ungüentari sota la ferida, de manera que el rajolinet de sang caigués dins. Quan li va semblar que ja en tenia prou, va posar els dits de la mà dreta sobre el tall, mentre treia un sarpadet de fulles de ruda de dins del sarró.

—Aguanta-les un moment contra el tall, que te'l tancarà.

—Llobeta.

—No preguntis. No diguis res més. Necessites que algú et protegeixi. Ara tinc la teva sang i el suc de la vida. Mentre els tingui jo, mesclats, res no t'ha de passar. Tornaràs.

Se'n va anar corrent, en direcció al torrent de Lavansa. Mentre s'allunyava, es va aturar un moment per girar-se i cridar:

—Tingues cura del Colldarnat, Dacó. No me'l facis patir, ni l'arrebentis d'una correguda. Vigila amb el que menja i amb el que beu: noto que té el budellam delicat, i és molt nerviós. Massa bon cavall per a tu. I recorda que només si torneu tots dos vius em veuràs una altra vegada.

VIIII

Per on passa el temps i avancen els preparatius

Aquell hivern els ferrers van tenir molts maldecaps i un munt de feina. S'acostava la primavera i tot havia d'estar a punt per a la partida, que s'havia fixat per a les primeries del mes de juny. Els que eren menys traçuts es van dedicar només a fer anelles i escates pels ausbergs. A Urgell i a Castellbò hi havia tallers de dones que confegien les cotes, unint les anelles amb una tenalla petita. Tenien com un cos d'home fet en fusta i anaven fent filades d'escates començant per les espatlles. Alguns volien unes peces més lleugeres, i llavors clavaven unes laminetes fines de ferro sobre un vestit de cuiro. D'altres ferrers forjaven elms i cervelleres, rodelles dels escuts, estreps i frens, puntes de llança. Els carboners i els minaires havien estat treballant tot l'estiu, i fins ben entrada la tardor, per poder assegurar la provisió de metall. Les darreres setmanes havien estat molt dolentes, i una colla de minaires de Bixesarri van morir de fred quan els va enxampar un torb al coll de Conflent, quan baixaven unes càrregues de pedra de ferro. A partir d'aquell moment es va estroncar el subministrament. Els ferrers treballarien amb la mena que ja tenien i, si no n'hi havia prou, fondrien eines de tall, ferradures, aixadons i podalls, que eren requisats als pagesos.

Miró volia que tinguéssim dues espases cadascun, perquè les que teníem s'oscaven només de mirar-les i deia que un cavaller sense espasa era com un cul sense forat. Les que havíem fet servir fins llavors eren peces bones, però una mica massa pesades per lluitar-hi. Deia que anaven bé per als entrenaments, per aprendre a picar, a punxar, a defensar-se i a desarmar, però que en una batalla, que podia durar de sol a sol, era necessari portar el millor material possible. Miró en tenia prou amb una, de la qual n'estava tan orgullós com de les seves destrals de combat. La seva era una espasa única, que havia comprat feia anys a un mercader franc, que li havia assegurat que era feta pels homes del nord. No la canviaria pas per la millor espasa del comte, la d'empunyadura de plata, assegurava. A la guarda, que era de bronze, hi havia una inscripció estranya, que ningú no havia estat capaç de llegir. A l'anvers, una figura que semblava un drac ajagut. Miró deia que era l'escriptura del diable, i que aquella espasa havia estat forjada a les fargues de l'infern. Abans d'utilitzar-la en combat, havia fet que el bisbe Sal·la la beneís i pronunciés uns exorcismes, per si de cas era veritat.

El Ferrer de Saulet havia rebut del nostre pare l'encàrrec de forjar-nos dues espases. Quan les va tenir enllestides ens va fer avisar per anar-les a buscar. La farga era en una clotada humida, prop del riu i lluny del camí principal. El forn on la pedra es transformava en metall era al darrere de l'obrador, en una raconada, en un emplaçament on s'aprofitaven al màxim els corrents d'aire, que ajudaven a incrementar la temperatura a què treballava el fornal. El Ferrer era un home petit, com renegrit d'haver-se passat tota la vida al costat de brases i de ferro roent. Tenia els braços tan gruixuts com les cames, i podia agafar un mall amb una sola mà quan qualsevol de nosaltres amb prou feines l'aixecaria de terra amb les dues. Els seus dos fills bessons eren rabassuts i torrats com ell. Tenien cura del forn i feien anar les manxes de fusta i cuiro, de vegades durant dies sencers. Quan hi vam arribar estaven preparant una cuita de metall. A deu passes del forn, la calor era insuportable. El Ferrer va deixar que els seus fills continuessin fent entrar aire al forn, i va fer que el seguíssim dins de l'obrador. A dins hi feia gairebé tanta calor com a fora. Generalment el ferrer no deixava que hi entrés ningú, però feia molts anys que treballava per Miró, i amb ell no tenia cap altre remei que fer una excepció. Hi havia el forn, una enclusa enorme, una muntanya de carbó de roure. Al costat de l'enclusa, un barril ple d'un líquid que, per l'olor que feia, hauria dit que eren orins vells. El Ferrer tenia una veu rogallosa, que li sortia de la base de l'estómac.

—És el que sembla, jove Dacó. Són pixats. Si teniu la bufeta plena, endavant. Millor que pixeu aquí dins que no pas fer-ho a fora i que em cremeu les falgueres. Sempre necessito renovar. Res més efectiu que això per temperar l'acer. Un bon bany de pixats, barrejats amb una cocció d'escorça d'un arbre que no us diré ni sota suplici. És un dels meus secrets. Ni els dos sapastres que tinc de fills no ho saben, i només els ho diré quan s'ho hagin guanyat. Si no en són mereixedors, m'ho enduré al forat, i s'haurà acabat. Ara veurem aquestes espases.

Se'n va anar cap a un caixabanc cobert amb unes pells de corder. Segurament era el lloc on dormia. Va obrir la tapa i va treure un farcell de cuiro. Ens va fer sortir a fora, a la llum del dia.

—No trobareu enlloc espases com aquestes —ens va dir, orgullós—. Forjades amb seixanta làmines d'acer del gruix d'un pèl de figa. Un mes de feina per a cadascuna. Agafeu-les. La de l'Arnall és la que té el pomell pla. Dos dits més llarga: són fetes a mida. Vigileu, que tallen només de mirar-les.

Era l'espasa més lleugera que havia agafat mai. Tot i el seu poc pes, la fulla era molt rígida. Vista a la llum feia unes aigües com de teixit de seda, que canviaven de forma segons com l'orientava. A la base del bran, just damunt de la guarda, dues lletres gregues gravades amb un tascó: una alfa i una omega.

—El començament i el final —va comentar el Ferrer, que havia vist com m'hi fixava—. Tot pot començar i tot pot acabar amb aquesta espasa, segons com t'ho miris i la sort que tinguis. Fes per manera de tornar i que tornis amb ella. A tots dos us ho dic. No voldria que caiguessin en mans de moros. No foteu ruqueries i cuideu-les bé. Cada nit doneu-li un bany d'oli de nous i sempre la tindreu nova, que és la millor prevenció contra el rovell, que és el podriment del metall. Quan en trobeu, poseu-hi moll d'os de cérvol, que és el millor. Esmoleu-la com s'ha d'esmolar i no se us acudeixi de picar-la contra una pedra perquè no heu de matar pedres, que ja són mortes i ben mortes. Ja ho sabeu. Ara foteu el camp, que tinc feina. No sé què coi us ha agafat ara a tots, que tothom vol armar-se abans no arribi l'estiu.

Ens va fer fora a empentes, i no va voler cobrar els diners que havia portat Miró. Va dir-li que només acceptaria el pagament a la tornada de la guerra. Si a la tardor següent ningú no tornava per satisfer el deute, senyal que hauria perdut tres clients, però això també volia dir que la seva feina no havia servit per a gran cosa. No vaig poder estar-me de pensar que si feia aquesta mena de tractes amb tothom, no seria mai negoci.

Al cap d'unes setmanes vam tornar a Urgell, l'Arnall a la cort del comte i jo a la del bisbe. Abans de marxar vaig comunicar a Miró quines eren les meves intencions. Volia integrar-me a l'host del bisbe, i li demanava permís i la benedicció. No es va sorprendre, ni va posar cap cara estranya. És cert que moltes vegades era d'una expressió impenetrable, però no va deixar traspuar cap emoció. Estava segur que no li havia fet gens de gràcia la meva determinació, però no ho va dir. Que me n'anés en pau, i que a l'hora de la veritat, a l'hora de la batalla només compten les persones, i no pas els penons sota els quals lluiten. Em va treure un pes del damunt, però me'n vaig anar de Tost amb el cor encongit, com si hagués traït una confiança que, per altra banda, ningú no havia fet mai explícita. Quan l'Arnall ho va saber tampoc no va dir res. Res en absolut, ni en un sentit ni en un altre. Això sí que em va estranyar.

Els preparatius s'anaven intensificant a mesura que s'acostava el dia de la sortida. Els viatgers que arribaven de Besalú i de Barcelona deien que la febrada s'havia escampat pertot arreu, i que sortien cavallers de sota les pedres. Hi havia pagesos rics que havien comprat un destrer vell i una espasa pesada, d'entrenament, i asseguraven als enviats del comte que eren guerrers experimentats quan amb prou feines s'aguantaven drets damunt del cavall. No era fàcil fer-los veure que comprometien l'èxit de l'expedició, i molts d'ells feien servir la seva condició d'homes lliures per allistar-se sense que ningú no els ho pogués impedir. Els caps de l'exèrcit, al final, els van deixar fer. Ja els havien advertit, i pensaven que, si més no, els africans tindrien feines a matar-los a tots. Entretinguts com estarien a empaitar els cavallers maldestres, els altres tindrien més oportunitats de sobreviure.

A tot el país no hi havia ni una espasa a la venda. Uns mercaders francs amb sentit del negoci i de l'oportunitat havien venut tots els ausbergs que havien pogut portar a Barcelona. Abans de Pasqua va arribar el vaixell dels comerciants hebreus amb una partida de cuirasses de l'orient. Venien de més enllà de Terra Santa, més enllà de les terres de l'Índia, i eren tan lluents i lleugeres que no semblaven fetes per mans humanes. Ramon Borrell les va comprar totes i en va fer arribar una al seu germà. Des que se la va emprovar, el comte Ermengol no se la treia del damunt, i va regalar el seu ausberg vell, apedaçat i recosit mil vegades, però molt lleuger i flexible, a l'Arnall.

Durant aquelles setmanes el paper dels peons també es va anar aclarint. Serien pocs, i en principi només hi anirien els arquers més experimentats. Moure forces a peu era complicat si es tractava d'anar tan lluny, i es confiava amb els grups de guerrers sense cavall per defensar el territori mentre els cavallers fossin fora del país. La nostra absència s'escauria, a més, amb el temps de les collites, i feien falta tots els braços possibles. Més endavant es va decidir que una colla de foners també s'afegiria a l'expedició: serien molt útils per atacar les primeres línies de la cavalleria enemiga.

La mainada del bisbe anava prenent forma. Ermengol l'ardiaca i el veguer Pere de Torres, com a lloctinent, serien els encarregats de dirigir-la. Hi aniríem quaranta cavallers i una dotzena d'arquers, també a cavall. El bisbe Sal·la es planyia, quan deia que no sabia si ens veuria tornar. El veia assegut a la càtedra, a Santa Maria, arrugat com una pansa, tremolós. Si moria abans de la nostra sortida, Ermengol seria nomenat bisbe, i amb ell ja en serien cinc. Potser sortiria ardiaca i tornaria bisbe. Els de Vic, Elna, Barcelona i Girona ja havien confirmat feia temps la seva incorporació a l'exèrcit, amb un entusiasme creixent, que rivalitzava amb el de Ramon Borrell i el de Bernat Tallaferro. Feia mesos que a les misses es pregava per l'èxit de l'expedició. Si més no, la protecció celestial estava assegurada. No eren els únics que pensaven en la dimensió sobrenatural de l'empresa que estaven a punt d'escometre. Hi havia un mercat vigorós d'amulets, de corones de ruda trenada, cors de llop assecats al sol, pedres de llamp, ullals d'escurçó. Molts cavallers, previsors davant del que pogués passar, no confiaven del tot en la protecció que els poguessin donar totes aquestes rampoines i anaven a dotzenes a dictar el seu testament. Si s'oblidaven de les deixes a l'església, l'escrivà que els atenia ho recordava discretament. Si algú es mostrava disconforme o tenia fama de poc donat a les deixes pietoses, o simplement feia una donació escarransida, l'escrivà n'afegia de la seva collita. El cavaller no sabia llegir i no se n'adonava, de la clàusula postissa. Si tornava viu de la guerra, segurament faria un testament nou. I si no, valia el vell i ningú no es prendria la molèstia de retornar del més enllà per reclamar res, i menys encara als capellans, que prou bons eren per recordar a qui fos les promeses al seu favor fetes en vida pels difunts, fins a aconseguir que s'acomplissin.

X

On s'hi fan grans revelacions, i secretes

La primavera va ser pròdiga en senyals. Va començar amb unes calorades fora de temps, una setmana de pluja freda, com si haguéssim tornat al cor de la tardor, seguida d'uns vents que ho van assecar tot en un parell de dies. Deien que, a mitjanit, es podia veure una estrella comada sobre l'horitzó de migdia. Ningú no es posava d'acord a l'hora d'interpretar-la. Els uns deien que era una indicació divina que ens volia dir que l'expedició estava condemnada al fracàs, i que desagradava tant a Nostre Senyor que ens ho demostrava per camins indirectes però claríssims. D'altres pensaven —i així ho deien a qui volgués escoltar-los— que era la prova que arribaven uns nous temps, i que la nostra partida només era un senyal més, sense que fos necessàriament un mal averany. Els menys asseguraven que ni calors, ni pluges ni vents tenien res a veure amb el que passava. Que els homes es buscaven ells sols la perdició o la glòria, que si ens haguéssim de quedar a casa hauria passat el mateix, que ni les lluminàries del cel ni les albes de foc eren altra cosa que manifestacions de la natura, controlades per la providència, sí, però per les quals no calia que ens capfiquéssim.

Un dia de finals d'abril, cap al tard, Ermengol l'ardiaca em va fer venir a buscar a l'escriptori per un dels servents del bisbe. Volia que agafés una mula de les corts de palau i que l'acompanyés. M'esperava fora murs, al camí del molí de Boixadera. Tot i que feia una tarda calorosa, portava una capa de llana fosca, i la cabellera recollida, com si no volgués cridar l'atenció.

—Dacó, fill. Acompanya'm. Vull que vegis una cosa. Ja n'és l'hora.

Vaig seguir-lo pel camí que passava Valira amunt. Tot i que el riu baixava crescut per culpa del desglaç de les muntanyes d'Andorra, vam poder travessar pel gual de davant de Sant Esteve. Era evident que no volia que passéssim per la palanca de Ciutat, pel camí que discorria per sota del palau comtal. Vam continuar en direcció a ponent, un quart d'hora, fins que vam arribar a la vila de Hiel. Feia un temps que s'hi estava construint una nova església, al costat del camí que pujava cap a Castellbò. Com que l'aixecaven una mica apartada de la via principal, i encara protegida per un muret de pedra, no m'hi havia pogut fixar bé, però vista des de lluny ja m'havia semblat que no era un temple com els altres. Hi havia cavalcadures fora, i un parell d'homes del bisbe fent guàrdia. Em va estranyar trobar-los allí. L'església era molt més alta que la majoria, i quan vam entrar-hi ja vaig entendre el perquè. El presbiteri estava aixecat, i entre la nau i l'altar hi havia un salt de l'alçada d'un home. No havia vist mai una estructura semblant. Al mur de sota el presbiteri, a la dreta, s'hi obria una porta baixa, rematada per un arc de pedra tosca i una tramada d'escales, poques. Era una cripta, potser com la que deien que hi havia a Santa Maria, però amb un accés ben diferent. La porta era mig oberta, i dins hi havia llum de torxa. Ermengol em va fer seguir-lo escales avall.

El bisbe Sal·la estava agenollat al mig de la cripta, al costat d'un sarcòfag de pedra, donant-nos l'esquena. Vam romandre ben callats una bona estona. Sal·la movia els llavis, gairebé de manera imperceptible. Jo no gosava ni respirar. Amb aquella llum vacil·lant, semblava un esperit de la nit. Per la finestra de la cripta, mig colgada per fora, només entrava un ressol lletós. No sabia si Sal·la ens havia sentit entrar, perquè sordejava cada dia més. Després d'una estona que se'm va fer eterna, Ermengol li va posar amb delicadesa la mà sobre l'espatlla. Sal·la no es va sorprendre. Amb tota la pena del món es va incorporar, mentre es recolzava amb el seu bàcul. No va deixar que Ermengol l'ajudés. Amb passes de pardal es va dirigir cap a un banc corregut adossat al mur de la cripta, i s'hi va asseure. Seguint les seves indicacions, ens vam col·locar al seu costat.

Llavors va començar a parlar. Em va sorprendre la força de les seves paraules, que ressonaven en la volta de la cripta.

—Ermengol i Dacó. Gràcies per haver vingut. Dacó, ets jove, però fa temps que et conec i he seguit amb interès la teva trajectòria. L'ardiaca Ermengol m'ha tingut ben informat al llarg de tots aquestos anys. Per això sé que podrem confiar en tu i que faràs el possible per ajudar l'església d'Urgell. Tot el que et demanarem et sorprendrà, segurament, i et semblarà insòlit i potser absurd, però vull que sàpigues, i potser no caldria, que el secret és una qualitat fonamental, i que hauràs de segellar la teva veu amb un jurament que lliga tant com els vots sagrats. ¿Estem d'acord, jove Dacó?

—Sí. Hi estic, senyor bisbe. Faré de grat tot el que m'ordeneu.

No podia haver respost altra cosa, però potser ho hauria pogut pronunciar amb una mica més de convicció. Ermengol es va aixecar i se'n va anar cap al centre de la cripta, on hi havia el sarcòfag.

—Alça't, Dacó. Vés cap al sarcòfag —m'ordenà Sal·la.

Mentrestant, sense fer soroll, Ermengol havia aixecat la coberta. Mai no m'havia fet gaire gràcia veure morts. Però m'hi vaig acostar amb el cor encongit, mentre mormolava una oració contra els mals esperits, que m'havia ensenyat l'Enecó quan jo era petit. Dins hi havia el cos d'un home vestit de pontifical, amb una capa de seda grana amb brodats de fil de plata. Era un bisbe. Tenia les mans creuades damunt del pit. Mort de feia temps, la pell, com un pergamí renegrit, s'enganxava als ossos. Duia un anell amb una pedra vermella. Un cadàver sec, de carn mòmia, més trist que no pas repugnant, d'ungles llargues i uns manyocs de cabells color de plata. Ermengol es va avançar a la meva pregunta.

—És el bisbe Fèlix, Dacó. Sant Fèlix.

Em va venir un segament de cames, fins que em vaig agenollar davant de les despulles. Des que vaig entrar al monestir de Codinet, i sobretot des que vaig arribar a la ciutat d'Urgell, la reverència a la memòria del bisbe Fèlix era constant. Constant però no explícita, i sempre tenyida d'una reserva que fregava el secretisme. Tot el que m'havien ensenyat sobre ell havia estat protegit per promeses de discreció. Fèlix havia mort feia dos-cents anys, a la presó de Lió, després de molts anys de persecució per culpa de les seves idees. Carlemany, els seus teòlegs de cambra i fins i tot el Sant Pare havien considerat el bisbe Fèlix d'Urgell com un dels seus grans enemics. El bisbe defensava que Crist era Déu veritable i Home adoptat, perquè les dues natures no podien coexistir en peu d'igualtat. Fèlix compartia aquestes idees amb d'altres savis insignes, com ara Elipand, bisbe de Toledo. El van condemnar en sínodes i concilis, el van obligar a renegar de les seves creences, van buscar pertot arreu els seus escrits per rebatre'ls i, finalment, eliminar-los d'escriptoris i biblioteques, substituint-los per refutacions contundents. L'escàndol que van generar les seves creences el van portar fins a la capital dels francs, a Aquisgrà, on fou covocat per debatre durant una setmana amb Alcuí de York, que era el més gran teòleg d'aquell temps, un home d'una capacitat dialèctica temible, dur com una roca, i inflexible. Al final d'aquesta trobada, fou humiliat públicament i deposat del càrrec episcopal, al mateix temps que li van fer escriure un libel on reconeixia tots els seus errors, destinat a ser difós entre els seus deixebles. Després el van tancar amb pany i clau a la presó del palau de l'arquebisbe de Lió, durant una quinzena llarga d'anys, fins que va morir de vellesa i de sentiment. L'arquebisbe Leidrat i el seu successor, Agobard, van ser nomenats els nous administradors del bisbat d'Urgell, on van arribar disposats a fer net de pensaments perversos i herètics.

Però malgrat la seva presència i la repressió del llegat del bisbe Fèlix, el caliu de la seva doctrina i el record de la seva persona van continuar ben vius entre els seus successors. Potser la força de les seves idees es va anar esmorteint, perquè les subtileses teològiques que defensava eren d'una gran complexitat, i no tothom era capaç d'entendre-les prou bé. Però al llarg de les generacions, els membres de l'església d'Urgell l'havien venerat d'amagat, sense fer-ho mai de manera explícita, com si volguessin instal·lar un culte particular, del qual no se'n sabia res més enllà dels límits del bisbat i amb prou feines dins, llevat dels eclesiàstics. I encara d'aquestos només uns pocs eren capaços d'entendre el que el culte significava; la resta, amb venerar-lo a cegues ja en tenia prou. Amb el pas del temps, la fama de santedat del bisbe Fèlix va anar creixent. Se li atribuïa la realització d'algun prodigi, la seva intercessió en temps de sequera, de pedra o de males collites. Se l'invocava a la catedral, cada cop amb més freqüència, i el van incorporar a les lletanies. Cada cop s'anava imposant el senyar-se amb dos dits, l'índex i el polze, que simbolitzava les dues natures del Crist.

Ermengol l'ardiaca va tornar a cobrir el sarcòfag de Fèlix. La tapa de pedra va encaixar sense dificultats.

—Feia temps que buscàvem el lloc on fou enterrat —va continuar—. Als arxius de Lió no en quedava constància, o no volien que es mantingués el record de l'indret on es trobava el cos. Al final ho vam descobrir, gràcies a les informacions d'un dels familiars de l'arquebisbe, a qui vam haver de subornar perquè ens ho digués. Quan va morir, Fèlix fou enterrat a l'església vella de Sant Martí, que feia poc que s'havia quedat pràcticament sense culte quan en van construir una de nova a la vora per posar-hi les relíquies de santa Blandina. A partir d'aquí, vam fer el que va caldre per recuperar el cos sant. Hi vam enviar capellans de confiança, que es van fer passar per mercaders que anaven camí dels ports del nord de França. Un cop a Lió, trobar el cos de Fèlix dins de l'església va ser una mica més complicat. Cada dia anaven a Sant Martí per marcar els llocs del paviment on podia haver-hi el sepulcre de sant Fèlix, segons les indicacions del familiar, que havia aconseguit parlar amb alguns dels enterramorts que havien treballat a l'església abans de les reformes. Hi havia tres emplaçaments possibles, i els van haver de rebentar tots en només una nit, perquè no hi hauria una segona oportunitat. La sepultura de Fèlix fou la segona que van obrir. Van tancar els sepulcres com van poder i van sortir aquella mateixa nit de la ciutat. A tots els peatges i punts de cobrament de tributs, que demanaven què era el que duien en aquella caixa, tan pesada que la portaven lligada damunt de dos mules, deien que portaven una talla de la Mare de Déu, d'alabastre, que havia adquirit la catedral d'Urgell, i que havien fet el vot de no veure-la fins que fos arribada a destí. Si trobaven algun burot més incrèdul o susceptible el silenciaven amb un grapat de monedes de plata. Un mes de viatge; ha estat dur.

—¿I aquest temple? —vaig preguntar.

—Tan aviat com vam saber que hi havia possibilitats de recuperar el cos vam començar a pensar on el posaríem. No ho podíem fer a la catedral: massa exposat, aviat s'hauria sabut que teníem un bisbe heretge compartint espai amb les relíquies santes, amb les de sant Just, sant Valeri, sant Serni, la Veracreu. Havíem de portar-lo a un lloc discret però on, al mateix temps, poguéssim retre-li culte. Aquesta església és perfecta. Hi havia les restes d'una altra de molt més antiga, encara ben visibles, i això ens ha servit per justificar la reconstrucció. La cripta recorda el martiri. En mantindrem el control i en garantirem el secret. Formalment serà consagrada a sant Pere. La veritat només la sabran els iniciats. No ho hem dit ni al comte Ermengol, però sospitem que ho sap, és difícil mantenir un secret. De fet, el seu avi ja va fer consagrar la capella comtal de Ciutat sota l'advocació de sant Fèlix. Una vegada li vaig demanar el perquè. Em va respondre amb una mitja rialla. És sant Fèlix de Girona, és clar, digué. Però no el volem comprometre.

Sal·la, des del seu lloc, va intervenir.

—Ermengol. Potser que li diguem quina és la natura de la missió que li serà encomanada. Es fa tard, no em trobo bé, hauríem de mirar de tornar cap a Urgell abans no sigui fosc del tot.

—D'acord. Dacó. Escolta'm bé. Abans de continuar, et prendré jurament sobre els ossos del bisbe sant.

Em vaig estremir, però a l'hora de completar la fórmula que em va proposar Ermengol l'ardiaca la meva veu va sonar prou ferma.

—Dacó, fill de Miró de Tost, ¿jures sobre aquestes despulles santes que mantindràs secret sobre tot el que has vist avui i sobre tot el que tractarem a partir d'ara, i que, amb l'ajut de Déu, compliràs el que la teva església et demani, fins allà on l'esforç del teu cos i de la teva ànima arribin?

—Ho juro.

—Bé, Dacó. Sabem que el bisbe Fèlix va escriure una obra, mentre era empresonat, que era el compendi de tota la seva doctrina. En va dir la *Cedula*. Quan Fèlix va morir, Agobard en va trobar una còpia i la va fer cremar davant de l'altar major de l'església de Sant Just, a Lió. Però per una carta que Fèlix va poder enviar d'amagat als monjos de Tavèrnoles sabem que hi havia una altra còpia i que el bisbe Elipand de Toledo n'era el destinatari.

—¿I aquesta còpia de la *Cedula* és a Toledo? —vaig preguntar.

—Ho suposem. La força repressora de Carlemany i dels seus teòlegs no va arribar mai fins a Toledo. Sabem que Elipand tenia una gran biblioteca. Tot fa pensar que hi trobarem la *Cedula* i qui sap si d'altres obres de Fèlix. Ja fa temps que vam encetar contactes amb els bisbes de Toledo, discretament. Ens responien que no tenien res sobre Fèlix o bé que no ho sabien del cert. Els bisbes que estan en territori andalusí no volen maldecaps. Viuen en fals, en un país poc propici a les expansions cristianes i de cap manera no volen significar-se, ni indisposar-se amb ningú. Ni amb el califa ni, pel que pugui ser, amb Roma. De manera que fins avui no hem tingut l'oportunitat de poder-ho comprovar directament. D'aquí a poques setmanes, un exèrcit amb mil cavallers cristians arribarà a Toledo per unir-se a les forces de l'al-Mahdí. Llavors serà el moment de buscar la biblioteca d'Elipand i la *Cedula* de Fèlix. I, jove Dacó, volem que ho facis tu en persona. Difícilment podria desviar l'atenció el temps necessari per fer-ho jo mateix: estaré lligat amb les maniobres de l'exèrcit. Però el veguer Pere de Torres t'ajudarà en tot el que convingui. Ja el coneixes bé, però no saps que va ser ell qui va anar fins a Lió a buscar els ossos del pobre bisbe Fèlix. No té por de res, i compta amb un escamot de fidels bregats que l'acompanyarien allà on fos. Amb ells podràs estar tranquil. Necessitem discreció i audàcia, a parts iguals. Evidentment, jo estaré al corrent de tot, per bé que a distància. Et posaré en contacte amb gent de Toledo que ens ajudarà. ¿Què me'n dius?

Vaig agenollar-me una altra vegada.

—Faré el que vós em demaneu. Que Déu em doni forces i enteniment.

Sal·la es va aixecar. Amb una estranya lleugeresa es va acostar fins allà on era i em va posar la mà damunt de l'espatlla.

—Ja esteu entesos. Va, anem. Aixeca't, Dacó, aixeca't. Deixem descansar Fèlix. Tornem cap a casa.

Va agafar la teia que il·luminava la cripta i la va donar a Ermengol perquè ens fes llum mentre sortíem. L'ardiaca va tancar la porta —que estava guarnida amb espirals de ferro— amb una gran clau, que es va penjar del coll amb una cinta de seda. A fora, un dels dos peons es va quedar de guàrdia. L'altre ens va acompanyar, per portar les regnes de l'euga de Sal·la.

Vam arribar a Urgell a l'hora foscant: una mica més i trobem el portal tancat. Aquella nit no vaig ni sopar ni dormir. Em va semblar sentir un llop que udolava, molt lluny, cap a l'altra banda del riu.

XI

On se surt cap a la perillosa fortalesa de Montmagastre, talaia de la frontera i punt de trobada

El dia que es va fixar per a la partida fou el primer de juny. El comte s'hauria estimat més sortir abans, a començament o com a molt tard a mitjan mes de maig, per evitar les grans calors dels primers dies de l'estiu, però els enviats del general Wàdih van dir que era impossible, que els preparatius que feia l'al-Mahdí per completar el seu contingent eren lents i que no estarien llestos fins a la tercera setmana del mes. De res no serviria arribar a Toledo abans d'hora: tindrien problemes d'intendència i els campaments que els haurien d'acollir encara no estaven acabats. Estaven aplegant tot el bestiar de càrrega que fos possible. Havien tingut algunes dificultats, ja superades, deien, i tot estaria a punt per Sant Joan. Vaig aprofitar aquelles setmanes per poder aprofundir una mica en la doctrina de Fèlix. A l'escriptori només hi havia els llibres que havien escrit els seus enemics. Els havia de llegir com qui llegeix un rastre d'un animal que corre sobre la neu, i donar el tomb a les refutacions i als arguments contraris dels seus detractors per poder entendre millor el que proposava Fèlix. Algunes converses teològiques amb el bisbe Sal·la i el prevere Venanci van ser molt aclaridores, però era evident que, per culpa del pas del temps i de la transmissió de paraula, molts conceptes quedaven difuminats, poc clars, i necessitaven d'una bastida molt més sòlida per poder-los formular amb la contundència que exigien.

La setmana abans els preparatius van ser frenètics. Una bogeria d'anades i vingudes, d'acaptes de mules i peces de cansalada, de ferrar cavalls, equilibrar llances i esmolar brans. Bots de vi i farina de sègol i de formental. Aliens a aquest clima de nerviosisme general, Miró i l'Arnall van decidir d'anar-se'n a caçar l'óssa. M'hauria agradat acompanyar-los, però Ermengol l'ardiaca em va demanar que em quedés a Urgell per acabar de revisar l'equipament, i ells tampoc no em van convidar. L'ardiaca no volia que ningú s'integrés a la seva mainada sense portar un cavall decent i unes armes en perfecte estat. Em vaig fer un tip de comprovar que els escuts no estiguessin corcats, que els ausbergs no fossin una enganyifa, i de vigilar que els suposats destrers dels cavallers episcopals no amaguessin, sota una capa d'oli tenyit i guarniments amb picarols, cavallots vells i malalts, que rebentarien el cor al primer galop. Al final vam poder aplegar un petit simulacre d'exèrcit, raonable i aparent. De por, si més no, en fèiem, amb gallardets negres a les llances, amb els cascos amb protectors nasals on Ermengol havia fet pintar una creu vermella.

La vigília de la marxa, Miró i l'Arnall encara no havien tornat de la cacera. Tots els expedicionaris s'havien de concentrar al ferragenal de Boixadera, entre Ciutat i Urgell, on van plantar les tendes. Quan es va fer ben fosc, la llum de les fogueres arrenglerades a la vora de les secles i dels corriols s'escampava pels camps. Ermengol l'ardiaca em va cridar perquè l'acompanyés a donar un tomb, volia comprovar l'estat d'ànims, la presència de la tropa. Hi planava un silenci pesat, que només trencaven alguns cavallers roncadors. Em vaig aturar davant de la tenda dels homes de Miró. Vaig demanar a l'Enecó —que els acompanyava per tenir cura del material i dels cavalls— si en sabia alguna cosa. Em va respondre que encara no havia tornat, però semblava que no el preocupés gaire el seu endarreriment.

—No és pas hora de sortir, encara —es va justificar.

Vaig témer el pitjor: una óssa assetjada era capaç de fer qualsevol cosa per defensar-se, i no seria la primera vegada que estripava algun caçador de dalt a baix i d'un sol cop d'urpa. Però, si hagués estat així, un dels dos hauria pogut tornar per demanar auxili. Em vaig quedar a la seva tenda. Durant un parell d'hores vaig mig dormir, neguitós, ple de mals presagis. Malgrat la fosca, l'activitat al campament era intensa: els peons plegaven tendes, donaven de menjar als cavalls. Alguns menjaven sopes; d'altres acabaven de fixar la càrrega de rucs i matxos. Colldarnat ensumava que passaria alguna cosa: es removia, inquiet, i feia bots de pernes.

A trenc d'alba Sal·la, Ermengol i set o vuit capellans més van oficiar una missa. Abans de començar-la, el bisbe va consagrar un altaret portàtil que seria el que s'enduria l'ardiaca durant la campanya, on hi havia fet pintar la figura de la Mare de Déu, flanquejada per dos bisbes sants, sense cap llegenda que els identifiqués. L'un era sant Just, un dels fundadors de l'església d'Urgell. L'altre, l'Innombrable, era a la dreta de Maria, i duia un senyal de martiri.

Al moment de l'ofertori, precedits per un soroll furiós de ferradures sobre l'empedrat del camí, van arribar Miró i l'Arnall. Els dos gossots ossers que els acompanyaven —dues bèsties llanudes, grans com vedells i amb collars de punxes— es van quedar bordant en una vora del camí, desconcertats davant de la multitud que omplia l'esplanada. A la gropa del cavall, l'Arnall hi duia la pell i el cap d'una óssa, enorme, gairebé negra. Per la manera maldestra com van descavalcar, van demostrar que no venien de la muntanya, i que probablement havien passat la nit al bordell de la Cortínula, que els venia de pas. Van seguir la resta de la missa en silenci, però quan encara no s'havia acabat d'esvair el so de la darrera benedicció, Miró va deixar sentir la seva veu, un doll gruixut mig d'embriac, que es va alçar entre la multitud:

—Companys cavallers! Ja podem marxar, que ja ens han fet els asperges. Ara hem de vigilar que aquest estol de capellanots no ens hagin de cantar les absoltes! Anem, que a Còrdova ens esperen.

La resposta dels congregats va ser una remor creixent, que va esclatar en un bram d'entusiasme. Sense que ningú donés cap ordre concreta, tothom es va disposar per a la marxa. Segons els darrers recomptes, seríem cent seixanta-tres cavallers i una cinquantena llarga de peons, organitzats en tres grups amb comandament propi: el del comte, el del vescomte Guillem i el de l'ardiaca. A més, també venien amb nosaltres setanta o vuitanta homes amb els matxos de la impedimenta. Un petit grup de cavallers, deu o dotze, procedents de les terres del Pallars se'ns afegiria una mica més endavant, i els acompanyaria un escamot de foners, els millors de les muntanyes. Les darreres notícies de Barcelona i Besalú deien que aplegarien més de sis-cents cavallers i doscents cinquanta peons, la majoria arquers i un petit grup de ballesters.

Jo no havia vist mai una concentració tan gran com aquella. Ni jo ni ningú, acostumats com estaven als desplaçaments en petits grups, a les mainades de castell, capaces de moure's amb rapidesa i agilitat. Camí de Ciutat, des del cap de la palanca sobre el Valira, l'exèrcit es veia com una eruga que es movia lenta i mandrosa i aixecava un núvol de pols que amagava les muntanyes del fons, com una boira terrosa. Havíem despertat un monstre.

Així que vaig poder avançar, vaig anar a buscar l'Arnall i Miró. Eren cap al davant, darrere del grup de fidels del comte. Miró, que anava ben dret, dormia com una criatura. Era una rara habilitat desenvolupada al llarg de molts anys de cansaments i cavalcades. El seu destrer percebia a l'instant quan s'adormia, i llavors seguia els cavalls que passaven al davant, sense patir-hi gaire. En cas de dubte o dificultat imprevista, el cavall s'aturava en sec i Miró es despertava de sobte, entre renecs. L'Arnall, al contrari, estava ben despert, com si s'acabés de llevar. Només els cabells, enredats i amb pinassa, i una esgarrapada a la galta esquerra, amb rastres de sang seca, deixaven entreveure que havia tornat d'una batalla particular.

—Arnall, t'hauries d'haver rentat la cara, que fas por. ¿Qui dels dos l'ha caçada? No em diguis que has estat tu, que no m'ho creuré. ¿O potser s'ha esbalçat d'espant quan us ha vist arribar tan bruts i tan lletjos?

—He estat jo. S'ha resistit, la mala bèstia. La vam estar buscant durant tot un dia sencer, fins que vam veure que passava prop del camí del port de Siguer. La vam fer baixar per una tartera i, mentre provava d'amagar-se entre dos rocs, li vaig poder clavar la llança al coll, fins que es va escolar.

—Ja me les conec, les teves històries de cacera. Tot contes de la vora del foc. Segur que era una pobra óssa vella i malalta.

—Vés-te'n a parir, Dacó. M'hauria agradat veure't allà dalt, davant de la fera. Et vas estimar més quedar-te enganxat a les vestes dels capellans, ve-t'ho aquí.

—Això no hi té res a veure. Quan tornem, m'hi portes i veurem —vaig replicar.

Una onada de pena, un àngel d'ales fredes carregat de silenci va planar durant un moment entre nosaltres, i va recórrer la resta de la columna fins al final, fins als pobres mulers que menjaven pols.

—Si tornem.

—Si tornem, sí —i vam haver de callar.

La ruta que havíem de seguir per arribar fins a les terres de la frontera era llarga i pesada. Tots hauríem volgut estalviar-nos les llargues jornades d'aproximació, ens hauríem estimat més sortir de casa i presentar batalla tot seguit, sense les setmanes de marxa que se'ns presentaven. Però la realitat s'imposava, i els grans exèrcits són com caragols bovers, que es mouen lentament i deixen rastre. Al final del matí encara estàvem pujant per la muntanya de Castellàs, camí de Taús, per evitar els congostos impossibles que Ermengol havia promès d'obrir. Anàvem a poc a poc, per ajustar-nos a la velocitat dels que anaven més lents. Alguns, els més impacients, anaven i tornaven, s'avançaven per comprovar l'estat del camí, per avisar els pastors que moguessin el ramat per no destorbar-los gaire quan passéssim, per triar un bon lloc on acampar, i tot per distreure els nervis.

La primera nit vam dormir al cap de la serra d'Ares, al ras, arrecerats a les cabanes de pastor que omplien aquelles planes. Ningú no tenia ganes de perdre temps parant les tendes. L'endemà vam anar a buscar el camí de Galleuda, on havíem quedat amb els cavallers pallaresos que se'ns afegien. El Llarg de Mur i una vintena de genets més ja ens esperaven. Anaven lleugers, i només portaven quatre o cinc mules carregades. Els del Pallars s'havien posat d'acord i no durien ausberg, i deien que no els calia cap altra protecció que la de l'escut, una bona jupa de cuiro i, sobretot, la que els donava la seva habilitat. Asseguraven que el pes de l'ausberg feia alentir els cavalls i que, sota el sol de les terres del sud es moririen de calor si haguessin de portar al damunt tota aquella quantitat de ferralla. El Llarg sempre deia que si s'havia de morir, es moriria igual amb l'ausberg posat que sense, perquè la voluntat de Déu no s'alterava per una protecció de més o de menys. Els pallaresos s'estimaven més emprar la llança que l'espasa, i hi havia un parell d'arquers excepcionals, Ramon de Bellera i el Negre de Tor. Duien un arc una mica més curt, la corda la feien de tripa de boc i les sagetes eren de fusta d'avellaner, amb la punta cremada i una ploma de corb per estabilitzar el vol. Era fama que a les distàncies curtes no fallaven mai, i que eren capaços d'agafar una fletxa, tensar la corda, apuntar i disparar en el temps d'una alenada, dues vegades més ràpids que els arquers més veloços del califa.

Al final de la tercera jornada ja seríem a la frontera. Des d'on érem ja es veien les planes dominades pels musulmans, un mar de terra que entelava la calitja. El punt de concentració de tots els exèrcits havia estat fixat al castell de Montgamastre, el darrer enclau de la marca cristiana, un turó fortificat sobre el riu de Rialp. Set anys abans el mateix Wàdih havia atacat el castell, en el decurs d'una expedició de càstig a les terres del nord, que ningú no esperava, i a la qual s'hi havia afegit un contingent de cavallers castellans. Quan l'endemà van arribar els reforços —entre els quals hi havia Miró, que tornava d'una petita sortida cap a la banda de Ponts— van trobar tots els defensors morts. Els caps apilotats en una banda i els cossos nus a l'altra. Vint-i-dos en total, que foren enterrats a la sagrera de l'església de Sant Miquel, en una sola fossa. El seu emplaçament estava marcat per una muntera de rocs coronada per la creu d'una espasa trencada. Ningú no va gosar recordar el que havia passat, si més no en veu alta. Però molts dels veterans de les lluites a la frontera pujaven fins al cementiri, es senyaven i afegien una pedra més a la muntanyeta i, només alguns, escopien a l'espadat, en direcció a migdia. Potser la tria de Montgamastre com a punt de sortida no havia estat només un caprici o una casualitat, sinó més aviat un recordatori. Com un advertiment, un missatge que digués que no ho oblidem, que, encara que no sapiguem cap a on anem, sabem prou bé d'on venim.

Els cavallers procedents dels comtats de Barcelona i de Besalú i els escamots dels exèrcits episcopals van anar arribant al llarg dels dos dies següents, en petits grups organitzats segons el seu lloc de procedència. A mesura que entraven al campament havien de dir d'on venien i en quin cos d'exèrcit s'enquadraven d'origen, i un escrivà de Ramon Borrell ho apuntava per passar comptes. Quan va fer el recompte final deia que hi havia nou-cents vuitanta cavallers i tres-cents quinze peons. Era un nombre considerable, i gairebé es podia pensar que el país quedava sense defensa. Només s'havien quedat els cavallers més vells, els malalts o els excèntrics. A més, ferradors i ferrers d'espases, metges, componedors d'ossos i menescals. Ningú no va prendre's la molèstia de comptar els mulers, els esclaus i els servents que es cuidarien de les feines de poc llustre. No cobraven l'or que havia promès el califa, per tant, no hi havia cap necessitat de saber quants eren. Feien vida a banda, anaven al seu aire i només vigilaven que no els enxampessin fent el dropo, perquè llavors s'exposaven a una sessió de xurriacades.

Mai no s'havia vist un contingent tan nombrós en aquella terra. Dalt del castell no hi cabíem, és clar, i les tendes s'escampaven per tota la plana. Hi havia hagut algunes incorporacions lluïdes de darrera hora, entre les quals destacava l'abat de Sant Benet, que s'havia presentat a Montgamastre al front de vint cavallers més, que no es volien perdre la festa. L'abat i els bisbes van passar una bona estona comparant les relíquies que els acompanyaven, i ponderant-ne les qualitats i els serveis prestats fins a aquell moment. Ermengol l'ardiaca els va desconcertar quan els va dir, del tot seriós, que no calia portar-les al damunt, i que la seva conducta era temerària.

—¿Què passaria si caiguessin en mans d'infidels? ¿I si les profanen? Valdria més que féssiu un forat aquí i les colguéssiu fins que tornem. Sou uns inconscients. Les relíques ja estan bé allà on són, ben amagades dins dels altars.

Els bisbes van replicar que, en d'altres ocasions, la intercessió de les relíquies havia estat definitiva per a la victòria, i que no farien experiments quan això estava tan fermament demostrat. No hi havia res més a discutir, perquè ja tenien les relíquies posades en crismeres de viatge, per portar-les de manera còmoda i segura allà on convingués.

Ramon Borrell i Bernat Tallaferro no van aparèixer fins a la darrera nit, perquè havien estat acabant d'organitzar la defensa dels comtats durant el temps que fossin fora. El comte Ermengol, que estava tancat dins de la seva tenda, no els va voler sortir a rebre. Els va fer dir que estava malalt. No tenia ganes de parlar amb ningú, i els criats deien que no havia tastat res en dos dies. Patia el mal de la frontera, mormolaven.

Una columna de les forces del general Wàdih estava acampada a mitja hora d'on érem nosaltres, en una comella sobre el riu. Des del nostre campament vèiem els gallardets que onejaven per l'oratge del vespre, retallats contra el cel obert de l'horitzó. Ens esperaven l'endemà. El capità Halaf, el que havia convocat els comtes a la trobada de Tortosa, estava al càrrec dels andalusins que anirien amb nosaltres, i va presentar-se al nostre campament per coordinar la marxa. Els mateixos a qui havíem combatut a sang i foc pocs mesos enrere ens farien de guies, i serien els nostres companys durant unes setmanes, en una contesa que es preveia incerta i perillosa. A estones jo pensava que era normal, que la roda de la vida fa molts tombs, algun incomprensible, i que els enemics d'ahir podien ser els aliats de l'endemà. D'altres vegades tenia la sensació que ens estàvem equivocant, que cometíem un gran error, de què ens en penediríem. No sortiria bé. No podia sortir bé. De fet, ja feia dies que havia renunciat a llegir missatges escrits als núvols, o la forma dels sorrals dels rius, o si una garsa apareixia per la dreta o bé per l'esquerra. Era tot plegat massa gros i massa complicat per confiar-ho als capricis de l'atzar, ni tan sols als de la providència.

XII

On, amb la dotzena, es deixa enrere la terra cristiana

I la porta d'orient es va obrir, el dia de la festa de Sant Alexandre, que fou l'inventor de l'aigua beneïda i de les hòsties sense llevat. Feia fred i el cel es tapava amb rapidesa per la banda del sud. L'exèrcit es va moure amb una agilitat sorprenent, com si hagués assajat amb temps suficient totes les maniobres necessàries. Tothom s'hi va posar bé i no va posar problemes als organitzadors de la marxa, perquè el camí de Còrdova era llarg i pesat, i no es podia començar amb discussions. Els nous ocupants de la fortalesa de Montgamastre, un dia que estaven desvagats, havien volgut assenyalar el punt on pensaven que començava el país dels andalusins: un tronc de pi sec clavat en un forat a la penya, on, al capdamunt, hi havia una calavera de moro estacada amb una cadena de ferro. Si m'hi fixava bé, podia veure com, al forat de l'ull dret, hi havia encastada una punta de fletxa. De fet, podien haver plantat el tronc en qualsevol altre punt, perquè ningú no podia dir per on passava la ratlla de la Marca Superior. La ratlla es movia segons el temps que feia o segons l'humor dels desgraciats que havien de viure-hi a banda i banda. Dalt dels turons, les torres de guaita ocupades pels moros treien fum: comunicaven que l'exèrcit dels francs de la muntanya s'havia començat a moure.

A les envistes de Balaguer, a una hora de camí, ja no hi havia cap mena de dubte que allò era terra dels musulmans. La manera com feien ribassos, l'aspecte dels murs, la forma dels horts i l'aspecte del bestiar. Posaries un dels nostres rucs al costat d'un de raça musulmana i el coneixeries d'una hora lluny. Una bona estona abans d'arribar a Balaguer ja seguíem una secla que portava aigua de Segre per abastar la ciutat, una obra que va interessar molt Ermengol l'ardiaca, que era home que sempre tenia al pensament obres d'enginyeria. Admirava el tall de la pedra, la qualitat del morter, la solidesa de la base i, sobretot, l'audàcia del projecte.

Els segadors que trobàvem als camps de forment de la vora del camí s'aturaven un moment per veure'ns passar. Mirava els rostres dels que es plantaven als marges, amb la falç a la mà, i no hi sabia llegir res. Ni emocions ni esperances. Cara de treballadors, de feina magra. Com a molt, una punta de curiositat per veure de prop aquells guerrers del nord que, de tant en tant, corrien com si fossin una colla de lladres per aquelles planes i eren vistos i no vistos, sempre movent-se a punta de dia o a l'hora foscant. Uns quants dels que ens esperaven a la vora del camí segurament eren cristians. Si n'hi havia algun, no se'l reconeixia: a tots els veia igual, pagesos ni pobres ni rics, ni alegres, ni tristos. Potser resignats, en el fons.

Damunt del riu, dalt d'un turó que era molt poqueta cosa si el comparàvem amb les muntanyes que ja blavejaven darrere nostre, s'hi amagava una fortalesa temible, el centre militar des d'on sortien molts dels contingents que havien anat fent campanyes, un any sí i un any no, contra els veïns de dalt. Hi havia una bona tirada de muralles, que semblaven la perllongació de la roca, de la qual només en sobresortien els minarets de les tres mesquites de la ciutat. Pel pas de ronda corrien uns caps petits com formigues, que contemplaven l'espectacle des de la seva talaia. El comte Ermengol, que a estones alternava el posat seriós amb la mirada brillant del qui en barrina alguna de grossa, mirava els murs que tancaven Balaguer de cua d'ull, com si prengués mesures, com si pensés no se sap mai, potser algun dia cauràs, maleïda ciutat del diable. Potser per acompanyar els seus pensaments va descarregar un xàfec tan curt i violent que ens va deixar xops com llúdrigues. Després, tot seguit, va sortir el sol, encara ben alt sobre l'horitzó. Picava amb tanta intensitat que del llom dels cavalls i de la roba dels cavallers molls sortia un fumeral de vapor mentre els eixugava.

No vam travessar el pont que ens portaria a la ciutat: d'aquesta manera ens estalviàvem travessar el riu que baixava de la Ribagorça, que en aquella època de l'any era un corrent rabiüt i escumejant, del tot capaç d'arrossegar un toro riu avall. Si ens podíem estalviar un bon maldecap, millor, perquè creuar-lo a gual era difícil, i si havíem d'anar a buscar un pont transitable ens havíem de desviar fins a Alfarràs, i no hi havia cap necessitat de fer aquesta marrada. Hauríem passat prop del castell d'Albesa, que quedava una mica més cap a ponent. Sense haver d'estar pendents del tràngol de travessar el riu, i al ritme a què anàvem, vam arribar a les envistes de Lleida abans de fer-se fosc. El dia era molt llarg, i els capvespres no s'acabaven mai. S'havia acordat que avançaríem tan de pressa com fos possible, i tothom, fins i tot els peons que gairebé havien de córrer per poder seguir el nostre ritme, s'hi va aplicar. Per la seva banda, els capitans de Wàdih havien organitzat bé el viatge. No ens calia patir per l'acapte de menjar, aigua fresca i gra pels cavalls, que ens esperaven a cada final d'etapa. Mentre travesséssim la terra que dominava Wàdih, no tindríem problemes. Després ja ens ho trobaríem. Però els bons soldats no pensaven més enllà de l'endemà, i vivien el present amb tota la intensitat possible. De nit, s'afartaven i bevien com si fos la darrera ocasió que tenien de fer-ho. S'explicaven una vegada i una altra les mateixes històries de guerra, perquè sabien que mentre tot rutllés amb aquesta rutina, no hi havia cap motiu de preocupació. Quan comencessin els maldecaps, tot això que tindríem.

Durant la vetllada vaig demanar a alguns dels cavallers que coneixia —sobretot al Llarg de Mur— què és el que havia passat a la batalla on van fer presoner Ermengol el comte. El Llarg també hi havia anat. El vaig trobar davant de la tenda dels pallaresos, vora el foc, bevent vi calent amb mel i pebre, els ulls petits i decididament embriacs.

—Albesa. Ja fa temps, d'això. Goita, noi. Un bonic record d'Albesa.

Em va ensenyar una cicatriu lletja i renegrida al centre del pit.

—La memòria em balla i de vegades es perd. Però la ferida encara em fa mal. Quan canvia el temps me'n sento com si me la burxessin amb un ferro roent. I això també em passa amb els records dolents. I va ser una batalla podrida, de les pitjors. Només puc dir-te que millor que no hi haguéssim anat. Va ser una batussa molt bruta, molt confusa. Per totes dues bandes. Tot i ser al febrer, feia calor, el país estava molt sec. Es va aixecar una polseguera tan gran que semblava que hi hagués una boira baixa, de dia plujós de novembre. De sobte, ens van venir a dir que Ermengol no hi era, que havia estat capturat, li havien matat el cavall i havia quedat malferit. Vam córrer a buscar-lo, però un grup de cavallers moros ja se l'havien endut, camí de Balaguer. No podíem fer-hi res, acostar-nos a les muralles hauria estat un suïcidi, i a més estàvem tots escampats pel camp de batalla, amb molts ferits. Mentre miràvem de reagrupar-nos, ens van envoltar un grup de peons. N'hi havia molts, i abans no me'n vaig adonar, duia una llança clavada a l'os del pit. No sé com vaig sobreviure: un dit més a l'esquerra i sóc pell. Vam sortir com vam poder d'aquella ratera, un campi qui pugui. Gairebé la meitat dels nostres havien caigut.

—I què va passar amb el comte?

—Els moros no van voler negociar un rescat. Ramon Borrell estava disposat a pagar el que fos pel seu germà, però el governador de Balaguer volia que el captiveri d'Ermengol fos un advertiment. Volien que els deixéssim en pau, que no els emprenyéssim més. El tenien com a penyora. El califa tenia la intenció d'obtenir una treva sòlida, per poder segellar la Marca i destinar part de les seves forces per controlar la frontera de ponent. Se'l van endur de Balaguer, i van fer córrer el rumor que se l'havien emportat a Saragossa. Allà no era possible ni pensar a fer una expedició per anar-lo a buscar. De fet, el van dur en secret a Barbastre. El bisbe cristià de Saragossa va fer de mitjancer amb el governador. Res, cap resultat. ¿Saps qui era, aquest governador?

Ho sabia prou bé.

—Sí. Wàdih.

—Exacte. El nostre nou amic, el general Wàdih. D'esclau del califa a general del seu exèrcit més important, ves si en va fer, de progressos. La veritat, el va tractar prou bé. Un altre potser l'hauria esquarterat i n'hauria tornat els bocinets dins d'una caragolera. Wàdih no ho va fer, i sembla que el va tractar amb molta consideració: va fer que el vigilés un dels seus afillats, que estava destinat a Barbastre, amb un petit cos de guàrdia. Suposem que va arribar a una mena de pacte amb Ermengol. No sabem quin, no n'ha volgut parlar mai. El cas és que, un bon dia, va tornar a casa. A l'octubre. Havia estat cinc mesos presoner. El que va fer durant tot aquest temps és un misteri. Ja el coneixes, Dacó. És un home complicat, amb molts racons. A partir d'aquell moment es va comportar com si res no hagués passat, com si hagués tornat amb els supervivents d'aquella desgraciada expedició a Albesa. Però ja veus quin posat que fa. No pot amagar que té un rosec. Però no sabrem mai quin és, n'estic segur. I és que cadascú arrossega els seus.

El Llarg va voler canviar de tema de seguida. El silenci d'Ermengol i el record de la derrota l'incomodaven. Els ulls se li van omplir de llàgrimes, i vaig optar per fugir abans no s'encomanés tanta pena.

XIII

On es va des de Lleida fins a Medinaceli, passant per Saragossa, amb relació detallada de les coses que s'esdevingueren on va morir l'al-Mansur i encara d'altres

L'endemà, pel camí, alguns cavallers comentaven que els moros de Lleida treien or dels sorrals de Segre i d'aquí en feien tota la moneda que gastaven. A l'escriptori, ja feia un temps, havia llegit alguna cosa sobre això mateix en alguna obra antiga, on es parlava d'un gran incendi que va cremar les muntanyes, va fondre vetes d'or que s'amagaven a les seves entranyes i van baixar rius d'or líquid cap a les planes. Quan vaig baixar a donar aigua al Colldarnat, a qui notava assedegat, m'hi vaig fixar bé. Enlloc no hi vaig veure pedres d'or, i em va semblar una sorra en tot idèntica a la dels nostres rius. Potser sí que alguna partícula petita era d'or, perquè prou n'hi havia que lluïen, però si s'havien d'encantar a arroplegar-les totes d'una en una, seria feina idiota. Però si de veritat el riu portava or en quantitat suficient, era tot ben nostre, era fruit de la nostra terra i baixava arrossegat per l'aigua nascuda a les nostres muntanyes, i els drets de naixença sempre s'han de respectar.

El Segre que passava per davant de Lleida era un altre riu, mandrós i de color de tifa, vaig pensar. Hi havia pescadors amb barquetes que tiraven filats, a l'ombra d'un gran pont de set ulls, fet amb uns enormes carreus de pedra blanca. Per aquell pont havia passat Juli Cèsar, i Pompeius, quan recorrien aquest país en plena guerra civil. Els pescadors pescaven només uns peixos lletjos, de grans bigotis i pell com de sargantana, que només semblaven comestibles si se'n dissimulava l'aspecte d'alguna manera. Semblava que tenien un sol ull, i el bisbe Ot de Girona va dir que eren els anomenats uranòscops, els que vigilen el cel. Alguns vailets corrien per oferir-nos aquelles bèsties repugnants, i s'enfadaven si els deies que no, com si rebutgessis un gerricó d'ambrosia.

Molts pocs dels integrants de la nostra expedició havia anat gaire més lluny d'aquell punt. Alguns havien acompanyat ambaixadors en missió a Saragossa, i no hi havia cap d'ells que hagués arribat fins a Còrdova, perquè ningú no recordava la darrera vegada que s'hi havia enviat algú a tractar amb el califa en representació oficial. Els comtes joves havien quedat tan escaldats de l'escàs èxit de les legacions anteriors que hi havien perdut tot l'interès. Havien sentit a explicar a pares i padrins tots els detalls d'aquelles visites, que sempre seguien si fa no fa el mateix ritual, on els més miserables esclaus es presentaven com si fossin els emperadors, i al final d'un trajecte llarguíssim pels passadissos i recambrons del palau, trobaven un vellet vestit pobrament que els deia que era el califa i els comminava a la conversió immediata a la seva religió, l'única veritable, sota l'amenaça d'una simitarra i una foguera encesa que simbolitzava el foc etern de l'infern. Els enviats tornaven capcots i enfadats, perquè no havien passat un mes sencer cavalcant per aquells secarrals per aguantar un espectacle d'aquella mena, que potser impressionaria els germànics, però no pas a nosaltres, si més no a partir de la segona vegada que ho feia, quan ja tothom esperava el cop d'efecte del braseret. Si el comandador dels creients volia alguna cosa, ja sabia on anarlos a trobar. Però per humiliar-los contínuament amb aquell desplegament desmesurat de luxes i atencions, perfums i ballarines, no calia sortir de casa. Així, de les darreres ambaixades en feia potser trenta-cinc o quaranta anys, deien els més memoriosos. A les tertúlies d'havent sopat ningú no es posava d'acord sobre la data del darrer contacte mantingut amb el califa. Se sabia perfectament que no era pas una dada rellevant, però els servia per discutir hores i hores, passar l'estona i treure's del cap altres preocupacions, les de veritat.

Feia calor. Si m'haguessin deixat triar la data, hauríem començat a passar abans de Pasqua, per estalviar-nos tot el patiment dels mesos d'estiu. Però bona part de les forces del califa eren mobilitzades just després de la collita del cereal, de manera que això no podia ser, i ens havíem d'ajustar a les necessitats de qui ens pagava. Durant aquella part del viatge, però, l'escalfor encara era mig suportable.

Tots dúiem roba lleugera, vestits de cotó i de cànem, de colors clars, i, quan queia el sol de ple, uns turbants improvisats a la manera andalusina. Però a l'hora de presentar batalla ens posaríem tot l'equip, i llavors no hi hauria cap altre remei que aguantar com fos i esperar l'arribada de la fresca. Algú ens volia fer por dient que els ausbergs d'escates de ferro acumulaven tanta escalfor que, després de passar tot un dia sota el sol, s'hi podia torrar formatge. De vegades un cavaller dels nostres perdia els sentits, o li donava tombs el món i acabava per caure del cavall, i se l'havia de tornar a la consciència a poalades d'aigua o, si no n'hi havia, a mastegots. Si passàvem prop d'una secla o d'un riu, la desfilada de companys que anaven a remullar-se o, directament, a fer-hi una capbussada, era constant. Era un trist consol, però tothom deia, per buscar alguna justificació, que si la calor ens desmanegava, els musulmans enemics nostres també la patirien. Sempre sortia algú que deia que no, que estaven molt més acostumats a la calor, perquè venien de països on el sol petava les pedres, i que per això molts d'ells tenien la pell fosca i d'aquí el nom de moros.

A mesura que anàvem baixant cap al sud, se'ns anaven afegint nous contingents. Semblàvem un riuet que, de mica a mica, anava recollint l'aigua de torrents i barrancades. La majoria dels soldats musulmans que se'ns incorporaven només portaven armes lleugeres, escuts com de joguina, llances d'ast curt i espasins d'un sol tall. No estaven acostumats a caminar tanta estona seguida, i alguns aprofitaven les pauses per l'oració per fugir. Semblava com si haguessin deixat coses per fer a casa. Presentaven els gallardets de seda amb inscripcions dedicades al seu Déu amb poca convicció, més aviat torts i desanimats. Marxaven silenciosos i nosaltres cantàvem cançons de l'any de la picor, sobretot quan el paisatge es feia monòton. Però a nosaltres ens pagaven prou bé i a ells no, o no tant.

Quan feia quatre dies que havíem sortit ens vam aturar al mig d'una plana torrada, no gaire lluny d'un estany salat. Ens hauríem estimat més un bosquet, una prada vora el riu, però no n'hi havia cap de disponible. L'indret era hostil, incòmode. Costava de respirar, i l'aire que cobria el lloc era pesat i apegalós. L'Arnall, havent sopat, em va venir a trobar, i va dir-me que el seguís. Em va estranyar, perquè els darrers dies havia tingut la sensació que em defugia.

—¿On vols que anem? —em vaig queixar—. No hi ha ni poble ni bordell ni res que se li assembli.

—Calla o no t'hi porto. Malagradós.

Vam passar entre les tendes de Tallaferro i les del bisbe de Vic. Alguns homes cansats ens miraven de cua d'ull. L'Arnall semblava un salvatge. Duia un gipó de cuiro tenyit de blau amb tatxes de llautó, els cabells trenats amb cintes de colors, i a l'esquena li penjava una de les destrals del seu —del meu— pare, una que tenia la fulla decorada amb una estrella de pastor, la que s'inscriu dins d'un crecle, i un mànec de boix recobert de tela. Jo duia un vestit amb un dit de pols, i quatre pèls mal xollats i, encara, amb vestigis de la tonsura.

—¿Quina necessitat tens d'anar amb aquest tros de destral, Arnall? —li deia—. ¿No veus que fas por a la gent?

—No se sap mai. Aquesta és terra d'enemics, Daconet. No ho oblidis. M'estimo més carregar-la tota l'estona que no pas haver-me de penedir per no tenir-la. No se sap mai qui te la fotrà —va dir, i no em va agradar el to.

Vam arribar a una tenda petita i apedaçada, amb prou feines una pell de vaca sostinguda per quatre pals. No hi havia ningú, només una euga fosca desensellada, que menjava una mica de gra.

—¿I? ¿Què passa?

—No hi és. Tornem, potser la trobarem on hi ha l'aigua.

—¿A qui hem de trobar?

—La Guinidildes. És aquí. Aquesta és la seva tenda. Ha arribat avui, sola i emprenyada, perquè ningú no li havia dit res.

No em sorprenia que la tinguéssim al campament. La Guinidildes era capaç de tot, i se n'explicaven moltes històries. Totes més o menys increïbles, i totes acompanyades d'un jurament que n'assegurava la veracitat. La Guinidildes era l'única dona de la marca oriental capaç de fer la guerra, igual o millor que l'home més cepat. Era filla del castlà de la Clua, una de les darreres fortaleses cristianes, i havia estat casada amb el fill gran d'un altre castlà, Bernat de Cortiuda. L'havia vist un parell o tres de vegades, feia ja molt de temps, una a la catedral i un parell més a la cort del comte. La recordava com una noia menuda i tímida, poqueta cosa.

El castlà de la Clua, Bernat de Cortiuda i dos germans de la Guinidildes van ser fets presoners per soldats de la guarnició de Balaguer, en una incursió que havien fet cinc o sis anys enrere. Més tard es va saber que havien estat penjats de les muralles de Montsó. La Guinidildes va desaparèixer de la Clua. Deien que vivia en una bauma, sobre el Rialp, des d'on conreava quatre feixotes. Ningú no s'atrevia a anar-la a veure, perquè els camins que menaven a la bauma eren plens de paranys, i gairebé mai no volia parlar amb ningú. Mig trastocada, de vegades se n'anava sola frontera enllà. Era una arquera excel·lent. Calava foc als molins i a les sínies, robava bestiar i, sempre que podia, buscava la venjança. Amb el temps, les seves incursions es van anar fent més i més audaces. Se n'anava a les portes de Cervera o de Balaguer, com un esperit, enverinava pous, i, si s'esqueia, tallava el coll als viatgers que s'aturaven a beure a les fonts dels camins. De vegades ajudava el comte Ermengol o algun dels seus cavallers, com a guia. Era capaç de trobar els passos més segurs per travessar les línies de l'enemic, per tornar després pel mateix lloc mentre deixava rastres falsos. Els governadors de la marca havien posat preu al seu cap, però mai no van poder ni tan sols endevinar per on corria. Deien que hi veia de nit, com una gata, i que es movia més invisible que un llop cerver. La Guinidildes era perfectament capaç d'haver viatjat des de l'extrem sud del comtat fins a les portes de Saragossa sense que ningú se n'hagués adonat, cavalcant de nit i dormint de dia. L'Arnall va dir que s'havia presentat davant del comte Ermengol i que li havia demanat permís per incorporar-se a l'expedició. No es volia perdre la festa, deien que deia, però en realitat se sospitava que havia marxat al nostre encontre perquè ja no se sentia segura. Tenia molts veïns que l'hi tenien jurada i que segurament aprofitarien la nostra absència per buscar-la per cels i terra. No era un bon moment per quedar-se a casa. Si s'afegia a nosaltres estaria protegida i, de passada, podria fer una mica de fortuna i exercitar la venjança.

La vam trobar quan venia dels cóms, carregada amb dos bóts d'aigua damunt de les espatlles. Tenia la mateixa cara de noia que jo recordava, però endurida al voltant dels ulls pel pas del temps. La boca era una ratlla fina i ferotge, gairebé sense llavis, de la qual se'n podia esperar més una queixalada que no pas un bes. Duia els cabells curts i drets, i anava vestida com un escuder, amb botes altes, camisa color teula i una espasa gairebé tan llarga com ella embeinada damunt del pit. En creuar-nos, ens va clavar la mirada, que era com un tallant. Si ens va reconèixer, no ho va demostrar, i nosaltres no ens vam atrevir a dir-li res.

L'endemà ja vam arribar a Saragossa. La ciutat era famosa per les seves mesquites de pedra blanca, per la riquesa gairebé insultant dels seus palaus i per la solidesa de les seves muralles, davant de les quals el gran Carlemany hi va plantar un setge infructuós, que va haver d'aixecar amb tota la pena del món, perquè no se'n sortia. Els bisbes i els abats, com passava sempre que arribàvem a algun lloc d'antiguitat i prestigi, van voler visitar tombes d'il·lustres màrtirs de la seva església i també el pilar on deien que s'havia aparegut la Mare de Déu a sant Jaume. Van enviar un missatger a la ciutat i, l'endemà, a punta de dia, i sense esperar l'acord dels companys de viatge, van desaparèixer del campament abans de l'hora de sortida. Van deixar l'encàrrec que ja s'afegirien a l'expedició al final del matí, quan haguessin acabat amb la visita pietosa. Ermengol l'ardiaca, perquè no fos dit, va decidir d'afegir-s'hi, i va voler que jo l'acompanyés. El bisbe cristià de la ciutat, que es deia Patern, ens esperava a la porta de la ciutat. Anava com disfressat de captaire. Després de les salutacions, plenes de reverències i petons, ens va portar per carrerons foscos i poc transitats. Vam arribar a una placeta bruta, on hi havia un edifici de maons sense cap element exterior que l'identifiqués com a església. El bisbe va picar a la porta, i ens va obrir un acòlit d'aire sinistre, que ens va fer passar mentre vigilava si ens havia seguit algú. Era una església mig clandestina, on el pilar testimoni de l'aparició ocupava l'espai central, envoltat de llànties d'oli i on pregaven un parell de velles tremoloses vestides de negre. Era una pedra cilíndrica, de color rogenc, del tot idèntic a molts altres pilars que havia vist en ma vida, i que semblava més aviat material d'enderroc que no pas una plataforma miraculosa. Si realment hagués estat el testimoni d'una aparició tan singular, el pilar hauria estat sens dubte més airós, i la força del misteri hi seria present, com passava en les relíquies veritables, al voltant de les quals l'aire tenia una estranya qualitat, un tremolor sobrenatural. El bisbe Patern —que assegurava que estava disposat a renunciar als seus privilegis com a bisbe— va voler afegir-se a la nostra expedició, perquè no eren els millors temps per a la diòcesi. Entre llàgrimes i sospirs, ens va pintar un negre panorama sobre les dificultats del seu ministeri, la poca constància dels fidels cristians i la impermeabilitat tossuda dels musulmans a la conversió a la veritable fe. En deu anys, el nombre de fidels catòlics de la seva església havia davallat extraordinàriament, i tots acabaven abraçant l'islam sense cap remordiment, animats per les facilitats que els donaven i els enormes avantatges de tota mena que comportava la seva decisió. Potser —afegia— si tornava victoriós de l'expedició a Còrdova tindria més ascendent sobre els seus feligresos i, si no, sempre podria continuar viatge cap al nord, on sempre hi hauria alguna seu vacant o un monestir sense pastor que ell pogués dirigir. L'abat de Sant Benet —que era home de grans capacitats per discursejar i convèncer— va haver-li de dir, amb educació però amb fermesa, que el seu càrrec era d'inspiració divina, i comportava una gran responsabilitat i havia d'assumir-lo a les verdes i a les madures, fins i tot acceptant les servituds del martiri. Vam haver de fugir sense anar a reverenciar la tomba de sant Valeri, dient que se'ns feia tard i que havíem sentit a dir que en un parell de setmanes passaria per Saragossa una columna de reforç, a la qual sens dubte el bisbe Patern s'hi podria afegir sense problemes. Com a record, em vaig endur un petit reliquiari, exposat en una fornícula que hi havia a la capçalera del temple. Segons una inscripció, pertanyia a santa Brígida, i era un queixalet que semblava de criatura. No em va recar de prendre-la, vista la poca devoció que despertava, i vaig pensar que potser la podria vendre a algú que la necessités.

Vam abandonar Saragossa la blanca com si ens empaités un escamot d'infidels. Ben aviat vam recuperar el contacte amb els companys, que continuaven en direcció sud. Vistos en moviment i des de lluny, feien molt de respecte. Mai no hauria imaginat que el rastre que deixava un exèrcit en marxa i en bona salut fos tan repugnant. Excrements d'homes i de cavall, escopinades i miccions: Miró era un especialista a pixar dret damunt de la seva muntura, tan aviat a la dreta com a l'esquerra. El resultat de tot plegat era una pasterada pudent que, com la bava d'un llimac gegant, indicaria el camí seguit pels cavallers si no fos perquè amb el sarramball que feien tres mil homes i bèsties en moviment ja n'hi havia prou.

Vam passar una bona estona avançant mules i carros. Quan vam arribar a l'alçada dels nostres companys, vam notar que el to de les converses era molt diferent de l'habitual: lluny de les facècies i estirabots que eren el pa de cada dia, hi planava un tel de mal humor i murmuracions. Era evident que havia passat alguna cosa. Mentre Ermengol l'ardiaca es posava al davant dels seus cavallers, com avergonyit per haver-los deixat, jo vaig avançar-me per buscar l'Arnall, que cavalcava una mica més endavant, prop del comte. Ermengol anava dret com una estàtua, amb el rostre inexpressiu, estranyament tranquil en comparació als cavallers agitats que eren prop seu. El meu germà es va afanyar a posar-me al corrent de tot. Aquell matí hi havia hagut raons entre els delegats de Wàdih i Ramon Borrell. El comte de Barcelona havia exigit la confirmació escrita dels pactes a què s'havia arribat a Tortosa, perquè ja feia massa temps que l'esperaven, debades. Els homes del general s'havien posat nerviosos i donaven excuses poc creïbles: errors de cancelleria, problemes diplomàtics, res de greu. Ramon Borrell els havia amenaçat amb la retirada si no quedaven clares les clàusules del contracte. Els havia donat dos dies de termini, quan ja hauríem arribat a les portes de Medinaceli, la frontera de la Marca Mitjana, on estava previst que se'ns afegís Wàdih i part dels seus homes, per acabar d'emprendre la resta del viatge fins a la ciutat de Toledo. La tensió havia anat pujant durant la marxa. Alguns homes cridaven contra Wàdih, perquè els havia enganyat. D'altres pensaven en veu alta i amenaçaven de girar cua i tornar cap a casa. Creuaven els dits i juraven que mai més no se'n refiarien de la paraula d'un musulmà, perquè en els homes que pixen a la gatzoneta i es tallen la pelleringa del membre quan són nadons no hi havia cap fiat.

Medinaceli era dalt d'un turó allargat i solitari, que es veia d'una hora lluny. Quan va començar a aparèixer, el nerviosisme dels companys va créixer tant que els soldats i cavallers musulmans que ens acompanyaven ens van deixar sols i van plantar les tendes a l'altra banda d'un riu miserable i fangós que travessava la plana: era el lloc des d'on solien sortir cada vegada que volien atacar lleonesos o gallecs. La nostra columna va avançar fins al peu de la ciutat i allí vam fer nit. Durant la vetllada els comtes i els bisbes es van tancar a la tenda de Tallaferro, per planificar els següents moviments, que es preveien delicats i difícils.

Mentrestant, un grup de cavallers van pagar una moneda de plata a un vailet que pasturava quatre cabres perquè els conduís al lloc on va morir l'al-Mansur, mentre tornava malferit d'un combat contra els castellans. Havien sentit a dir que hi havien aixecat un petit recordatori que assenyalava el punt exacte. L'Arnall em va venir a buscar perquè els acompanyés i fes una mica de traductor, perquè no era cosa que es pogués veure cada dia i no volien perdre's cap detall del monument. Al començament el noi estava mig mort de por i no deia res. Es limitava a conduir-nos, fent drecera, entre camps de forment acabats de segar. El campament dels homes de Wadih quedava més al nord, i el vèiem cada cop millor a mesura que anàvem guanyant una mica d'alçada. Quan ens va començar a tenir una mica de confiança va explicar, en un àrabic que amb prou feines podia entendre, que el Victoriós havia quedat lleument ferit a la cama en el decurs de la darrera batalla de la campanya contra els castellans, i que els seus metges havien tingut cura de les nafres segons els procediments habituals: neteja, apaivagament del dolor i cosit. Però la ferida no es volia tancar, i en supurava un líquid groc i pudent. L'al-Mansur va caure del cavall, enfebrat. El van haver de transportar en un baiard durant més de quinze dies, i els darrers ja era evident que agonitzava. No va ser a temps ni tan sols d'arribar a Medinaceli. Els metges egipcis que estaven encarregats de vetllar per la seva salut no van ser capaços de fer-hi res, ni tan sols d'alleujar el seu enorme patiment, i va morir, a mitja hora escassa de la ciutat, traient sang podrida pel nas i blasfemant contra Al·là, i que Al·là el perdoni, deia el pastoret, perquè no sabia el que deia. Els qui l'havien atès van dir, per exculpar-se, que potser la fletxa que l'havia ferit duia alguna mena de verí desconegut, contra el qual no hi hauria hagut cap remei. Els jutges que, per ordre del califa, havien investigat la mort del seu ministre, van arribar a la conclusió que no hi havia hagut enverinament, una tècnica que els arquers castellans ignoraven del tot, i que la causa primera de la seva mort havia estat la incompetència dels metges, que haurien d'haver estat més diligents i haver reaccionat amb més prestesa. Com a escarment, els va fer crucificar a Toledo, l'un rere l'altre, per castigar els seus errors i donar exemple.

El relat va generar una petita controvèrsia entre els curiosos cavallers. Artau de Codonyes i Aguiló de la Serra, dos cavallers de Fígols, tan inseparables que semblaven d'aquells bessons que neixen enganxats pel bescoll, deien que era impossible que l'hagués tocat una fletxa castellana, perquè se sabia del cert que els castellans no només eren incapaços de sucar la punta amb cap mena de verí, sinó que ni tan sols sabien tensar l'arc amb la força necessària, i menys encara apuntar prou bé com per encertar un cèrvol impedit a deu passes. D'altres —com ara el Llarg de Mur— deien que era ben possible que una simple punta de fletxa pogués fer tant de mal: només es podia entendre si s'hi hagués passejat una eruga dolenta o un vidriol. I, de vegades, si la roba que es portava era de cànem i tocava el doll de la sang, cap dels remeis habituals per tancar ferides servia de res, i només es podia resoldre posant un ferro roent sobre la nafra.

Embolicats en la discussió, no ens vam adonar que ja havíem arribat al nostre objectiu. El monument no era gaire gran, un altaret de pedra arrebossat de guix, de quatre pams d'alt, decorat amb una sanefa de lletres aràbigues negres molt estilitzades. Estava coronat per una columna de marbre on hi havien gravat una inscripció que ocupava tot l'espai del fust. Amb moltes dificultats podia entendre alguna paraula. El Misericordiós. El Benigne, el que guanya totes les batalles. Que Al·là el guardi.

—Ja n'hi ha prou, Dacó. No cal que continuïs llegint. Ja ens imaginem què hi diu.

L'Artau de Codonyes em va interrompre mentre baixava del cavall. Duia a la mà un tros de soga, que va lligar a la part alta de la columna, just per sota del capitell. Amb l'altre cap de la corda va fer un nus al pom de la sella, i va atiar el cavall. La columna no va oferir resistència, va caure a terra i es va trencar en tres o quatre bocins. El nostre guia, esgarrifat, va arrencar a córrer costes avall. L'Artau, dret damunt la base, el va cridar.

—Fuig, corre, fuig. I digues a tota la teva parentela mora que jo, Artau de Codonyes, fill de Bertró de Codonyes, em cago damunt de l'al-Mansur i de la seva podrida parentela tantes vegades com faci falta.

Com si ho hagués estat esperant durant molt de temps, es va ajupir sobre la peanya i va anar-hi de ventre. Hi va dipositar una tifarada poderosa, que semblava més de cavall que no pas de persona de dues potes.

—Au. Jo ja he fet. Vosaltres en sou testimonis. He estat el primer. A veure qui més s'anima.

Tots hi vam passar, fins i tot els que, per haver-nos alleujat abans, amb poques femtes podíem contribuir a aquell homenatge obscè. La petita expedició va tornar tan contenta al campament que hom diria que havíem conquerit nosaltres sols el Sant Sepulcre de Jerusalem. Els companys, en comptes de rebre'ns amb felicitacions i cerimònies, ens van comunicar la consigna. Wàdih no havia donat les garanties que se li havien demanat. En conseqüència, l'endemà atacaríem la ciutat, com a exemple i escarment. La columna musulmana de Wàdih havia acampat una mica més lluny, en un indret on hi havia una font d'aigua bona i abundosa però des d'on no ens podrien veure sortir. Abans no tinguessin temps de reaccionar, nosaltres ja seríem dalt de tot. Ramon Borrell i Ermengol confiaven que no els costaria gaire de superar les muralles de la ciutat. No hi havia discussió. Si no volien entendre les nostres raons, entendrien la nostra força. No seria una batalla, només un acte de violència. Una demostració, meitat feta de desafiament, meitat feta de rancúnia.

Mentre em preparava per l'endemà, vaig veure passar el comte Ermengol. Em va fer anar a buscar l'Arnall, i em va dir que ens esperava a la seva tenda. No havíem de perdre temps, perquè el que volia tractar amb nosaltres era important. Vaig afanyar-me a trobar-lo. Era al fornal dels ferrers, on acabava de posar una ferradura nova al seu cavall, que havia batejat —i jo encara no en sabia el motiu— amb el nom de Tort. Vam córrer cap a la tenda d'Ermengol. A dins no hi havia ningú més. Estava assegut a terra, a la manera dels musulmans, damunt d'una estora de llana tenyida. Un parell de llànties d'oli de bronze feien una mica de llum. Davant del comte hi havia una tauleta de vori, on hi havia gravats uns quadrats blancs i negres. Als dos extrems, tota una sèrie de figures alineades damunt les dues primeres files de quadrats de cada banda. Unes eren de cristall de roca, i les altres d'una pedra fosca i polida. Ermengol ens va assenyalar uns coixins.

—Seieu aquí, al meu davant. Aquesta nit us ensenyaré a jugar als escacs. A mi em van salvar una vegada la vida. Potser us ajudaran a vosaltres. Demà potser no hi seré. No sé si tindré l'oportunitat d'ensenyar-ne al meu fill, que és petit com un rat i potser no tornaré a veure. No voldria que perdéssiu l'oportunitat. Els escacs són un joc com la guerra, la guerra feta joc. Però no és un passatemps qualsevol, una manera com una altra de distreure els desvagats: les partides provoquen més angúnies que no pas plaers. Cada peça té el seu valor i la seva importància. Aprendreu a sacrificar-les quan faci falta, i a treure'n totes les virtuts en situacions límit. Les normes són senzilles de memoritzar, i donen peu a tants moviments possibles com pedruscall hi ha a una tartera.

Va començar per ensenyar-nos les diferents peces i els seus valors. El conseller, l'elefant i l'arquer. El califa, que era la peça fonamental i alhora la més limitada de totes. Com es movien, quines eren les seves virtuts i quines les seves febleses, i també què era el que simbolitzava cadascuna d'elles. Van passar lentes les hores. A fora, el campament dormia neguitós, com un gos que es remou inquiet, i grinyola i empaita conills en somnis. Tota la son que podíem tenir ens va abandonar, i abans no va arribar l'hora de posar-nos en marxa vam poder jugar algunes partides senceres. Ermengol tenia raó. Cada joc era tan profund com un pou d'aigua negra i tan canviant com un cel on creixen les bromes de tempesta.

Ens hi hauríem quedat tota la nit, però l'exèrcit es va despertar d'hora. Vam haver de deixar el joc per anarnos a posar l'equip. Era la primera vegada que em posava l'ausberg per entrar en combat. Sabia que no seria una lluita com les que vindrien, sinó més aviat una passejada, però no pas per això estava més tranquil. El pes de l'acer donava una certa impressió de seguretat, com si fos invulnerable, però encara pesava més la sensació que tot pot capgirar-se en un instant, i que de la vida a la mort més terrible no hi ha a penes cap distància ni cap protecció.

Vam sortir del campament sense cap ordre, com si tothom tingués pressa per arribar dalt de la ciutat. No se sentien crits, només el repic de les ferradures contra l'empedrat del camí, i un soroll nou que mai no havia sentit i que em va meravellar: la fregadissa de milions d'anelles de ferro de les cotes de malla, que feien una fressa com de còdols que són moguts per un riu crescut. L'avantguarda de Bernat Tallaferro, una dotzena de cavallers embriacs que volien ser els primers a tocar els murs de Medinaceli, va tornar a baixar corrents: la ciutat estava deserta i les portes obertes. Havia estat una maniobra del general, que havia previst tots els nostres moviments i s'hi havia avançat. Ja devia fer dies que la guarnició de Medinaceli havia estat evacuada, i només havia deixat les forces necessàries per donar, vistes des de baix, una aparença de normalitat. D'aquesta manera el general guanyava una mica de temps i podia esperar l'arribada dels enviats d'al-Mahdí sense haver de patir pèrdues ni cap desgast dels seus homes, que s'estaven ben quiets al campament.

Mig decebuts per l'estranya rebuda que ens feia la ciutat, vam començar a fer-hi tombs, desconcertats. Les cases eren buides, no s'hi trobava ni una ànima. Des del pas de ronda dels murs, vèiem el campament dels sarraïns, on no es podia percebre cap signe d'inquietud, ni un de sol: homes que abeuraven cavalls, el muetzí que cridava els soldats a l'oració amb les primeres llums del dia.

El so d'unes campanes es va barrejar amb la salmòdia dels musulmans acampats a la plana. Els repics procedien de la mesquita, que ocupava un dels espais més elevats de la ciutat, on s'havien concentrat la major part dels nostres. Hi vam anar de seguida. L'atri de l'edifici era ple de cavallers que contemplaven com mitja dotzena d'homes penjava de la part de dalt del minaret una colla de grans campanes cristianes, que segurament eren botí de guerra i havien estat capturades en el decurs d'alguna expedició cap al nord. Dins, vaig veure com d'altres havien anat a buscar al campament unes pells plenes de vi i regaven les parets de marbre on hi havia inscripcions amb versicles de l'Alcorà. Al mig de la mesquita cremaven els gallardets de tela que decoraven les armes dels exèrcits que sortien a fer la guerra santa contra castellans i lleonesos. Els bisbes no esperaven que els esdeveniments haguessin pres aquesta direcció, però es van afanyar per treure'n partit. Van preparar en un instant un calderó d'aigua gregoriana, que es fa amb aigua beneïda, sal, cendres i vi, i que serveix per consagrar les esglésies que han estat profanades. Van ruixar les quatre cantonades de l'edifici, i van ordenar que la petita cambra que hi havia a la banda de llevant fos enderrocada, perquè era el catau pudent on els moros adoraven Belcebú i totes les altres criatures de l'avern. Van improvisar un altar amb una taula que els van portar d'una casa rica propera, el van guarnir amb una tela de seda i les capsetes de les relíquies que sempre duien al damunt i van oficiar una missa que va ser seguida amb un entusiasme malaltís per la majoria dels cavallers, que es comportaven com si allò hagués estat un miracle i no pas una mitja ensarronada del general Wàdih, que era home astut i a qui no es podia enxampar tan fàcilment. Van combregar gairebé tots sota les dues espècies, sobretot amb la del vi, perquè encara n'havien sobrat un parell de bóts: amb unes gotes vessades ja n'hi havia prou per escandalitzar els creients sarraïns i malaguanyat vi si s'hagués fet malbé tot d'aquella manera. Al final de la missa van córrer les llàgrimes i es van renovar els juraments. Tallaferro, endut per l'entusiasme, va desitjar en veu alta que tant de bo els africans ens esperessin l'endemà, perquè llavors ens trobarien en estat de gràcia.

Qui ens esperava fora de la mesquita era Wàdih. Anava sol, vestit amb una túnica blanca. Un gos, sortit de no se sap on, el bordava des de la terrassa plana d'una casa propera. Fixada a la sella hi portava una llança on hi havia lligades unes cintes verdes amb lletres daurades, i duia un tub de llautó a la mà.

—Cristians —va començar a cridar quan l'atri es va omplir amb els que sortien de la missa improvisada; el gos va callar de sobte—. Espero que visqueu molts anys perquè us avergonyiu mil vegades cada dia i fins a l'hora de la mort de la vostra proesa d'avui. No teniu paciència ni contenció, ni respecteu la paraula donada, i això us perdrà. Les condicions que van quedar estipulades a Tortosa són les que mantenim, i són les que queden escrites en aquest protocol. Dos mancusos per a cada home, cent per a cada comte, setanta-cinc més per a cada bisbe i per a cada abat, o bé cinquanta en funció dels homes que casdascun d'ells aporti. Tota la carn, tot el pa i tot el vi que els vostres ventres de pecadors puguin pair. I el dret de saqueig sobre les propietats dels enemics del califa, al qual Al·là ompli de benediccions i faci que no hagi de dependre més de politeistes blasfems com vosaltres que adoren tres déus. Volíeu tenir-ho per escrit, com si la lletra tingués més força que la paraula. He vist cremar biblioteques senceres i he vist morir germans per negar-se a trencar una promesa amb prou feines expressada. Ha arribat aquest matí de Toledo. ¿Era això, el que volíeu?

Va llançar el tub en la direcció on hi havia Ramon Borrell i Ermengol, que contemplaven l'escena sense ni tan sols parpellejar. Un escuder va afanyar-se a recollirlo i el va donar al comte Ramon. No gosava obrir-lo i l'aguantava com si fos ple de brases.

—Aquesta nit el nostre tresorer farà el primer pagament. Feu venir algú de confiança i que s'ho endugui tot. No volem que us acosteu al nostre lloc d'acampada. Feu pudor de llard i de mesc. Heu blasfemat greument contra el nostre Déu i el nostre profeta, i si no fos perquè la necessitat del moment és més gran que el desig de reparació, tingueu per ben cert que us ho faríem pagar. Potser ens feia falta que ens recordéssiu qui sou i com us comporteu. Porteu-nos signada una còpia del document que us he donat. I recordeu que també us obliga a vosaltres tant com ens obliga a nosaltres. Demà continuarem el viatge fins a Toledo. Us aconsello que descanseu i que reserveu els vostres fogots fins a l'hora de la veritat.

Les paraules de Wàdih no ens van impressionar més del compte, si més no en aparença. Com si no volguéssim reconéixer que ens havíem comportat com uns bàrbars, i que tota aquella destrucció havia estat gratuïta i potser contraproduent, els nostres homes volien continuar el saqueig de la ciutat. Ramon Borrell els va aturar amb un bram que semblava sortit de la gola d'un gegant.

—Ja n'hi ha prou! —va cridar, carregat de ràbia i escampant salivera—. Marxem d'aquí i avergonyim-nos, cavallers d'Urgell, de Besalú i de Barcelona.

Aquella nit hi va haver el repartiment de la paga. El comptable jueu del comte de Barcelona fou l'encarregat d'organitzar-lo. Un dels seus ajudants em va donar trenta mancusos, tan lluents i ben gravats que semblaven acabats d'encunyar. A canvi, vaig posar una creu al costat del meu nom. L'arribada de l'or va trencar totes les rutines del campament. Per primer cop van fer córrer tupins amb aiguardent. Abans de mitjanit, Miró ja havia doblat el seu capital gràcies al joc dels polsos, en el qual era gairebé invencible. A cap dels seus companys habituals de corredisses se li hauria acudit de desafiar-lo, però els cavallers de la costa, que no el coneixien prou, ni de referències, s'atrevien a fer-ho quan el veien tan rabassut, i, a més, esquerrà; però quedaven fotuts i plomats quan descobrien que aquell home tenia uns braços de pedra.

M'hauria agradat continuar practicant el joc d'escacs. Vaig buscar l'Arnall per tot el campament, sense trobar-lo, pensant que potser s'animaria a anar a trobar el comte. Però l'Arnall ja era a la tenda d'Ermengol. El peó que vigilava l'entrada no va deixar que m'hi acostés, però les ombres que es veien a través de la tela que cobria la porta ja m'ho deixaven entreveure. Estaven jugant tots dos, en silenci i concentrats. Em vaig quedar una bona estona contemplant aquelles siluetes gairebé immòbils. Aquella nit, jo no jugaria cap partida.

XIIII

On es veu com el joc dels perses és molt útil i distret en temps de captiveris.

Ens anàvem acostant a Toledo. Travessàvem camps sembrats amb una planta que en deien el safrà, tan preuada que els propietaris hi posaven guàrdia nit i dia per por dels lladres, que només que hi fessin una poca feina ja guanyaven un bon jornal, tot i que era planta que no servia per a res. Passàvem per turons suaus i boscats, plens de cérvols i cabirols que treien el morro per les filades d'arbres que donaven al camí, ens miraven amb ulls inquiets i, d'un bot, s'amagaven dins de l'espessor. L'aire era sec, i si bufava vent del sud ens arribava una escalfor com de forn de pa amb la porta oberta.

A mesura que m'anava adonant que la ciutat dels prínceps dels gots realment existia, i que la veuria ben aviat, augmentava el meu neguit, fins a fer-se físic: un mal de cap intens que no em deixava ni de nit ni de dia, i que, quan al final se n'anava, era rellevat per una pesantor de cames i una sensació de basca lleu però persistent. Havia fet un jurament que em lligava per sempre, i al mateix temps no comptava que tingués cap possibilitat d'èxit. Carregaria amb la vergonya del fracàs tota la meva vida, i encara amb la pena afegida que suposava el fet que hagués perdut una oportunitat única, un moment precís que no es repetiria mai. Maleïa cent i mil vegades el moment en què a Ermengol i a Sal·la se'ls va acudir que jo podia fer-ho, sense que ni el meu comportament ni les meves paraules haguessin donat mai peu a una suposició semblant. Però a aquestes estones de neguit i desesperació s'hi contraposaven instants en què ho veia tot més clar, on la missió encomanada no se'm presentava com a irrealitzable. Potser no trobaria resistències, i, a més, havia de comptar amb protecció divina atesa la justícia de l'acte. Malgrat això, el pessimisme més tossut acabava per imposar-se. Ni el consol de l'ajut de la providència no aconseguia arrelar, perquè tampoc no podia estar segur que Fèlix no fos realment un herètic i que la seva ànima es consumís a l'infern mentre el seu cos rebia veneració en una cripta amagada.

Ermengol l'ardiaca, que em veia rosegat pels dubtes, no em deia res. De vegades me'l mirava, cercant un gest de comprensió, una paraula d'ànim. Ni tan sols això. Continuava el camí, pendent de respectar el bon ordre de la marxa, i, de nits, es tancava a la seva tenda. Cada dia, abans de posar-nos en moviment, un eclesiàstic diferent celebrava missa. Quan li tocava dir-la a ell jo l'havia d'assistir, en la meva condició d'acòlit que, de moment, encara conservava. En els moments en què l'ardiaca m'havia de fer l'òscul de la pau esperava trobar-hi un escalf especial, un missatge en clau, qui sap si una paraula mormolada a cau d'orella, un alè de reconeixement de la meva torbació. No hi vaig notar mai res, ni una espurna de malícia, ni una ombra de complicitat. Vaig arribar a pensar que havia oblidat aquell jurament, o que, ben al contrari, l'exigència del secret era tan gran que lligava les seves emocions.

Vam acostar-nos a Toledo per un camí secundari que passava per l'oest de la ruta més habitual. Wàdih pensava que era una via més segura, no volia exposar-nos abans de reunir-se amb les forces que s'aplegaven a la ciutat, malgrat que els exploradors que passaven al davant li havien assegurat que no hi havia res a témer, i que no hi havia rastre d'africans, als quals suposaven instal·lats a les muntanyes del nord de Còrdova. La regió de Toledo tenia fama de rebel, i estava envoltada de petites fortaleses que havien servit per controlar-ne els accessos durant el temps de les revoltes. Un cop pacificada la marca inferior, moltes d'aquelles ràpites havien quedat mig abandonades, ocupades per quatre pastors de cabres i eremites cristians que buscaven la solitud. Vam acampar prop d'una de les fortificacions, anomenada Midriya, que eren quatre edificis empolsegats, baixos i tristos plantats en un ermot sense arbres, i envoltats per un muret mig enderrocat que, vist de lluny, em va semblar una corralina.

Aquell vespre es va aixecar un ventet capriciós i va donar pas a uns núvols que van deixar caure quatre gotes d'una aigua tan bruta i tan espessa que algú va tenir la temptació de començar a dir que plovia sang. Però no va durar prou perquè la brama es fes gran. Tan aviat com va escampar, l'Arnall em va venir a buscar. Jo m'havia quedat a la tenda, no tenia esma de voltar com un bou sense esquella només per veure mil dos-cents homes bruts i, si no s'havia amagat més del compte, una dona mig salvatge amb urpes de gata fera. Començava a estar cansat d'aquell viatge llarguíssim. L'Arnall em va dir que el comte Ermengol volia tornar a veure'm per continuar amb la instrucció dels escacs. Vaig notar en el comportament del meu germà el pes de l'enveja. Tant li feia que, un parell de nits abans, hagués estat ell l'escollit per passar la vetllada al seu costat. L'Arnall no era bo per amagar les seves emocions, i li tremolava la veu. Jo no hi podia fer res, però vaig entrar a la tenda del comte amb un sentiment de culpa.

Ermengol m'esperava assegut davant del tauler, en la mateixa postura amb què l'havíem trobat l'altre dia.

—Dacó, fill de Miró. ¿Recordes les normes del joc?

—Sí —vaig suposar.

—Juguem. Comences. No et precipitis. Si fas la primera jugada malament, ja has perdut.

Vaig moure una de les peces del centre, com havia vist que feia ell. De seguida vaig veure que no tindria cap possiblitat de guanyar. A cada nou moviment, la situació era més complicada, em quedaven menys peces i les poques que tenia no podien influir en el joc de cap manera.

—Dacó. Mira bé el que fas —em va advertir.

—Sí, senyor. Prou que m'hi fixo, però vós en sabeu més. És normal que domineu el joc. Jo sóc només un aprenent.

—No hi ha aprenents. No hi ha mestres. Només hi ha el joc. Cada joc és un joc nou. Has d'aplicar-t'hi com si t'hi anés el coll, com si la teva vida en depengués.

—No ho entenc —vaig gosar replicar—. És només un entreteniment. Com els daus, com el joc dels bastonets i el de les ratlles, només que és més difícil de jugar-hi.

—T'equivoques. No és només un joc. T'explicaré una història. Sabràs que, fa uns anys, em van fer presoner.

—Sí, ja ho sé.

Va treure aire.

—És clar. Ho sap tothom. Ermengol, el comte, fill de Borrell, tancat en una presó pagana pel seu mal cap. ¿Vols un consell? Ja el vaig donar al teu germà. Fes per manera que no caiguis mai presoner. Fes-me cas. És el pitjor estat en què pot caure l'home. Sempre hi ha un moment que es pot evitar, una darrera empenta, un últim cop d'espasa.

—Ho tindré ben present.

Vaig pensar que en les batalles que vindrien, ningú no s'entretindria a fer-ne, de presoners.

—Aquell dia vaig tenir mala sort —va continuar—. Amb el cavall mort, l'os de l'espatlla sortit i una dotzena de peons moros com diables rabiüts al meu voltant, només me n'hauria pogut escapar si em clavava la daga al coll, aquí, al canot —i va assenyalar una vena botida que li baixava pel costat—. Hauria estat tan senzill, i tan net. Però en aquell moment no vaig tenir prou valor, ni pensava que el captiveri fos tan terrible.

—¿I ho va ser? —vaig atrevir-me a preguntar

—Sí. Van fer d'altres presoners aquell dia, però els van matar tots abans de l'oració de l'endemà. Entre ells, un parent del teu pare, Gispert del Ges, no sé si te n'haurà parlat mai. A mi em van lligar de mans i peus, em van posar dalt d'un cavall i van dur-me a Balaguer. El governador de la ciutat em va venir a veure de seguida. Em va dir que era pitjor que un gos, i que moriria com un gos. Però no volia embrutar el terra de la seva ciutat amb la meva sang, i va enviar-me a Saragossa. Allí vaig conèixer Wàdih. I de Saragossa, em va enviar a Barbastre. Em van lligar damunt d'un tronc amb forma d'enforcadura, com un carriot, i em van arrossegar tot el camí. L'impacte amb cada pedra, amb cada sot, l'amplificava el tronc i el repartia per totes les articulacions. Quan vaig arribar, no em podia aguantar dret. Em van llençar al fons d'un forat que hi havia al pati de la suda, a sol i serena. No havia de patir perquè el menjar que em tiressin pogués tocar la merda que s'acumulava a terra; no me'n donaven. La poca aigua que bevia l'havia de llepar de les escletxes del mur. Amb un roc una mica més sortit vaig intentar tallar-me les venes. No ho vaig aconseguir: només se'm van llagar les ferides. No sé el temps que vaig passar allà baix. Quan em van treure del forat ja feia dies que delirava. Em van deixar estar en una cel·la de l'alcassaba. No estava sol. Hi havia un monjo franc, d'un monestir que en deien de Sant Egidi. Portava un rotlle funerari a la memòria del seu l'abat, que acabava de morir, i el volien passejar per tants monestirs com fos possible. Entreteniments de monjos, ja m'entens, que no saben què fer per distreure el mareig de l'eternitat. Ho deus haver vist: a cada lloc que visiten hi afegeixen uns dístics fúnebres, i la signatura de l'abat. Els seus dos companys de viatge eren morts. Em va dir que ja feia mesos que s'estava allí tancat, i que esperava un rescat que mai no acabava d'arribar, perquè, la veritat, de monjos en sobraven, i un màrtir a la comunitat sempre és apreciat. Va ser ell qui em va ensenyar a jugar a escacs. N'havia après en un dels monestirs de la frontera que havia visitat, no em va dir el nom, o no el recordo. Havia tallat unes peces amb branquillons i pedres, i cada vegada que jugàvem havíem de dibuixar el tauler a terra. Vam conviure un parell de setmanes. Vam fer tantes partides que, al final, les nostres habilitats estaven igualades. El capità de l'alcassaba de Barbastre era un fillol de Wàdih. Suposo que saps que el gran Wàdih, el rei de la Marca Superior, no pot tenir fills.

—No ho sabia.

—És un eunuc. Li van tallar els ous de gran, ja, i per això no se li nota gaire. N'hi ha que semblen teixons, de tan grassos com es tornen. Teixons amb veu de refilet. Ho fan amb la majoria d'esclaus, sobretot quan poden agafar-los de petitets. Hi ha un poble prop de Sevilla on hi ha una colla de metges hebreus que només fan operacions d'aquestes. Els eunucs són servidors fidels, poden ocupar càrrecs de responsabilitat, sabent que no hi haurà ni descendència, ni baralles per les herències, ni més problemes. És un bon mètode, molt propi de gent llegida i refinada. Però Wâdih no es va resignar a palpar-se l'entrecuix i no trobar-se els collons dins de la bossa. Va adoptar com a fills els soldats de més vàlua que servien a les guarnicions més exposades, sense que els ministres del califa hi tinguessin res a dir. El que hi havia a Barbastre es deia Amil. Era un fill de puta. Els vigilants li van dir que amb el monjo ens passàvem l'estona jugant a escacs. Un dia es va presentar a la nostra cel·la per proposar-nos un tracte. Una partida entre nosaltres dos, a canvi de la llibertat del que perdés i de la mort del guanyador. Si fèiem taules, ens mataria a tots dos. Si refusàvem a jugar, també ho faria. No hi havia cap opció. L'endemà ens va fer portar encadenats a la sala de recepcions de la suda. No hi havia espectadors, només l'Amil, que faria d'àrbitre i de botxí. Era la primera vegada que jugava amb peces de veritat.

Va assenyalar les que hi havia damunt el tauler.

—Eren aquestes. Tots dos vam jugar com mai no ho havíem fet. Tots dos volíem guanyar, i sabíem prou bé que ningú no faria cap jugada dolenta. Vam estar jugant molta estona, des de l'hora foscant fins a mitjanit. Cada peça perduda era una fiblada, ni que la seva caiguda servís per donar sortida a d'altres peces i ajudar al bon joc. Ningú no va fer un pas en fals, fins al final.

Va callar. Més d'un parenostre.

—I el monjo va vèncer —em vaig atrevir a suposar.

—Sí. El vaig matar jo. Si jo hagués jugat millor, ell seria viu.

—I vós mort —vaig replicar.

—Tinc els moviments gravats al cap. Cada partida nova que jugo no deixa de ser la reproducció d'aquella. Avui no l'hauria perduda, segur. Sé quins van ser els meus errors, en quin moment hauria pogut capgirar la sort.

—¿I què va passar?

—No vaig veure que em guanyava fins que ell m'ho va dir. L'Amil ja feia estona que preveia el final. Es va posar al darrere del monjo, com si volgués tenir una altra perspectiva del tauler. Quan va tombar-me el rei, li va tallar el coll en rodó amb un coltell que duia amagat a la màniga. Has perdut, comte, em va dir, ara seràs lliure, i a tot arreu t'acompanyarà l'esperit del monjo, que t'ensenyarà a jugar millor. I tot va anar molt de pressa, sense pensar en el que anava a fer. Amb un rampell de ràbia, vaig agafar el tauler, que era de fustes tenyides i tenia un marc d'ivori, i el vaig trencar damunt de l'escambell. Un dels llistons del marc es va estellar. El vaig agafar i vaig saltar sobre Amil, que no s'ho esperava. L'hi vaig clavar a l'ull, fins al fons, sense que tingués temps de reaccionar. No hi havia ningú més amb nosaltres. Vaig arroplegar les peces i me les vaig endur. No sé com vaig aconseguir sortir de la suda. No ho recordo bé. Estava encegat de ràbia i de dolor, i si hagués trobat guàrdies no m'haurien aturat. Encadenat i tot, vaig poder baixar fins a les quadres, trobar un cavall bo, muntar i fugir, cap a ponent, fins a arribar al riu que baixa de la Ribagorça. No sé quant de temps vaig rodar. Al final, em van trobar uns homes del monestir de Lavaix, mig mort d'esgotament. Em van tenir amagat uns dies, fins que em van portar a casa.

—Així, les peces són aquestes —vaig suposar.

—Sí. Són aquestes. Peces antigues, fetes a Egipte, em va dir un desertor que les va poder veure. Quan jo mori vull que siguin portades al monesir de Sant Egidi.

No vaig dir res.

—Assegura-te'n que la meva voluntat s'acompleixi, Dacó. Si mai em moro o em maten abans de tornar a casa, que els escacs vagin allí. Això és el que vull. Ho he posat al testament que vaig fer redactar abans de marxar, però no me'n puc acabar de fiar de ningú. Per cert, te n'he nomenat marmessor. L'escrivà em va demanar el perquè, i no li ho vaig saber dir. Va ser un impuls, un rampell. Sé que no em fallaràs. Tinc por. Wàdih va jurar venjança, i és dels homes que compleixen el que diuen. No jura per fatxenderia, de manera que no em sorprendria res. No ha estat un jurament públic. Sé que l'ha fet però també sé que ha estat un acte íntim, i, per tant, molt més determinat. Serà ara o serà més tard, però estic convençut que complirà les seves promeses. Jo també vaig jurar que, una hora o altra, el mataria, però ara això no em preocupa gaire. Les grans ratlles de la història de la nostra vida ja són escrites. Hem de vigilar les petites, les que s'escapen al disseny de la providència. Per això et demano ajuda. Vigila l'Arnall. Ell té el mateix encàrrec que ara tens tu, però és fet d'una altra pasta. Ja el coneixes. Té el cor d'un guerrer, que és de pedra negra, i a l'hora de la veritat no sé què farà.

Ermengol va fer una pausa, abans d'aixecar-se. Jo també ho vaig fer.

—S'acosten temps difícils, Dacó. La guerra d'ara i la que començarà l'endemà mateix del nostre retorn. Tinc el pressentiment que l'Arnall hi tindrà molt a dir. Per això vull saber que puc comptar amb la teva fidelitat. Només això. Sé que no em decebràs, i te'n dono les gràcies.

Vaig sortir de la tenda amb el cor de la mida d'una nou. Vaig maleir els qui confiaven en mi. Si hagués estat un pinxo i un bocamoll, tot això que m'hauria estalviat. Massa tard. L'hora de la veritat arribava amb el primer fil rosat de l'albada.

XV

On a l'antiga capital de la Gòtia s'hi fan visites de profit i s'hi suporten grans temptacions.

Toledo ja em va semblar, des del primer moment en què la vaig veure, una ciutat confusa, i tan desordenada com majestuosa. Digna dels reis dels gots, que eren capaços d'aixecar un regne amb tots els atributs exteriors sense saber posar cap dels mecanismes que són necessaris perquè perduri més enllà d'unes poques generacions. El riu l'encerclava fent un meandre forçat. La muralla i els habitatges es disputaven l'espai, penjats sobre el pont. Hi veia minarets però també campanars cristians, tots petits i de cadireta. Tots aquells colors barrejats formaven un aire gris que s'arrapava a les cases, com una boira baixa.

Vam arribar a mig matí. Ens vam instal·lar als camps que s'estenien a banda i banda del camí principal d'entrada a la ciutat, prop del pont d'Alcàntara, que és com dir el pont del pont en la seva llengua. De seguida van sortir els comtes a l'encontre del califa al-Mahdí, acompanyats per Wàdih i els seus oficials. S'instal·larien a l'alcàsser de la ciutat fins que fos l'hora de sortir. Corria el rumor que la marxa sobre Còrdova començaria al cap de dos dies, perquè s'esqueia en divendres, el dia sagrat dels musulmans, i al-Mahdí volia revestir de la màxima solemnitat possible el moment de la sortida, i convertir-la en una demostració de fe davant del poble que li feia costat, igual com havien fet tots els seus antecessors. Nosaltres teniem autorització plena per entrar a la ciutat. Els homes, que tenien la paga gairebé intacta a la butxaca, volien tastar fembra fresca i fer una mica de vida de taverna. S'havia corregut la veu, i a les putes que vivien sempre a la ciutat se n'hi van afegir una bona colla de venedisses, procedents gairebé de tot arreu, atretes per la mala fama que tenien els cavallers francs i deleroses d'alleugerir-los tant com fos possible del pes de les seves monedes. Els alfaquins i els jutges de la ciutat havien rebut ordres de mirar cap a una altra banda. Ja hi hauria temps de posar ordre quan marxéssim, i les autoritats s'hi van haver de conformar: les situacions excepcionals exigien providències proporcionades. Les putes vingudes de fora havien organitzat el seu propi campament, al lloc on es celebraven les fires de la ciutat. N'hi havia algunes de sudaneses, negres com un pou i de dents de gel, gallegues i lleoneses cristianes, que amagaven sota una capa de castedat un desvergonyiment sense límits, excaptives magiars d'ulls d'ametlla, i, sobretot, musulmanes amb la pell lluent d'oli d'oliva i que duien tatuat damunt del ventre un sortilegi per evitar la concepció.

L'Arnall i Miró van ser dels primers a demanar tanda. No em van dir res, perquè donaven per fet que la meva condició de servent de l'església m'obligava a fer un nus a la fava. Sabien que no era veritat, però per segons què els agradava guardar les formes. No m'hauria importat acompanyar-los. Aquelles dones em torbaven i m'atreien per igual, amb una barreja malaltissa de por i de desig.

Ermengol l'ardiaca em va venir a rescatar de les temptacions de la carn. L'acompanyava Pere de Torres, el veguer, que notava incomodat i bellugadís, perquè segur que tenia el cap en un altre lloc. Després d'haver passat setmanes senceres callat, com si ho hagués oblidat tot, les instruccions de l'ardiaca van ser precises.

—Tenim poc temps. Només hi ha una persona a Toledo que pot ajudar-nos. És un teòleg musulmà. Els contactes que teníem entre els cristians ara diuen que no volen saber-ne res, i ens han donat un nom com a única sortida. A partir d'aquí, ens haurem d'espavilar. El musulmà es diu Carim, fill d'al-Massàh, i ha tingut accés a totes les biblioteques de la ciutat, perquè escriu tractats i refutacions contra els politeistes, que creu que som nosaltres. És un dels seus millors teòlegs, diuen, i un home just. Si ell no en sap res, és que no hi ha res.

Em va donar un pergamí plegat:

—Aquí hi ha copiat un fragment d'una homilia de sant Fèlix, que s'ha transmès gràcies a la memòria. Quan ho llegeixi, sabrà quin és el nostre patró. Viu a la part alta de la ciutat, a tocar de la mesquita que hi ha prop de la porta del nord. Bib al-Mardum, en diuen. Això és tot. A partir d'ara, tot és en les mans de Déu, que actuarà a través de les teves. Disposa del veguer i de la gent que necessitis. Però ja saps que la discreció i el secret són els nostres aliats.

—No patiu. De moment, no hauré menester de ningú. El veguer ja pot marxar; si el necessito ja sabré on trobar-lo —i Pere, el valent veguer de Torres, es va enrojolar fins a la punta de les seves orelles peludes—. Aniré a trobar aquest savi que dieu, però millor que hi vagi sol.

—No perdis el temps, jove Dacó. Ai, el temps. És el nostre gran enemic. Aprofita'l. I que sant Fèlix et protegeixi —va dir Ermengol l'ardiaca, mentre es cobria amb la capa i desapareixia, lleuger, entre les tendes.

Vaig començar la missió de través. Dins de la ciutat em vaig perdre. Tots els carrers els veia iguals. Costeruts, estrets, sense punts de referència. Donava tombs i més tombs, i sempre anava a espetegar al mateix punt. De res no servia demanar ajuda a algú. Tot i que m'havia posat la túnica negra d'estudiant, un estol de canalla em seguia, tot cridant una cantarella que, segons vaig mig traduir, deia «el franc, el franc, ha vingut el soldat franc». Quan els demanava que m'acompanyessin, reien i cridaven encara més fort, i jugaven a estirar el nus del cinyell, per veure si podien desfer-lo. Les dones s'amagaven quan em veien, movent les mans com si volguessin espantar un borinot, i si m'adreçava als homes —en llatí, en romanç o en un àrabic molt primet i elemental— i els demanava per la porta del Nord, les respostes eren confuses o bé contradictòries. De vegades, si aconseguien entendre la pregunta, llavors jo no comprenia la resposta. Al final, a un pas de la desesperació, vaig poder trobar la muralla exterior de la ciutat, i vaig resseguir-la des de dalt del pas de ronda. Ben aviat vaig veure, a la part alta, el minaret que m'indicava la bona direcció. Ja feia una bona estona que tots els muetzins toledans havien cantat el toc d'oració de la tarda, i vaig suposar que trobaria l'alfaquí al-Massàh a casa.

Em va obrir la porta un nen de deu o dotze anys, que va quedar petrificat quan em va veure. Havia estat assajant la pregunta en veu baixa durant tot el trajecte, per afinar la pronúncia i encertar l'entonació.

—¿És aquesta la casa del venerable Carim al-Massàh, a qui Al·là beneeixi?

Va fer mig que sí amb el cap i va fugir corrent cap a l'interior. Al cap d'un instant va aparèixer l'al-Massàh, que era un home més jove del que m'esperava, vestit de blanc, amb el cap cobert només per una cogulla fina amb brodats daurats. Va donar-me la benvinguda amb una fórmula florida, extremadament polida, i va fer el gest de convidar-me a passar dins, a compartir la seva taula. M'havia sortit bé la maniobra, perquè començava a tenir gana i qualsevol interrupció en la monotonia del menjar que ens donaven al campament seria molt ben rebuda. Les normes de la cortesia imposaven que jo, en aquell moment, havia de refusar amb fermesa, només per fer-me pregar i donar-li l'oportunitat de desplegar tots els seus recursos. Potser no vaig posar en la rèplica tota la convicció que era necesària, perquè va quedar com mig parat. Però va reaccionar de seguida, i em va fer passar al pati de la casa, on hi seia un germà seu i tres fills petits, que estaven bocabadats, com si hagués aparegut un dels genis de les seves rondalles. Les dones, una padrina gran i una nena ja més granadeta, quan no trastejaven vora el foc, s'estaven en un racó, pràcticament immòbils, com si fossin figures de fusta, uns troncs d'alzina coberts amb una túnica.

No vaig voler embolicar-me fent marrades. Després d'atipar-me potser una mica massa més del que hauria estat correcte, li vaig exposar, en romanç, el motiu de la visita, mirant de ser prudent i no alarmar-lo.

—Mestre al-Massàh, he vingut a vós atret pel prestigi que teniu com a home savi i virtuós, i tinc l'esperança que em sabreu ajudar. Des de fa temps que estic seguint el rastre dels escrits d'un sant home d'església que va patir una persecució que fou tan injusta com alta és avui la seva fama de santedat.

—Fèlix —em va tallar—. Fèlix d'Urgell, l'enemic de la cristiandat, el testicle de l'anticrist. No posis aquesta cara, jove franc. No m'ho he inventat jo, això: són paraules d'un dels seus detractors, prou ho deus haver llegit en alguna banda. No és pas un personatge molt estimat entre els vostres teòlegs, em sembla.

—Sou perspicaç, mestre. Però si bé la seva memòria té enemics, també n'hi ha que fem per manera de preservar-la. És per això que vinc a vós. Busco la biblioteca del bisbe Elipand. Tinc la sospita que allà hi puc trobar una obra que compendia tot el que el bisbe Fèlix volia transmetre al seu poble.

Li vaig donar el pergamí.

—M'han dit que amb això puc provar la nostra bona voluntat.

L'al-Massàh em va oferir una plata plena de boles de carn que ja semblava mastegada. Malgrat el seu aspecte, eren prou saboroses i especiades. Vaig omplir-me'n la boca mentre llegia el fragment de sermó.

—Ja ho veig. Molt interessant. Com tot el que va escriure Fèlix, per altra banda. Us ho regracio, em serà d'utilitat. Ara, a veure si us puc ajudar. Quan va morir Elipand la seva biblioteca va tenir molts pretendents —va començar a explicar—. El bisbe Simplici, el seu successor en l'episcopat, se'n va mig desentendre. Va recuperar una part dels llibres, els més inofensius, diguem, i els va continuar conservant a l'escriptori de la catedral. Dels altres no en va voler saber res, però tampoc no es va atrevir a destruir-los. Elipand tenia molts adeptes, que no li ho haurien perdonat mai. Quan va saber que una delegació enviada per Lluís el Piadós, l'emperador dels francs, viatjava cap a Toledo disposada a remenar cels i terra per aconseguir els llibres, es va espantar i els va enviar a un monestir que hi ha al sud de Toledo, a quatre jornades d'aquí. Es diu Caracuel. En aquell moment hi havia una petita comunitat, però molt activa. Avui em sembla que només hi ha dos o tres monjos. Ha rebut molt per culpa del conflicte: a Caracuel hi van executar Sançol i l'al-Mustaí, els dos fills de l'al-Mansur. He sentit a dir que, per culpa dels disturbis, els llibres d'Elipand han tornat a Toledo, en secret. Potser és només un rumor interessat. No me'l crec: si fossin aquí, segur que ho sabria. Jo suposaria que encara són allà. Els vaig poder consultar fa temps, ja, però hi eren.

La pregunta. Segons el que respongués, potser no valdria la pena de continuar.

—N'hi havia un que es deia la *Cedula*?

—És clar. I tant, que hi era. Un llibre petit de dimensions però d'una profunditat extraordinària. Dacó Miró, potser serà superflu que t'ho digui, però si el pensament de Fèlix i d'Elipand s'hagués pogut imposar, les coses ara serien molt diferents.

—Ja ho sé —vaig mentir.

—Segons les revelacions del profeta, només hi ha un Déu. Vosaltres sou la gent del llibre, compartim la veneració d'Abraham i de Jesús, i fins i tot de la seva santa mare. Hi ha més coses que ens acosten que no pas que ens separen, però el que no podem acceptar de cap manera és la vostra idea de la trinitat. Els tres déus que són un, això és un absurd i és un concepte blasfem, i no cal ser gaire llest ni saber gaire àlgebra per veure que no va enlloc. Fèlix ho va entendre perfectament. Elipand també, i va posar les bases doctrinals que el vostre bisbe va desenvolupar al llarg de la seva vida, recollint molts dels preceptes dels pares de l'església que havien quedat arraconats amb el pas del temps i el triomf del símbol nicè que consagrava les tres persones de la trinitat. La *Cedula* és el fonament d'una nova manera de concebre la humanitat de Crist. És una obra brillant, brillant i transparent, com un vas d'aigua clara, plena d'arguments irrefutables, fonamentats per citacions de les autoritats més sòlides i acceptades per l'ortodòxia. Es va avançar al seu temps, i per això ha romàs tant de temps oculta, com una llavor que espera l'arribada de la primavera per germinar. Potser ara sigui el moment de recuperar-la. Si les seves idees arriben a triomfar, el nostre món serà diferent.

—Déu misericordiós sia lloat —vaig mormolar, amb un fil de veu, producte més del vertigen i l'espant que no pas de l'emoció.

—Ara i sempre.

Vam romandre silenciosos una bona estona. Jo estava aclaparat per la nova dimensió que prenia l'afer. Si la *Cedula* només hagués estat el deliri d'un bisbe mig boig, era una cosa. Si, tal i com deia l'al-Massàh, era la pedra angular d'una nova manera d'entendre el misteri de Crist, n'era una altra. Vaig empassar saliva.

—¿Poden haver-hi impediments, a l'hora de consultar-la?

Al-Massàh va pensar-se bé la resposta.

—No ho sé pas. Si demostres la puresa de les teves intencions, potser et deixaran llegir-lo, si més no algun fragment. No esperis que t'autoritzin a fer-ne cap còpia. Són monjos molt malfiats, que creuen que tenen una missió divina. Vés-hi amb paciència i amb el cor a la mà. És l'únic consell que et puc donar.

Perfecte, doncs. Això volia dir, traduït, que l'hauria de robar, i que potser no m'ho posarien fàcil. Vaig donar les gràcies a l'al-Massàh per la seva hospitalitat, i vaig anar tornant cap al campament. Com si el camí de tornada m'hagués estat revelat per un àngel, no em vaig perdre. Vaig travessar la ciutat, pel dret, per tot de carrers caragolats, idèntics, il·luminats per una lluna creixent encara molt fina. No vaig poder evitar de pensar que, des de dalt de les terrasses, o a les entrades fosques, mil ulls em vigilaven. Just passat el pont, hi havia la guingueta de les meuques. A aquella hora no n'hi havia cap de lliure que s'exhibís davant de les tendes; a totes se'ls havia girat molta feina. L'esplanada era plena de cavallers i peons que esperaven impacients la seva tanda, amoïnats per haver badat i haver arribat tard. Per sort, tota l'escalfor que m'havia rosegat les entranyes unes hores abans l'havia apaivagada la conversa amb l'alfaquí. Havia estat un encontre tan elevat i espiritual que vaig desfer el camí fins al campament com si m'hagués transfigurat. Si aquella nit jo hagués gosat jeure amb dona, el meu membre, aquella bestioleta juganera, gairebé sempre tan desaprofitat i capriciós, m'hauria caigut a trossets.

L'endemà al matí, després de la missa, vaig anar a trobar Ermengol l'ardiaca. Li vaig fer un resum de la conversa amb l'al-Massàh. Hauria d'anar al monestir de Caracuel. No sabia encara com m'ho faria per aconseguir el llibre, però vaig imaginar que, amb l'amenaça de tot un exèrcit al darrere, potser no costaria gaire. Ermengol va moure el cap.

—No es poden fer les coses d'aquesta manera. Dacó. Com menys soroll millor. Ja vam quedar així. A més, el camí que seguirem per anar a Còrdova no és el que passa per la vora de Caracuel. Han decidit anar pel dret, travessant les muntanyes. És una mica més curt i, sobretot, els exploradors diuen que hi ha partides d'africans que s'estan reagrupant al llarg del camí principal. Només es vol plantar cara a l'enemic en un camp obert i que ens sigui propici. Si hi hagués escaramusses prèvies, ens faria més mal que bé, perquè som molts, però fàcils de disgregar, perquè no som un exèrcit compacte i ben lligat, sinó una colla d'arroplegats amb mala bava. Els africans ho saben prou bé, i per això ens esperen per aquella banda per veure si era possible de preparar-nos una ensarronada.

Encara millor, vaig pensar. No només hauria de robar, sinó que, per acabar-ho de posar fàcil, havia de ferho sense que els ferotges berberiscos, que no comptaven de veure'm passar a mi sol en comptes dels deu mil soldats francs, em clavessin una estaca pel cul, abans o després de poder llegir les paraules santes del bisbe Fèlix. No hauria pogut imaginar una perspectiva més engrescadora.

—Hi hauràs d'anar sol, i desarmat. Només d'aquesta manera podràs passar desapercebut. Aniràs vestit de monjo, la qual cosa, en el fons, no és dir una mentida gaire gran. Pregarem perquè no et confonguin amb un espia.

Ermengol l'ardiaca ho tenia clar. Vaig agrair la seva determinació, perquè en moments com aquell calia que algú no s'atabalés i pogués veure-hi una mica més enllà del meu espant. Vaig empassar saliva. El que hagi de ser, que sigui. Tant era el lloc on em matessin, si d'anada o de tornada, si pel davant o pel darrere. Era un mort en vida, disfressat de monjo improbable. No em van fer tonsura nova perquè s'hauria notat massa. Duia un hàbit vell, que fou embrutat fins fer fàstic. Em van donar una mula, ni vella —no l'hauria pogut forçar massa— ni jove —hauria estat requisada. Com a única arma, un punyalet que semblava de joguina i que portava amagat dins de la màniga esquerra. Paraules de sort i de coratge, un camí llarg i incert.

XVI

On passen coses horribles que només són temperades per la santa causa que les justifica

Vaig marxar del campament com un lladre, quan encara era negra nit. Abans de sortir, un dels exploradors de Wàdih em va venir a explicar com eren els camins, tant el que anava fins a Caracuel com el que hauria d'agafar des d'allí si volia tornar a incorporar-me a l'expedició abans no arribessin a Còrdova. Les darreres notícies eren que les forces del gos Zawí i el califa pretendent al-Mustaí es dirigien cap al sud. No deixava de ser una bona notícia, però no les tenia totes i ja m'ho trobaria.

Acostumat com estava des de feia un temps a viatjar dalt d'un cavall bo, cavalcar una mula em va fer recuperar sensacions perdudes. Com que la natura humana afavoreix que ens adaptem als canvis amb resignació, no m'hi vaig fer mala sang. El camí era ample, gens perdedor, del tipus dels romans, que ja començava a poder distingir, amb un empedrat que en alguns trams semblava acabat de fer, sense grans desnivells i, el que era més important, sense rastre d'africans, els quals m'imaginava en les meves fantasies com si tinguessin l'estatura del Llarg de Mur, de color negre sutge i ulls com brases enceses. Els primers que vaig veure, el segon dia de marxa, em van avançar sense ni tan sols girar-se a veure qui coi era aquell de la mula. Cavalcaven amb els estreps molt curts i els genolls ben doblegats, amb una postura que hauria dit que era molt incòmoda i forçada, però que ells mantenien amb una gran elegància. Eren una vintena d'arquers: tots portaven a l'esquena un parell d'arcs dobles, d'aquells que són fets amb tres fustes diferents, i dels quals deien els que els havien pogut veure en acció que tiraven fletxes capaces de foradar un casc de ferro d'un dit de gruix. No eren pas més negres que jo, ni més alts, em va semblar. Els seguien una dotzena de genets més que conduïen ben bé un centenar de cavalls. Em vaig apartar per deixar-los passar. mentre respirava, alleujat, tota la polseguera que aixecaven, com si fos encens. No vaig trobar més berebers en tot el viatge. Dormia només un parell o tres d'hores, al ras, sota una alzina. Tenia el son prim, i quan em semblava que ja en tenia prou, tornava a emprendre el camí. Així, les quatre jornades que hi havia entre Toledo i Caracuel es van convertir en tres, i això que la meva montura era soferta i fiadora, però no pas un prodigi de velocitat.

El monestir de Caracuel era poqueta cosa, i si no fos que estava atent i avisat de l'aparença que tenia, potser l'hauria passat de llarg, buscant una altra cosa. Estava una mica apartat del camí, al costat d'un hostal, que era precisament el lloc on havien estat assassinats Sançol i el seu mig germà. El formava una església petita i rònega, arrebossada amb un morter grisós, sense campanar, un pati brut que servia de claustre, i quatre dependències més que tan aviat podien ser cel·les com quadres. A l'església hi havia la comunitat en ple: només tres monjos d'aspecte tèrbol, i difícilment podia imaginar que mai n'hi hagués hagut més. Vaig arribar a l'hora de la missa vespertina. Encara oficiaven la litúrgia gòtica, que nosaltres ja feia molt de temps que havíem abandonat per adoptar la romana, des del moment que els comissaris de Carlemany van controlar la nostra església i van imposar els seus leccionaris. Era molt diferent de la nostra pràctica, i hi havia frases que mai no havia sentit: «Proclamem amb els llavis la fe en què creiem amb els cors», cantaven, amb un filet de veu.

Al final de l'ofici el que feia d'abat em va rebre amb una amabilitat continguda, però amb un punt de reserva del tot comprensible, a la qual hi col·laborava la matusseria de la meva disfressa i la poca consistència de les meves argumentacions. Quan li vaig dir que havia vingut de molt lluny per visitar-los va arrufar el nas.

—¿D'on? —em va demanar, en un llatí que tenia un eco de bodega.

Qualsevol altra resposta que no fos la veritat hauria estat pitjor.

—De la santa església d'Urgell.

L'abat va tancar els ulls.

—Us esperava. Feia molt de temps que us esperava. Quan van començar a córrer els rumors que un exèrcit de francs vindria a combatre pel partit de l'al-Mahdí, vam sospitar que aquest seria el moment. ¿On són, els soldats?

—Lluny. Baixen a Còrdova travessant les muntanyes. No passaran per aquí. He vingut sol.

No es va sorprendre.

—Ja sé el que vols, però abans vull que m'ho demanis.

Sabia que, segons com ho formulés, tindria portes obertes o tancades. El que no sabia era quines eren les paraules bones. Potser m'hauria ajudat el sermó de Fèlix que vaig deixar a Toledo. O potser no. La situació em desconcertava.

—Pare abat —vaig improvisar—. He vingut seguint les passes de la doctrina del pare de la nostra església, sant Fèlix, el venerable, el perseguit. Sé que en aquesta casa santa hi batega el cor del seu pensament immortal. Heu estat capaços de preservar-lo molt de temps, contra la fúria dels homes i les urpades dels elements. Des de la desconeixença que en teníem, us ho agraïm. Però nosaltres sentim la necessitat de reivindicar la seva memòria, i completar un llegat que ens ha estat arrabassat per la força de la injustícia. Per tant, us demano que tingueu la gràcia de deixar-me entrar a la vostra biblioteca.

—No sé qui ets ni què vols —va dir, tot interrompent el meu discurs—. Des que en tenim memòria, han estat molts pocs els que han vingut a buscar el mateix que tu. Normalment han tornat gairebé tots amb les mans buides. Tenim les nostres normes. Són les mateixes que han ajudat a conservar durant dos-cents anys íntegra la biblioteca. Encara hi ha qui té la intenció de destruir-la. L'altre dia vam rebre un avís. Un llibre. Els comentaris que va fer el monjo Beat sobre l'Apocalipsi de Sant Joan. Potser en saps alguna cosa.

Va anar a buscar el llibre. Era gran, tenia moltes pàgines. L'abat el va obrir per una de les del mig. Em va ensenyar el dibuix de la puta de Babilònia, la meretriu que cavalcava una bèstia de set caps. Beat, un monjo d'un monestir perdut a les valls del nord de Castella, havia estat l'antagonista més virulent contra Fèlix. L'havia denunciat i havia escrit contra ell i el seu pensament unes pàgines terribles. Des de feia uns anys havia sentit a dir que en molts escriptoris de la frontera es feien còpies del llibre, amb unes miniatures que feien posar drets els pèls del clatell. Qui hagués fet arribar aquell llibre sabia perfectament què s'amagava a Caracuel. Era un advertiment, una promesa. En aquell moment vaig imaginar-me el pitjor: que la biblioteca d'Elipand no era al monestir, sinó en alguna altra banda, inaccessible.

—Des de fa un temps que hem percebut un interès creixent per l'obra del vostre bisbe. La reaparició del llibre escrit per Beat és un mal senyal. Alguna cosa es mou. Potser la teva presència aquí en sigui la prova definitiva.

Vaig pensar en l'estranya visita de l'ambaixador franc, en el recel i l'alarma que havia aixecat en Sal·la i Ermengol.

—No en sé res, d'aquest altre llibre, us ho ben juro. El llegat d'Elipand no està gens segur i perilla. Ho sabeu prou bé. Si ens feu confiança, el durem en un lloc on serà estudiat i venerat com es mereix.

L'abat va moure el cap, negant-ho.

—Saps prou bé que no pot ser, això que ens demanes.

Ho sabia. I també sabia que els llibres eren allí i que jo ja no tenia cap altra opció. Mai no havia matat ningú. Imaginava que una cosa seria eliminar l'enemic en combat, on tot t'hi porta, on la mort és la norma i el gran objectiu, i una altra de ben diferent tallar el coll a un pobre monjo vell, incapaç de defensar-se. L'abat no va oposar cap resistència quan li vaig acostar el tall del coltell, quan la pell es va obrir només de posar-hi la fulla al damunt, de tan esmolada com estava, ni quan vaig haver de posar-hi una mica més de pressió per tallar la iugular. En aquell moment vaig recordar els consells que m'havia donat tantes vegades Miró: si tenia una arma de tall, cap a la vena blava; si només tenia les mans, havia de prémer amb força la nou del coll, fins que es donés i fes el mateix soroll que fa un branquilló sec quan es trenca. No va lluitar gens. El cor no tenia prou esma ni per provar de fer sortir la sang a doll per la ferida. Només unes esquitxades agòniques, com una escopinada, que em van tacar la cara.

—Que Déu em perdoni. Que Déu em perdoni i em doni forces.

En quedaven dos, i hauria d'haver agraït a la providència que els efectius del monestir fossin tan migrats. Vaig córrer cap a l'església. La porta era mig oberta. Eren allà, asseguts, immòbils, davant de l'altar, presidit per una creu de marfil sense el Crucificat, i amb prou feines il·luminat per una llàntia d'oli, petita. Semblaria que el primer mort ha de ser el més difícil de tots. Amb els altres, només s'ha de repetir la mateixa litúrgia. No és veritat. Costa el mateix. No els vaig mirar la cara. Van caure lentament cap endavant, mentre es plegaven com si fossin dos bóts de vi foradats. M'esperaven, també.

Els llibres eren dins d'un bagul que tenia les cantonades reforçades amb bandes de ferro, sense cap pany que el tanqués, de manera que qualsevol passavolant amb una mica de paciència hauria pogut aconseguir el mateix que jo sense tacar-se les mans i sobretot l'ànima de sang tossuda però en el fons innocent. M'havia esperat trobar una mica més de resistència, que m'hauria ajudat a arribar al final. Hi havia un parell de dotzenes de llibres, només. Leccionaris, psalteris, llibres de litúrgia. Alguns ja els coneixia, si més no pel títol. La *Cedula* era el més petit de tots. Amb prou feines feia un pam. Els folis no estaven numerats, però no n'hi hauria més d'una seixantena. El pergamí en què estava escrit era dolent, amb tendrums i forats, i el relligat, tot i la seva solidesa, es notava fet amb presses. No era cap còpia. Eren pergamins de rebuig, els únics que hauria pogut aconseguir l'autor. L'havia escrit la pròpia mà del bisbe Fèlix, amb la cal·ligrafia antiga dels gots que tantes vegades havia tingut l'oportunitat de llegir, amb aquelles as obertes i amb aquells enllaços a les abreviatures que el vell Osbern m'havia ensenyat a imitar, a Codinet. No em vaig posar a llegir-lo. Havia d'anar-me'n de seguida del monestir. Abans de marxar, d'un rampell, vaig agafar també el llibre de Beat. Era molt gran, un volum infòlio de tapes gruixudes de fusta, tot un escarràs, però amb unes miniatures com no n'havia vistes mai d'altres. Si més no, formaria part del meu botí de guerra.

Vaig marxar amb la mula, en direcció a ponent, gairebé a cegues, amb l'ànim atenallat per la fúria i el sentiment. Aquell lloc estava marcat amb la desgràcia, assenyalat amb la marca de la mort. Potser només van ser imaginacions meves, però em va semblar escoltar com un galop llunyà de cavalls, que no es va acabar de concretar. Les muntanyes cap a on havia d'anar es dibuixaven a l'horitzó, com una massa negra i densa. La lluna començava a sortir. Havia d'aprofitar-la tant com fos possible, perquè quan s'amagués no hi hauria manera de continuar. Quan vaig deixar de plorar i de maleir-me, vaig maldormir un parell d'hores en una clariana, amb el llibre de Fèlix dins de la camisa, un contacte amb la pell que em feia venir esgarrifances. A partir d'aquell moment no me n'hauria de separar mai més. Era el fruit horrible del meu pecat, i només esperava que el contingut del llibre no fos decebedor.

Així que es va fer una mica clar el vaig començar a llegir. «Fèlix, en presó, redacta aquesta *Cedula* per al consol dels seus deixebles i per l'anhel d'escampar la fe en la veritat...». A mesura que avançava en la lectura el dia s'aixecava, i això va provocar un efecte tal que més d'una vegada i més de deu vaig haver d'aturar-me perquè les llàgrimes d'emoció m'encegaven. Era un llibre escrit des de la desesperació cap a l'esperança, des de les tenebres cap a la llum, des del captiveri cap a la llibertat: un prodigi de síntesi i de profunditat en l'exposició dels arguments comparable a les grans obres dels pares filòsofs. La unió entre el Crist Déu veritable i l'Home adoptat se'm dibuixava a la perfecció, i sense dubtes ni sofismes. Ni una vacil·lació, ni un aspecte sense tractar. Un dels felicíssims capítols finals, dedicat especialment al bisbe Elipand, tractava dels ponts que s'havien de parar envers la secta dels ismaelites, els que eren anomenats germans de la submissió. Tot era possible. No hi havia més barreres. Jesús, l'Home adoptat, Déu en natura, es col·locava en el centre d'una nova interpretació de tots els llibres sagrats. Amb els primers rajos de sol vaig agenollar-me per donar gràcies a Nostro Senyor per haver-me concedit la gràcia de ser el portador d'aquella revelació.

Però també m'havia d'afanyar. Ara que el més difícil ja estava fet, no podia arriscar-me a ser capturat pel camí, o a perdre'm per aquelles serres que m'eren del tot desconegudes. Seria una indignitat que un escamot de berberiscos em fes la pell per haver abaixat la guàrdia. Els pagesos que anava trobant pel camí em donaven aigua i m'indicaven la bona direcció, però si els demanava detalls sobre la presència dels africans de Zawí o dels partidaris de l'al-Mahdí s'arronsaven i em feien gestos de refús amb la mà per fer-me marxar. Vaig quedar-me amb la impressió que no volien saber res ni dels uns ni dels altres.

L'endemà del segon dia vaig topar amb un escamot d'exploradors, comandats per un dels oficials de Wàdih amb qui havia parlat alguna vegada durant el viatge. Cobrien el flanc esquerre del cos de l'exèrcit, que anava avançant lentament, a una mitja jornada del punt on els vaig trobar, i ja anaven tornant després d'haver pentinat aquelles serres. Van quedar-se sorpresos de veure'm vestit d'aquella manera, però els vaig assegurar que havia fet un vot de pelegrinatge a Caracuel, un monestir petit però que tenia una fama de lloc sant que arribava molt lluny. Homes pietosos i confiats, no van posar cap objecció a les meves mentides, ni tan sols en observar l'embalum que feia el llibre de Beat, que duia embolicat en una tela de sarga i lligat a l'arçó de la sella. L'oficial va dir que ja em podia afanyar, si volia participar en la festa. Els guaites de l'avantguarda havien localitzat el punt on ens esperava l'exèrcit enemic. Els africans havien acampat en una plana al peu del castell d'Aqabatalbacar, una fortalesa secundària que controlava el camí que anava cap a la ciutat de Mèrida. Traduït, seria la costa de les Vaques. Còrdova quedava a unes poques hores de distància, en direcció sud-est. La batalla, si és que no hi havia cap moviment de darrera hora, es produiria al cap d'un parell de dies, quan els dos exèrcits contendents s'haguessin acabat d'organitzar. Continuaven arribant-hi cavallers i peons. La bona notícia era que la major part dels cavallers castellans del comte Sanç havien tornat a casa, i només es preveia que hi participessin unes poques dotzenes que, per cobdícia i ganes de brega, perllongaven la seva estada. Sanç ja havia cobrat la seva part: dos-cents castells a la frontera del Duero passaven a ser seus.

Encara era d'hora per saber si hi hauria una desproporció de forces, i de quina magnitud. Els soldats musulmans que m'acompanyaven no semblaven preocupats per això, perquè confiaven en el destí, els confortava la fe. Pel camí em van parlar de les donzelles que trobarien al paradís, si morien. Unes donzelles que serien desflorades cada nit i, l'endemà mateix, retrobarien intactes, i així durant tota l'eternitat. Em van preguntar si al meu cel també n'hi havia, d'hurís. Els vaig respondre que enlloc de les escriptures en deia res, de l'ús de la carn entre els benaurats, de manera que sospitava que només disposàvem de la vida mortal, sempre massa curta i desavinent, per tenir tots els tractes carnals que fossin possibles, i encara limitats per l'observança dels manaments, la recança de les dones i el recel de pares i marits. Però precisament perquè havien estat pocs i molt treballats, doncs, el temps que transcorregués fins a l'hora del judici final serviria per recordar-los, una i altra vegada.

—No us fan gaire bons tractes, no —em planyien.

—Si mai m'ho repenso sempre hi seré a temps, suposo —els vaig dir—. Però vosaltres us cansareu, de tanta hurí i tanta desvirgamenta. El veritable plaer rau en l'escassetat, en l'esperança i en la incertesa.

No sé si vaig aconseguir sembrar el dubte en les seves creences. Segurament que no. Jo, en canvi, vaig quedar torbat.

Una bona estona abans d'arribar a entrar en contacte ja vam començar a notar la tremolor de la terra que acompanyava la marxa d'un exèrcit. A Toledo no l'havia pogut veure sencer: deien que serien uns nou o deu mil homes en total, la meitat dels quals eren guerrers a cavall. El soroll que feien tots plegats era una remor sorda, com la que se sent en passar per una feixa plena d'arnes d'abelles. A mesura que ens anàvem acostant es podien començar a distingir els sons. Els cascos dels cavalls, els crits dels mulers, brams d'ases, el toc somort dels tambors moros que obrien la marxa, les guardes de ferro de les piques dels peons, que marcaven el ritme del pas. Però l'esforç que s'havia de fer per identificar cada component era tan gran que de seguida tornava a imposar-se la suma de tots, aquell brunzit fosc i temible, el ronc de la bèstia.

XVII

On es veu el que succeeix als exèrcits que esperen batalla

A mesura que ens acostàvem a la columna, creixia la calor, com si la carn i la sang de tota aquella multitud alterés les qualitats de l'aire. Una mena de boirina cobria l'espai per on desfilaven els cavallers, una aura polsegosa feta de suor, cansament i por. Hi vam entrar en contacte pel darrere, per on passaven els camells carregats amb tendes i gra. N'havia sentit a parlar moltes vegades, i, quan els vaig veure de prop, em van semblar uns animals desconcertants, amb una mirada perversa i traïdora, aquella gepa prominent que semblava més una deformitat que no pas el producte de la voluntat creadora de Déu. Però els meus companys de viatge em van dir que no hi havia cap altre animal de càrrega que se li pogués comparar, en força, bon caràcter i resistència. Podien aguantar quaranta dies i quaranta nits sense menjar ni beure, i, enmig del desert, tenir un camell era garantia de vida. Si anaven mal dades, m'asseguraven, els seus orins eren tan purs com l'aigua de font, i només tenien un regustet salat que encara ajudava a treure la set amb més eficàcia. Potser sí, però jo tampoc no veia la necessitat de comprovar-ho havent de viure o de travessar deserts, podent ocupar un país amb boscos, ombres i surgències a cada clotada. I, com més baixàvem cap al sud, més por tenia de trobar-me amb els mars de sorra roent d'on, segons tenia entès, havien sorgit els musulmans: l'infern sobre la terra, el país dels miratges, aquelles il·lusions que ensenyaven als viatgers ciutats inexistents, o caravanes de mercaders, on només s'hi feien pedres i escurçons.

Amb grans dificultats vaig anar avançant en direcció al lloc que ocupaven els cristians. El camí era en aquell tram força estret, i tothom passava tan atapeït que els meus intents per avançar endavant eren saludats amb males cares i alguns agres retrets que, per fortuna, no acabava d'entendre. Cap al lluny veia onejar el penó negre amb la creu vermella brodada, que era el senyal que portaven les forces episcopals. Però per arribar-hi hauria de passar pel costat del nostre patró i califa pretendent, el famós Muhàmmad al-Mahdí, que ocupava amb el seu seguici tot el tram central de l'expedició. No vaig poder. L'al-Mahdí cavalcava un destrer blanc com un núvol de bonança, amb la crinera rossa, guarnit amb cintes verdes, un cavall que semblava un àngel. Un grup d'esclaus, a peu, li feien ombra amb un pal·li de seda daurada. L'envoltaven dos cercles de cavallers. El primer, el més proper al califa, estava integrat per una cinquantena de guerrers normands, tots equipats amb l'arnès complet de batalla, i que brandaven aquelles llances curtes que els havien fet tan temibles en la lluita cos a cos, i que eren com espasins posats a l'extrem d'un ast. Semblaven fets a motllo, tots iguals. Eren anomenats pels musulmans els silenciosos, ja que no parlaven cap altra llengua que la seva, i aquesta encara amb prou feines, perquè eren homes d'acció i no pas de paraules. L'altre cercle, l'exterior, el formaven genets sudanesos, potser no tan ben equipats com els normands però també d'aspecte ferotge i resolut. Volia arribar tan aviat com fos possible davant d'Ermengol l'ardiaca, per donar-li aquella càrrega que em rosegava el cor i em pesava com si fos de plom. Però ni pensaments de poder travessar aquella muralla. Després d'un parell o tres d'hores de marxa la vall per on baixàvem es va obrir vers una plana que descendia lentament fins a trobar, un bon tros més avall, el curs del Guadalquivir. En un turonet hi havia el castell, que era gairebé quadrat, amb bestorres també quadrades. Era la costa de les Vaques. En eixamplar-se el camí vaig poder superar el tap de sudanesos i normands, i vaig córrer a buscar l'ardiaca. Els mossos ja s'havien endut els cavalls, i Ermengol passejava amb Pere de Torres entre les tendes a mig muntar. Quan em va veure arribar ho va deixar tot. Em va ajudar a descavalcar de la mula, que movia contenta les orelles, com si notés que ja havia acabat la seva missió.

—Dacó, fill. Gràcies a Déu que has pogut tornar. Digue'm, ¿has trobat la *Cedula*?

—Sí, reverend pare Ermengol. L'he trobada i he matat a canvi. No em feu més preguntes i doneu-me l'absolució.

No em va fer cas. Va fixar-se en l'embalum dels comentaris a l'apocalipsi, que encara penjava de la sella.

—¿És això?

—No. Són uns comentaris de Beat. També els he agafat. Aquell monestir no era un bon lloc on guardar-los.

Ermengol l'ardiaca va arrufar el nas.

—Res del que hagi pogut escriure Beat pot tenir cap interès. N'he sentit a parlar. Si el llegeixes, et convencerà que estem vivint els darrers dies del món.

Ningú no m'havia demostrat encara que no els vivíem. Vaig buscar la *Cedula* als plecs de la camisa. Li vaig posar el llibre a les mans, que tremolaven.

—Déu misericordiós. El llibre existeix. ¿L'has llegit?

Vaig dubtar un instant. Si li deia que no ho havia fet no s'ho creuria.

—Sí. És una obra sublim. Transforma i trasbalsa.

Li vaig allargar el llibre. El va agafar com si fos un ferro roent. No es va atrevir a obrir-lo.

—Has fet un gran servei a l'església, Dacó. La teva fidelitat serà recompensada aquí i durant tota l'eternitat. Que sant Fèlix et beneeixi. I no pateixis pels pecats que no has comès.

La tenda de l'ardiaca ja estava plantada. Ermengol va fer el gest d'entrar. Quan encara no era dins es va girar i em va tornar a donar el llibre.

—Té. Guarda'l. Ara no és prudent de llegir-lo. Necessito centrar-me en la batalla que vindrà. Si el llegís no podria continuar. Guarda'l i estalvía'm el rosec de la temptació, per favor, Dacó. Ja tindré temps més endavant. Protegeix-lo amb la teva vida. Ara que ja saps quin és el seu valor hi posaràs l'ànima. No el deixis veure a ningú. No l'amaguis. Potser el més prudent seria que tornessis de seguida a Urgell, però no seria segur. Vigila. És el més assenyat, penso.

Em van venir ganes de refusar, però ja sabia que no era possible. Ja havia fet prou, havia fet massa. Portar la *Cedula* al damunt només faria que recordar-me tothora la mirada de peix mort del pare abat, la resignació perversa amb què els altres dos monjos van esperar l'execució, només per fer més pesada la meva llosa. Arrossegaria l'angúnia dels crims comesos, i era al mateix temps la prova que em condemnava i m'absolia. Era un assassí, i no em mereixia res, ni tan sols el trist privilegi de ser el dipositari d'aquella relíquia santa, d'aquell miracle fet verb.

Vaig haver de mormolar una vaga declaració de conformitat. Ermengol va notar el meu torbament, però no va ser capaç de dir res més. Va entrar dins de la tenda, apressat i llançant grans sospirs, sense ni tan sols girar-se per fer-me un gest de comiat o de consol. Vaig voler pensar que havia quedat tan abatut com jo.

Però no podia deixar-me endur pel decandiment. Si això era el que volia Ermengol l'ardiaca, només podia callar i obeir. Si no m'embolicava amb qüestions i no m'imposava les cabòries inútils a les quals estava tan avesat, tal vegada seria més feliç. A més, si badava gaire em perdria l'espectacle en què s'estava convertint el campament a mesura que avançava la nit i els homes deixaven les muntures tipes i la impedimenta endreçada. Més que un espai d'acampada parat davant d'un oceà d'enemics implacables, allò semblava una fira. Hi havia gairebé de tot. Putes atrevides que ens havien seguit des de Còrdova, disposades que no es vessés ni una gota de llet guerrera sense treure'n els beneficis. Un mercat d'espases, cascos i rodelles com no n'hi hauria d'altre fins a les terres de l'Índia. Cavallers que s'havien convertit en tractants de bestiar, potser com a record de la seva activitat principal no militar, i compraven i venien destrers, intercanvis de darrera hora que, sense cap dubte, no serien prou justos per a totes dues parts. Tendes que, en comptes de lloc de repòs i meditació, es transmudaven en mig tavernes, mig bordells. Les provisions de vi ja feia dies que s'havien acabat, i ara corria sobretot el suc de figa fermentat, un licor dolç i apegalós, tan espès com l'aixarop de pinya d'avet, que ens provocava una embriaguesa mes aviat encaparrada. Vaig ajuntar-me amb l'Arnall i els seus companys, que se sentien bramular d'una hora lluny. Em van rebre com si fos el fill pròdig, tot i que no estava segur que se n'haguessin adonat de la meva absència durant tres dies. Els vaig seguir amunt i avall, ens vam barallar amicalment amb uns de Besalú, i després amb un grup escollit de cavallers de la marca del Penedès, que demanaven a crits poder ser els primers a tallar el coll a Zawí, el pollós de l'Àfrica. Ens van estovar, els vam estovar i encabat vam anar tots a beure convidats per Ramon Borrell. No vaig veure el germà petit, l'Ermengol. Deien que havia parat la tenda lluny del brogit, i que l'havien vist jugar, tot sol, amb els seus escacs. Els musulmans feien la festa per la seva banda, però coincidíem als espais oberts on cremaven grans fogueres. Pel que vaig poder entendre, la seva distracció principal era la contesa poètica. D'un en un, acompanyats per címbals, tamborets i rabells de dues cordes, que marcaven un ritme vertiginós, improvisaven versos, fins a caure extasiats, amb els ulls en blanc. D'altres participaven a les famoses danses del salt de les espases, sense que en veiés prendre mal a cap, cosa que era meravella digna de la més gran admiració. Per la intensitat dels focs que hi havia encesos al camp enemic, a mitja hora del nostre, i pels ecos retallats de crits i músiques que travessaven el que aviat seria un camp de batalla, vaig suposar que a l'altra banda s'ho passaven prou bé.

L'endemà al matí algú em va despertar llançant-me una poalada d'aigua bruta a la cara. Un parell de puntades de peu als ronyons van acabar de fer-me obrir els ulls.

—Au va, aixeca't, neneta, que estàs al mig del pas i et podrien xafar.

Tenia la cara ferotge i peluda del Llarg de Mur a un pam de la meva. L'alè a suc de figues fermentat dues vegades que desprenia era capaç de ressuscitar un mort i matar un viu. Però jo era un guerrer, hauria d'estar avesat a ensumar miasmes i flatulències, i no podia marejarme amb una fotesa com aquella, de manera que em vaig aixecar d'un bot, mentre la resta del món aprofitava per fer uns tombs de vertigen al meu voltant. A aquella hora, en què el sol ja feia una bona estona que escalfava, l'activitat era de formiguer. Els ferrers aprofitaven per esmolar espases i ferrar cavalls. Els guerrers ajustaven la sella, els frens i els estreps dels destrers. Els generals musulmans i els comtes s'havien tancat al pavelló del califa per decidir de quina manera s'havia d'encarar la batalla, com havia de ser la disposició de les forces i en quin ordre haurien d'intervenir. Alguns rumors deien que a primera hora havien estat enviats uns missatgers a veure Zawí i els africans, per donar-los la darrera oportunitat d'arribar a un pacte honorable i evitar el vessament de sang i l'esbudellada que es preveia. Ja sabien que seria un gest inútil, perquè les contrapartides ofertes —la rendició i la subjecció a la voluntat del califa al-Mahdí— no només eren inacceptables, sinó que només aconseguirien atiar la seva fúria. Van tornar amb les mans buides, però contents que se'ls hagués respectat la seva condició sagrada d'ambaixadors i no els haguessin degollat per avançar una mica la feina de l'endemà. Preguntats, de passada, sobre el nombre i l'estat d'ànim dels oponents, amb la cara que posaven ja n'hi havia prou.

Fora del campament, en un replà al peu de les muralles, bisbes i capellans havien començat un cerimonial que m'era desconegut, cosa gens estranya perquè cada dia que passava m'adonava que els seus rituals eren tants i tan complicats que semblava que se'ls inventessin sempre que en necessitaven un de nou. En aquella ocasió els quatre bisbes, vestits de pontifical, feien uns asperges d'aigua gregoriana als quatre punts cardinals, mentre voleiaven els encensers ben carregats i recitaven lletanies amb un aire fúnebre, amb un to una mica més trist del que era habitual. El bisbe de Vic, com si escampés un pols d'or, anava deixant anar una regatera de sal al llarg de tot el perímetre, mentre un dels escrivans que els acompanyava n'aixecava l'acta. Llavors ho vaig entendre. Calia ser previsors, i ja consagraven el cementiri. Convertien en terra cristiana la terra d'infidels on reposarien els cossos dels nostres que serien morts l'endemà. En un dels extrems del camp sagrat ja hi havia un mort que s'esperava, embolicat en un llenç blanc. Em van dir que era un cavaller del Penedès, que havia mort d'un mal de ventre dolent, després d'una nit de fartanades i excessos. Pobre cavaller. Tot el viatge, totes les esperances dipositades en un clot de tres pams de fondo sense ni tan sols haver intentat tenir una mica més de sort. El van colgar sense entretenir-s'hi més del compte, com si amb les cerimònies de consagració ja n'hi hagués ben bé prou. ¿I què dirien a la família, que havia mort a la màrfega d'una barjaula o que havia caigut, ple d'honor, en combat contra el sarraí? Sis peus de terra remoguda que gairebé no es notaven en aquella mitja jovada de terra rostida pel sol. Segons com, vaig pensar, el cementiri encara se'ns faria petit.

Tota aquella activitat era per evitar pensar massa en el que passaria l'endemà. Estranyament, ningú no fugia, ni tan sols els pobres peons que estarien a primera línia, al davant de tot, als quals, si no els travessava d'entrada una llança africana, serien aixafats per un dels nostres cavalls. Per distreure'ns, va arribar l'hora de les misses, les pregàries.

Mai no havia vist tantes proves públiques de devoció. Els tres comtes, que ocupaven sengles setials davant mateix de l'altar, semblaven tres Constantins, amb els arnesos lluents, il·luminats pel sol de ponent, i les barbes perfumades amb llessamí. Duien un crismari de plata penjat del pit, amb relíquies ofertes pel metropolità de Narbona. Cavallers bregats en mil conteses, capaços d'arrencar la melsa de l'enemic d'una urpada, ploraven com criatures de pit, de genolls a terra, i demanaven perdó a crits pels seus pecats passats. La tensió acumulada durant el llarg viatge, i que la nit abans havia esclatat pel que feia al cos, es convertia en aquella tarda en una rampellada mística, per donar confort als esperits sotraguejats. Després de combregar sota les dues espècies, i de rebre absoltes i indulgències i les fumerades finals d'encens, ningú no va sortir a pronunciar cap arenga. Jo havia esperat que Ramon Borrell o Ermengol, o potser Tallaferro, s'adrecessin als homes, en un discurs enèrgic i enardidor, per estimular les nostres virtuts com a combatents i amagar les temences d'un grapat d'homes covards, perduts en terra estranya i pagana i a un pas potser de la mort i de l'oblit, del qual diuen que és una segona mort, encara pitjor que la primera. Ni un trist intent de dir-nos el que ja sabíem: que l'endemà seria un dia de glòria o de perdició, i que tot depenia de la voluntat de Déu i de la força de les armes, en igual mesura. Mentre s'aixecaven, molts de nosaltres els clavàvem la mirada, interrogants. Ens l'aguantaven un instant per desviar-la després cap a l'horitzó, on fumejaven les fogueres dels africans. Amb allò ja n'hi havia prou. Si haguessin parlat no ens haurien dit res de nou.

A l'altre extrem del campament, els imams dels musulmans dirigien la pregària del final de la tarda. Des d'on érem es veia un mar d'homes agenollats, molt ben arrenglerats i sempre amb el cap en direcció a la seva ciutat santa, la qual cosa obligava a l'astrònom del califa a passar-se mitja tarda mirant el cel i fent càlculs amb els seus instruments. Una taqueta blanca que amb prou feines es bellugava presidia l'acte, assegut en un setial. Era el califa, l'al-Mahdí, el Clement i el Misericordiós, el Príncep dels Sotmesos, el que l'endemà seria rei o captaire.

Aquella nit ens van voler atipar, com si creguessin que amb la panxa plena volarien les cabòries. El califa ens havia fet present d'un ramadet de corders, que ja feia estona que giraven sobre els asts. Algú va aconseguir no se sap on unes càrregues de vi jove i aigualit, que amb prou feines era digne del nom. Vam menjar en silenci, entotsolats. No hi havia gran cosa a dir.

Després de sopar tothom es va aixecar de les taules, amb pressa. Hi havia coses a fer, les darreres comprovacions. Vaig anar a desembeinar l'espasa. Havia seguit els consells del Ferrer, i gairebé cada nit la netejava amb oli de nous. El tall estava perfecte, a punt per entrar en combat. Em vaig fixar en l'alfa i en l'omega que hi havia gravades, just damunt de la creu. Fins a aquell moment era només un tros de ferro, sense ànima. Demà ja seria una altra cosa, un instrument batejat amb sang calenta, la sang que, més que qualsevol altra cosa, corrompia el metall. Forçosament l'eina que lleva la vida a algú ha de conservar-ne una espurna. Moltes vegades m'havia fixat en l'estranya espasa del meu pare, la que estava feta pels homes del nord, negra i granelluda. ¿Quanta gent havia matat, a mans dels seus propietaris anteriors i a mans de Miró, castlà de Tost, vigilant de la frontera? Me la mirava i sentia que, si tancava els ulls i em concentrava prou, escoltaria els crits dels desgraciats que van tastar la seva mossegada freda. No em vaig atrevir a ferho mai. A partir de demà, la meva espasa potser parlaria.

—¿Ja no recordes com s'agafa? Vigila no et seguis els dits. —L'Arnall havia entrat a la tenda—. No te la miris tant, que l'hauràs de tornar a esmolar.

—Arnall. Tu ja has combatut i has matat amb la teva. Jo encara no.

—Cert.

—¿Com és? ¿Què notes?

Jo també havia matat. Un llampec de la memòria em va ensenyar tres ombres. Però no em semblava pas el mateix. Els morts de Caracuel ja eren uns morts en vida. Jo només havia estat l'accident, el braç executor. Si no els hagués assassinat jo, ho hauria fet algú altre. No havia sentit res. No havia volgut sentir res.

—¿Què s'ha de sentir? No res. O són ells o ets tu. Això és el que se sent. Molta ràbia i una mica de fàstic. No tens temps per pensar. Tot va molt ràpid. ¿Recordes la vegada que ens vam anar a banyar a Segre i se'ns va endur el corrent un bon tros avall?

—I tant. —Volíem fer-nos els valents i vam estar a punt d'ofegar-nos.

—És el mateix. No en pots sortir fins que arribes a un toll i l'aigua s'atura, però segons com et moguis mentre baixes pots evitar els rocs i els troncs que s'entravessen. Si bades, t'ofegues.

—Ja ho entenc. Gràcies.

—Au va, Dacó. Fotem el camp d'aquí abans no comencis a parlar sol. Demà ja no tindràs aquestes cabòries. Anem a fer un tomb.

Vam sortir a passejar pel campament. L'Arnall em va demanar on havia anat els darrers dies. No m'havia vist i estava preocupat. Em va dir que havia preguntat a l'ardiaca on era, i es veu que l'Ermengol no va voler contestar.

—No he anat enlloc —li vaig haver de dir.

—No m'ho vols dir —va contestar—. No ho fas bé, això, germà. Ets de la família. No hi ha d'haver secrets entre nosaltres.

—No hi ha cap secret.

—Com vulguis. Per tu faràs, Dacó. Però t'ho adverteixo. No pots posar-te d'esquenes a la família, per molt gosset del bisbe que siguis.

Era tard, i l'activitat s'havia anat reduint, i gairebé no se sentien veus. L'aire estava carregat. Es veia llampegar, lluny, en direcció sud. Potser hi hauria tempesta més tard. Un dels llampecs la va il·luminar. Guinidildes s'estava asseguda en una pedra, a menys de cinc passes de nosaltres. També mirava el cel. Quan va veure que l'havíem descoberta es va aixecar.

—Així que sou l'Arnall i el bord Dacó. Us havia vist quan encara éreu nens amb els mocs penjant del nas. No es pot dir que sigueu encara homes de veritat, però potser no us falti gaire. Acabeu d'esquerar-vos i ja d'entrada us fan fer un bon vol.

No ens vam atrevir a dir res. Jo tremolava, perquè els seus ulls eren un parell de fiblons. Guinidildes va assenyalar el cel.

—Són llamps de calor. No faran res. No plourà. Aquesta nit, no.

No vam dir res. Ella es va aixecar.

—Veniu una estona, cadells del Miró. L'óssa caça millor si està prenyada. De fet, sempre espera el millor moment per quedar-se'n, encara que la llavor del mascle ja faci temps que hagi estat espargida per la seva natura. Això no passa amb les dones, però jo ja estic a punt. He esperat un moment com aquest des de fa molt de temps. Quan acabem amb això, me'n tornaré a la meva cova i infantaré un o dos ossalls. No vull saber de qui són. Anem, va.

XVIII

De com s'esdevingué la batalla de la costa de les Vaques, amb la relació de totes les coses importants que s'hi escaigueren i potser d'algunes que no ho són o bé no ho són tant

El dia es va llevar divendres, dia de la fira sisena. Dia sant dels musulmans, el dia en què Crist, el Déu adoptat i l'Home veritable, va patir la passió i va morir immolat a la creu. Dia quart de les idus de juny. Un divendres del dit mes de Sawal, el mes que corria del calendari dels infidels. Ni un núvol al cel, i molts als cors dels homes que havien passat tota la nit vetllant o aguantant un tel de son que era prim com una teranyina. Al final de la foscor, l'estel del gosset semblava immòbil, com si el moviment de totes les esferes del cel s'hagués aturat fins al començament de la batalla. Encara era ben fosc que ja se sentia una remor llunyana de tabals, als quals van respondre de seguida els nostres, que s'havien posat dalt del pas de ronda de les muralles del castell, per escampar el seu so des d'una posició més favorable. Els tambors eren fets amb mitges esferes de coure cobertes amb una pell tibant de cabra, i els timbalers els tocaven amb uns bastons corbats com una banya d'isard. Deien que servien per atemorir l'enemic i per infondre valor als combatents propis, però escoltats en dejú ressonaven en els estómacs buits, i només provocaven neguit.

La Guinidildes ens havia fet fora de la seva tenda així que va notar que s'acostava l'hora de la veritat. Vam sortir a la fresca de la matinada de quatre grapes, buits, cansats i feliços. Jo havia sentit a dir moltes vegades que la continència i la castedat abans de la batalla era una de les virtuts principals del guerrer, i que la saba de la vida que genera la natura dels homes era el contenidor de la seva força i el dipòsit del seu valor. Em vaig consolar pensant que, en el pitjor dels casos, aquest recipient de força i aquest dipòsit de valor no s'havien fet malbé, sinó que havien trobat un molt bon acolliment. A canvi, jo havia pogut tastar uns humors dolcíssims i plaents, dels quals no dubtava que m'infondrien força i coratge, perquè la valentia de la seva propietària era cosa sabuda i demostrada en mil ocasions.

Vaig córrer a ensellar el Colldarnat. A fora, tot eren crits i instruccions de darrera hora. El meu destrer picava nerviós el terra. Ensumava l'aire com si pogués olorar la por que desprenien vint mil homes i cavalls, una por que ho impregnava tot i que jo, que no tenia prou olfacte, també notava d'alguna manera. Havia arribat el seu moment. Li vaig donar un grapat de figues seques, que li agradaven molt, per calmar-lo una mica. Un dels criats de l'ardiaca em va ajudar a vestir. Camisa i calces de lli, noves. Una mitja caputxa, també de lli. Em vaig penjar del coll la bossa de pell on hi havia posat la *Cedula* de Fèlix, i me la vaig fer lligar amb unes vetes entorn del pit. Era un saquet com el que fan servir els caçadors per portar pedra foguera i una mica d'esca, però una mica més gran. El criat em mirava sorprès, però no em va dir res. Després em va posar l'ausberg llarg d'anelles, amb la seva cofa pel cap. Mai no m'acostumaria al seu pes. I uns manegots de cuiro gruixut, de vaca vella, ben lligats amb corretges als braços i a les cames. Les meves botes velles, amb uns esperons de bronze que m'havia regalat l'ardiaca abans de sortir. El casc de ferro amb el nasal, tan ben lligat sota la barbeta que amb prou feines podia obrir la boca. L'espasa me la vaig penjar de l'espatlla esquerra, la posició que m'era més còmoda, tot i que el vell Enecó m'havia dit mil vegades que aquella no era manera cristiana de portar l'espasa. L'escut, una rodella lleugera, de fusta i pell, encerclada per una cinta de ferro.

Em van haver d'ajudar a muntar: tot sol, amb aquell pes que duia al damunt, no hauria pogut. El criat va acabar d'ajustar les corretges de la sella, i la llargada dels estreps, abans de córrer per ajudar un altre cavaller que s'esperava, remugant.

Les forces del bisbe s'aplegaven al voltant d'un penó petit de seda verda amb un crismó brodat amb fil vermell, que portava un noiet de dotze anys, el fill gran del veguer de Torres. Li havien dit que ens acompanyés fins a l'inici de la batalla, però que tornés al campament així que comencés. Ermengol l'ardiaca ens va donar les darreres instruccions abans d'avançar fins al punt de trobada.

—No us refieu mai de la direcció que porten els enemics. Són genets molt àgils, capaços de girar a l'últim moment i agafar-vos amb el cop girat. Aguanteu fins al final. Si us toquen el cavall, estreps fora. No us entretingueu a rematar ferits. No us preocupeu si perdeu els contactes amb els companys. Avanceu en cercles fins a trobar-los una altra vegada. Heu d'estar atents als tocs del corn. Anem. Que Déu us beneeixi. *Deo laudes.*

Totes les forces s'havien concentrat al davant de les muralles del castell. Els exploradors moros del califa, uns jovenets amb la vista com un mirall que anaven corrent a comprovar la disposició de les files dels enemics, havien informat Wàdih. Els pocs cavallers cristians que ajudaven els africans s'havien col·locat al centre, i al davant de tot hi havia els arquers i els llancers, una primera força de xoc. Ja s'hi comptava, amb això. La guerra no és el millor terreny per a les fantasies, que solen sortir malament i donen pas a grans lamentacions. Després d'un breu conciliàbul entre els comtes, Wàdih i els seus capitans ens van fer formar en ordre de batalla. Primer de tot avançarien els peons que tenien arcs llargs i els que portaven piques, les llances altes que se suposava servirien per frenar l'avantguarda de la cavalleria. A banda i banda, els dels arcs romans, o ballestes, que atacarien el centre des dels flancs. No podien estar a primera fila per la dificultat que tenien a l'hora de recarregar l'artefacte, cosa que els convertia en objectius massa vulnerables. Per una vegada, els bisbes van haver de resignar-se i callar, perquè l'església condemnava l'ús dels arcs romans: consideraven que un artefacte en forma de creu no podia ser utilitzat per matar, si més no, amb l'eficàcia amb què ho feien aquelles andròmines. Nosaltres aniríem al mig, desplegats en principi segons les nostres procedències. A la banda de la dreta, si ens posem com si iréssim l'enemic, s'arrengleraven els barcelonins, els osonencs i els penedesencs, sota la direcció de Ramon Borrell. A tocar, els homes de Besalú, amb Tallaferro al davant, que brandava una destral que era gairebé tan gran com ell. El comte Ermengol i els seus tancaven les forces cristianes per l'esquerra. Els petits grupets de cerdans, pallaresos i empordanesos que s'havien apuntat a la festa pel seu compte s'anaven intercalant entre els blocs més grans, i s'havien hagut de sotmetre, gairebé sempre a contracor, a l'autoritat directa dels comtes. Els que lluitàvem sota les ordres de bisbes i abats ens vam posar en una segona línia, que atacaria immediatament després de les primeres envestides.

Mentre el nostre exèrcit anava prenent forma, vèiem com els africans també s'ordenaven, a mitja milla escassa de les nostres posicions, amb un gran bellugueig d'estendards. Sobre el terreny, els moviments preliminars es van realitzar amb una rapidesa notable. Es diria que tothom tenia pressa, perquè la tenalla de l'espera ens tenia a tots els budells recaragolats.

No se sap mai el moment exacte en què comença una batalla. Així que els primers rajos del sol van començar a encendre els rostolls de la plana, nosaltres vam començar a avançar, de primer molt lentament, i de seguida amb una mica més d'aire, de cap als enemics. Els africans, al seu torn, també es movien en la nostra direcció. Pertot se sentien tocs de corn i la remor contínua dels tambors. Les primeres sagetes van començar a caure sobre els que anaven davant, una pluja fina. Ni un crit. Des d'on era podia veure com la nostra avantguarda es protegia amb les rodelles, mentre els tiradors d'arc romà disparaven contra els arquers, que no acabaven d'entendre d'on venien aquelles fletxes pesades i mortals, que eren capaces fins i tot de travessar els escuts fets amb pell de la cabra màgica de la Berberia, que deien que repel·lia les fletxes. Un cavall ferit al coll va arrossegar el genet en la seva agonia, i el va passejar per la terra que encara era de ningú, abans de caure rebentat.

Quan la distància ja va ser massa curta, els nostres arquers es van replegar just al davant d'on esperàvem nosaltres, per permetre als cavallers de l'avantguarda fer el primer atac. Llavors es va aixecar un crit salvatge, estremidor, i mil cavallers es van llançar contra l'enemic, amb les espases roents gràcies al sol vermell del matí. Molts dels nostres no estaven gens acostumats a les batalles grans, on l'organització de les línies d'atac era necessària per ordenar els primers moments, però a partir d'aquell moment les formacions ja no existien. Tots contra tots, sense instruccions ni consignes, només moguts per la fe en la victòria, nedant en la confusió i la pols.

Ermengol l'ardiaca, des d'una posició una mica més avançada, contemplava com anava progressant el combat. Res no permetia saber quin era el resultat, qui prenia avantatge. Era com una dansa, salvatge i violenta, però, vista des de lluny, res no feia pensar que la gent hi moria. De tant en tant, un destrer girava cap a les nostres files, amb un cavaller que, en el seu darrer gest, intentava arrencar-se de l'estómac una llança o cavalcava amb el cap penjant, sostingut només per un tros de pell i tendrums.

Els minuts van passar lentíssims. Els sons de la batalla —renills, ferro, brams de por o de dolor— ens arribaven a onades, segons d'on venia un vent indecís. Quan a Ermengol l'ardiaca li va semblar que ja ens havia arribat el moment propici, va desembeinar la seva espasa. La va aguantar uns moments amb la creu davant del nas, mentre movia els llavis, pregant. Sense girar-se cap a nosaltres, que aguantàvem la respiració i suàvem a raig, ens va cridar.

—Endavant i fortuna, cavallers meus, fills de la santa església d'Urgell. Ens veurem després o en parlarem a l'eternitat, als prats de la glòria divina.

Vam avançar lleugers cap al centre del combat. Vaig resar, una pregària entretallada i temorenca. Molts d'altres també ho feien. Colldarnat ja s'havia tranquil·litzat feia estona, aixi que vam deixar el campament. El notava fort i tens, segur d'ell mateix, confiat que jo el menaria pel bon camí. No podíem anar al galop gaire estona: les pessigades que feien les anelles de l'ausberg en moviment sobre la pell, fins i tot a través de la camisa, eren dolorosíssimes i, al cap d'un parell d'hores, et podien deixar encetat tot el cos.

Pel camí trobàvem les primeres restes de la batalla. Fletxes perdudes que no s'havien clavat enlloc, un escut partit pel mig, bassalets de sang. Una mà de moro, mig colgada al fanguer en què s'estava convertint el camp. Un cavall mig mort, amb els budells enlaire, encara espernegant. Sempre havia temut aquell moment. ¿Qui seria el primer, com l'identificaria, com aconseguiria imposar-me?

Era un llancer que havia aconseguit superar la primera càrrega. M'esperava ajagut a terra, amb la llança apuntant al pit del Colldarnat, i una maça preparada a la mà per aixafar-me el cap tan bon punt jo caigués a terra. No ho va aconseguir. El company que venia a la meva dreta, a qui no vaig poder reconèixer, el va envestir. El llancer es va aixecar, per evitar que el cavall se li tirés a sobre. No va poder arribar lluny, perquè li vaig clavar l'espasa al mig del pit. Em vaig haver d'inclinar sobre la sella per poder-hi arribar. Colldarnat no va fer cas del canvi de pes, i va mantenir la direcció que li marcava amb la pressió de les cuixes. Vaig notar com la fulla li fregava les costelles. Abans no penetrés més endins, la vaig retirar amb una estrebada, fent un petit gir amb el canell per obrir la ferida. El llancer va caure ben llarg a terra. Mort. Omega.

No hi havia ningú a qui donar les gràcies. Vaig continuar avançant, sol, unes cent cinquanta passes, per un barranquet sec. Un genet africà, vestit amb una túnica de cuiro tenyida de groc, lluitava amb un dels nostres, a cops d'espasa. Es movien a poc a poc, com si lluitessin a dins de l'aigua, i feia l'efecte que podrien estar-s'hi hores si no hi havia cap intervenció des de fora. Estaven tan immersos en el seu combat que no em van veure arribar. Vaig deixar l'espasa a la seva beina i vaig agafar la llança que duia penjant de la sella. Vaig picar amb els esperons el Colldarnat, que va avançar ben recte cap als contendents, com si comprengués quina era la meva intenció. Vaig enfonsar la llança als ronyons de l'africà. Anàvem a tanta velocitat que, si no fos pel disc de ferro que hi havia a la base de la punta de la llança, l'hauria travessat de cap a cap, i llavors feines hi hauria per recuperar-la. L'home va caure a terra com un sac, amb un gran sospir.

Mai no hauria suposat que la guerra fos així, tan fàcil, tan previsible. Tot el cansament m'havia desaparegut, i se'm va declarar una erecció incòmoda i absurda, que gairebé no em va deixar fins al final. Sentia un plaer intens cada cop que atacava, una onada lasciva, incomprensible. L'espasa era com una extensió del meu braç, però també, i d'alguna manera ho notava, del meu sexe. No sé quanta gent vaig atacar. Els soldats africans cavalcaven molt bé, tenien uns cavalls que eren lleugers i àgils, de potes fines i aspecte intel·ligent, però a les càrregues amb llança això no era cap avantatge, perquè el que compta en aquestes situacions és el pes, i de seguida vam aprendre a treure profit de les febleses de l'adversari.

Sempre m'havia imaginat que a les batalles hi havia una gran confusió, i que seria fàcil equivocar-se d'adversari i atacar l'aliat. No era pas així. Hi havia prou espai per poder observar i triar, suficient per veure arribar l'enemic i per poder calcular quina seria la seva trajectòria i preparar la defensa. Fins i tot els pocs castellans que lluitaven al bàndol del califa Solimà i del seu general Zawí eren perfectament distingibles. Tot i que anaven equipats igual que nosaltres, pel posat, per la manera que tenien de cavalcar i de moure's pel camp, ja es veia a quin bàndol servien. Els peons ja feia estona que havien fugit de la primera línia. Alguns arquers nostres s'havien refugiat en uns sortints de roca, i des d'allí podien apuntar bé, fins que van ser descoberts i eliminats a cops de llança per un escamot de genets berberiscos.

Al cap d'una estona que no puc precisar, perquè el temps en la guerra s'estira o s'arronsa, però no és mai el temps de la vida en pau, les dues línies en què ens havíem dividit a l'inici de l'atac ja ens havíem fos en una de sola. Vaig poder veure el meu pare en acció, fent anar la seva destral de batalla, temible i devastadora, com havia sentit explicar tantes vegades, sense que m'ho acabés de creure del tot. Vaig veure caure abatuts d'un sol cop quatre o cinc moros, que deixaven aquesta vida amb el cap arrebentat, els ulls sortits i una moquera barrejada amb sang que els rajava pels forats del nas. Miró duia un parell de fletxes clavades a la malla: llançades des de lluny no prenien prou força per travessar la base de cuiro sobre la qual es fixaven les anelles. Quan se li cansava el braç de repartir destralades, prenia l'espasa. L'Arnall, que el cobria, no desmereixia de l'exemple del pare. L'havien ferit amb una fletxa a l'orella, i la sang que ell havia escampat per la cara li donava un aspecte ferotge, de bèstia enfollida. Lluitava com un gat fer, clavava cops amb l'escut, era capaç de clavar una i una altra vegada l'espasa, fins a assegurar-se que no serien capaços de tornar-s'hi.

Pocs africans duien cuirassa; els que la duien eren més lents i anaven enravenats, com pantiganes, pel poc hàbit que en tenien. Però eren, en nombre, molt més que no pas nosaltres, sens dubte, i per cada un bereber que queia esberlat per la força de les nostres espases en sortien del no-res tres de nous, més fers i batallers. Eren de constitució petita, de pell color d'oliva i barbes fetes de quatre pèls, que amb prou feines es percebien. La jornada se'ns feia eterna. El sol s'anava enfilant pel camí del cel, fins a arribar a l'hora sense ombra, i la calor, dins d'aquell quintar de ferro que dúiem al damunt, es feia insuportable. La suor regalimava pel cos i sortia gairebé a raig pels camals de les calces. Però aquestes incomoditats no em podien distreure, perquè a la que badaves una mica ja veies l'ombra fugaç d'un moro disposat a fer-te la pell. No podíem ni parar a pixar, és clar, i quan la bufeta ja no es podia contenir més, m'havia d'alleujar damunt de la sella. Després d'hores de brega, l'olor de sang, de suor covada i de pixum era insofrible. Ens seguien tantes mosques que semblàvem gossos morts.

Vaig enviar una pila de musulmans enemics a disfrutar de les seves donzelles eternes. Potser no tants com m'esperava, però fins a aquell moment no vaig entendre que matar un home, fins i tot quan t'és permès i tens totes les eines necessàries per fer-ho, és més difícil que no sembla, perquè hem de comptar no només amb l'oposició de l'enemic, sinó també amb la ferma voluntat que tenen de partir-te el cap si no vigiles prou, perquè és la seva vida contra la teva. També n'hi havia alguns, tot s'ha de dir, que se n'anaven feliços i amb prou feines oferien resistència, la mínima per no semblar, als ulls del seu Déu, covards o mal disposats per a la guerra santa que amb tant de delit practicaven, amb la qual cosa no serien mereixedors dels beneficis del paradís promès. A més, la major part del temps que ocupa la guerra és un temps perdut a empaitar els enemics, a fugir i a fer tombs sense massa sentit, dirigit només per la confusió. No vaig tenir por. Pensava en la fetilleria de la Llobeta, i n'estava segur de la seva eficàcia.

Però això no treia que cap a migdia tingués una fam de llop i una set que encetava la gola, que a estones em feia veure-hi doble. No havia menjat res des de la matinada, i amb prou feines havia begut una embosta d'aigua que m'havia donat un dels noiets aiguaders que corrien com llebres pel camp de batalla, mirant de fer arribar carabasses plenes d'aigua amb un rajolinet de vinagre als cavallers assedegats. Però ja feia molta estona que no en veia passar cap. M'havien fet un tall a la cama, també, no sé pas qui ni amb què, i havia perdut una mica de sang abans no vaig poder tancar la ferida amb un pegat d'herbes que ja duia preparat per si de cas. Em moria de cansament. Havia perdut de vista els cavallers més coneguts, que havien estat arrossegats per la fúria de la batalla cap a alguna altra banda. Estava com mig marejat, esvaït, em venien basques i no m'era cap consol comprovar que els companys d'armes que anava trobant no tenien pas més bon aspecte que jo, i alguns anaven pel món amb la cara verda, rebotits i congestionats per la calor i l'esgotament, que feien por de veure.

A primera hora de la tarda, quan ja considerava la possibilitat de buscar un amagatall i reposar ni que fos una estona, vaig sentir uns tocs de corn llunyà, que no vaig saber identificar com a nostres. Els moviments que van seguir als avisos van ser de difícil lectura, però el cas és que van desembocar en la nostra victòria. Segons vam poder anar esbrinant després, els genets berberiscos, que havien resistit amb força èxit les nostres escomeses, havien acordat fer una maniobra que els donava molt bons resultats en les seves trifulgues, i que consistia a fer veure que es replegaven, vençuts o delmats, per girar-se de sobte i atacar pels costats als perseguidors, que s'havien refiat i no comptaven trobar-se amb cap resistència i menys encara amb una altra ofensiva oberta. L'aspirant a califa, Solimà l'al-Mustaí, que contemplava amb la seva guàrdia personal els moviments de la batalla des d'un turonet, protegit de la calor per un enorme para-sol groc, va interpretar com a fugida el que només era una argúcia militar. Espantat, i sense ni tan sols esperar a confirmar les seves temences, va ordenar la retirada, perquè de cap manera no volia caure presoner del seu enemic, perquè ja se sap que els circumcisos són cruels en el tracte al vençut i capaços de sotmetre'l als suplicis més grans. Els berberiscos, que no comptaven amb la reacció imprevista de l'al-Mustaí, van pensar-se que havia estat atacat per la rereguarda. El terror pànic es va escampar per les files dels africans, i va començar a córrer la brama de la derrota, que es va encendre com l'esca. Sense tenir gaires més opcions, Zawí va ordenar als seus capitans que organitzessin la retirada del camp de batalla.

Res no hi ha de més lleuger que un exèrcit que fuig: porta ales als peus i no hi ha força humana que sigui capaç de seguir-lo. Quan ens vam adonar del que passava realment, ja era fins i tot massa tard per poder-los empaitar a gust. Només vam aconseguir els ressagats i els malferits, els que s'havien quedat sense cavall, les restes de les brigades d'arquers que procuraven, desconcertats, buscar un amagatall o confondre's amb els difunts. No en vam deixar ni un de mostra, i volíem pensar que s'estimaven més encarar-se amb una mort ràpida que no pas viure arrossegant la vergonya del fracàs. Els tres comtes van quedar una mica fotuts. Esperaven una victòria clara, fonamentada sobre una muntanya d'enemics traspassats, perquè sabien que un enemic fugit i humiliat és pitjor que un enemic mort. Vam resseguir tots els racons dels escenaris de la batalla, recollint els nostres companys nafrats i també els que hi havien deixat la pell i, de passada, punxàvem amb les llances els cossos dels africans que anàvem trobant, per evitar que ens enganyessin sobre la seva condició de cadàvers. Dos dels cavallers del bisbe, Dalmau de Bar i Berenguer de Barguja, van aconseguir el que seria la primera peça del botí: el pal·li de seda groga amb què l'al-Mustaí es protegia del sol, i que no s'havia endut en la seva fugida per culpa de les presses. Com que d'un para-sol com aquell no en farien res, i atesa la gran extensió de teixit, van acordar que en farien tallar camises i perpunts, per entrar tots a Còrdova ben mudats, com si fóssim els emperadors de l'Índia.

Vam passar bona part de la tarda al camp, dipositant els nostres morts dalt d'un carro i procurant d'arroplegar les armes i els arnesos que, en la seva precipitada fugida o bé perquè a l'infern no se'ls podien endur, havien deixat abandonats els africans al mig del pas. El recompte de baixes va ser llarg i complicat. D'entrada, s'havia de triar entre els mahometans enemics i els mahometans que ens eren aliats, i això ho deixàvem als capitans de Wàdih, que més o menys coneixien de vista els seus, i a nosaltres no ens preocupava gens que els enterressin o no, perquè com a pagans i idòlatres que eren, ja no tenien salvació possible i estaven condemnats d'entrada. Vam haver de descartar els morts castellans: n'hi havia una pila i tots s'assemblaven molt a nosaltres, només que tenien les barbes més llargues i descurades i eren, en general, més grassos i apersonats. Amuntegats els cavallers castellans, ens vam concentrar en els nostres, procurant que cada mort tingués al costat tots els seus membres que haguessin pogut perdre en el decurs de la batalla, per facilitar els tràmits de la resurrecció, que s'endevinaven complexos. Ens va fer anar de corcoll el cap del pobre Llarg de Mur, que tenia un tall netíssim al coll, tan ben fet que va provocar una gran admiració. Vam témer que un moro s'hagués endut cap a la Berberia la noble testa del Llarg com a trofeu de guerra, però al final el vam trobar dins d'unes bardisses, no gaire lluny d'on s'esperava el cos dissortat del nostre company, que s'havia batut amb una fúria insòlita i no mereixia tan mala fi, tot i que era una mica fatxenda i estacat, i de vegades carregós.

Amb una mica de paciència vam anar recomponent els companys difunts, fins a comptar-los en nombre de setanta-cinc, entre els quals hi havia bons amics, alguns coneguts i molts d'altres que, gràcies a Déu, no havia tractat en vida, i, per tant, no provocaven tant de dolor a l'hora de d'acomiadar-los. Quedaven, en un racó, una muntereta de membres diversos als quals no havíem pogut atorgar un propietari concret, i vam confiar que Nostre Senyor, amb la seva saviesa infinita, sabria què fer-ne quan arribés el dia del Judici.

Estàvem entretinguts en aquestes malagradoses operacions quan ens va venir a felicitar el pretendent a califa, que havia contemplat la batalla des d'un turonet que hi havia prop del castell, i no m'havia pogut fixar si ho havia fet protegit per un para-sol o bé l'havia seguit a pèl, sota aquella assolellada inclement. Muhàmmad l'al-Mahdí era un home desconcertant, poqueta cosa, que no feia per califa i comanador dels creients. Tenia els cabells llepats i sense vida, uns ulls verds i aquosos, llavis cruels i finíssims, com pintats amb un pinzellet. La veu, en canvi, era fonda i enrogallada, i li ressonava a la caixa del pit com si no hi tingués freixures. Quan va descavalcar vam veure que, a més, tenia unes cametes curtes i esquifides, gairebé d'esguerrat, i amb prou feines ens vam poder aguantar el riure. ¿A aquell homenet grotesc havíem d'ajudar a entronitzar com a rei de tots els musulmans de la Hispània? El califa va besar a la boca els comtes, i després tots els bisbes i abats, que no van poder amagar uns gestos com de mania, que, tot i que van ser discrets, feien molt mal efecte. Estaven del tot fora de lloc, perquè precisament ells es passen el dia intercanviant òsculs i abraçades, amb motiu o sense, i aquella gran i insospitada victòria era excusa més que suficient per dedicar-se a aquelles efusions.

Quan se'n va anar la comitiva califal vam afanyar-nos a donar sepultura als companys caiguts, amb una pena creixent i grans mostres de sentiment. Els capellans van fer oficis fúnebres molt lluïts, plens de lletanies i perfusions. Els homes de Wàdih que havien perdut la vida —i que, en nombre total i proporció foren molts més que no pas els nostres— van ser colgats no gaire lluny del cementiri cristià que havien consagrat el dia abans, en grans rases i amb el cap apuntant a la seva santa ciutat de la Meca. Als nostres enemics els vam deixar estar allà, al mig del camp de batalla, a mercè dels corbs, els gossos salvatges i els voltors que ja començaven a fer tombs per prendre vistes, i no seríem pas nosaltres qui ens prenguéssim la molèstia d'enterrar-los, perquè l'endemà ja ens n'aniríem d'allí i la corrupció dels cossos i la de l'aire que els envoltava no era cosa que ens hagués de preocupar gaire. Quan comencessin a fer pudor de veritat ja estaríem olorant els perfums a llessamí dels jardins ufanosos de la ciutat de Còrdova.

Acomplerts tots els deures de bons cristians envers els morts, vam tornar al campament, per ocupar-nos dels vius. Llagats pel frec metàl·lic de l'ausberg, tocats per fletxes, llançades, cops d'espasa o simples cantalades, qui més qui menys tenia alguna nafra. Els físics que venien amb nosaltres i alguns d'hebreus que havien estat llogats per Wàdih van passar-se hores i més hores netejant, escaldant, cosint i, en alguns casos desesperats, tallant. Feia corprendre sentir els brams de dolor d'aquells homenassos fets i drets que, en veure aparèixer la serra, perdien els tuts i el món de vista, i els havien d'adormir amb pols de roella i infusions d'agàric. A mi només em van haver de cosir el tall de la cama, que no era lleig i que, a més, em deixaria una cicatriu ben bonica i ben situada per al record, que podria ensenyar als futurs descreguts per donar fe de la meva participació en la batalla que, sense ser heroica, bé es podria qualificar com a honrosa.

Com que, a més, ben aviat esperàvem cobrar els mancusos estipulats, veure'ns rics i victoriosos ens conhortava de tots els dolors i les molèsties corporals. Cruixits i masegats, però perfumats i amb roba neta, després d'un sopar que ens va semblar digne del palau del rei Nabucodonosor, vam dormir d'una tirada, com criatures de pit, sense esma de dedicar-nos a més platxèries ni celebracions, que prou que ens vagaria.

XVIIII

On es parla de la rebuda i primeres activitats que vam tenir a la famosa i rica ciutat de Còrdova, la perla del món, amb d'altres notícies que tal vegada siguin dignes de ser relatades

L'endemà ens vam llevar sense pressa per desmuntar el campament. No hi havia cap perill: els exploradors havien confirmat que l'exèrcit de Solimà s'havia dividit en dos grups. El primer, amb el califa pretendent, s'havia dirigit cap al palau de Zahira, que és als afores de la capital, per recollir família, queviures i estalvis i fugir després cap a l'exili. Els africans del general Zawí se n'havien anat al sud, en direcció a la costa d'Almeria, on potser s'embarcarien cap a la Berberia. Aquestes notícies felices em van acabar de tranquil·litzar, perquè des que es va acabar la batalla, jo tenia el pressentiment que tornarien a la impensada per caure sobre nosaltres, que estaríem refiats, distrets i amb la guàrdia baixa, i llavors sí que seríem pell.

Ens vam llevar tard, amb el sol ben alt. Tothom, qui més qui menys, caminava amb les cames obertes, mig escaldats, i a tots ens feia un mal horrorós la carcanada i les carns, com si ens haguéssim esbalçat per una torrentada. Vam deixar que els mulers i els peons s'encarreguessin de la part principal de la feina, que nosaltres ja havíem fet prou. No vam voler escoltar les seves protestes ni les seves paraules mastegades, perquè prou feines teníem a guarnir-nos de la millor manera que podíem per fer una bona entrada a Còrdova. Botit com un paó per la victòria, em vaig treure llustre a les botes amb llard, i em vaig posar el perpunt que havien tallat a partir del parasol del desgraciat Solimà, a qui Déu tombi d'un vent de podriment. En van sortir una dotzena de peces molt elegants i de bona caiguda, i els cavallers del bisbe que les portàvem semblàvem un vol d'oriols presumits, entre el groc de la seda i el negre d'ala de corb de les cuirasses de cuiro tenyit i dels ferros d'armes, que havíem deixat ben lluents i nets de sang quallada, pelleringues i tofes de pèls. Abans de marxar els bisbes i els clergues van insistir que calia fer una missa d'acció de gràcies, que no es podia ser malagraït, i menys encara després d'aquella claríssima manifestació del favor divinal. Així, van improvisar la missa, amb tots els bisbes vestits de pontifical, que feien goig de veure. Com que els soldats tenien ganes de fer via, es van haver d'afanyar per dir-la ben de pressa i sense deixar-se ni una jaculatòria, però el cert és que tots la vam escoltar amb devoció perquè no fos dit.

De la costa dels Bous —o de les Vaques, que mai no vam acabar de saber ben bé com es deia el lloc— fins a

Còrdova s'hi posaven tres hores, que vam fer en només dues, tanta era la fal·lera que teníem tots plegats per arribar-hi. El primer de tots a voler entrar era el califa al-Mahdí, que veuria recompensada la seva fortuna amb una passejada triomfal per la capital, i una pregària pública a la seva mesquita major segellaria la victòria sobre l'indigne pretendent i els seus aliats, els pudents africans, que ara fugien com a llebres, plens de vergonya. A Còrdova cobraríem tot el que se'ns devia, i a més gaudiríem del dret de botí sobre les propietats dels berberiscos, tal i com havia estat estipulat a Medinaceli, cosa que suposàvem que ens faria més rics, perquè encara no sabíem que els africans berberiscos que havíem de saquejar eren un poble sense gaire quimera pels diners o per les joies. Si vols fer feliç un africà, regala-li una cabra, deien els musulmans àrabs.

Durant el viatge vaig fer per manera d'acostar-me a Ermengol l'ardiaca. Jo encara duia la *Cedula* al pit, roent com un carbuncle, i no veia el moment en què em deslliurés d'aquella càrrega; vaig pensar que potser després de la victòria seria el moment propici per realitzar el traspàs, si és que la incertesa del resultat havia estat el motiu de la seva reserva primera. No vaig poder dir-li res. Quan em vaig posar a la seva alçada, em va clavar la seva mirada, més punyent que cent sagetes. Ja quedava clar que tampoc no seria el moment, i, a més, ho va fermar amb un gest amb la mà, que volia dir que m'estigués tranquil, que tot tenia la seva raó i el seu dia, i jo vaig tornar al meu lloc, amb el cap cot, sense entendre res, i pensant que les grans responsabilitats dels prohoms els fan afluixar en el tracte als subordinats directes. I ja era un llast prou gran dur aquell tresor sense poder compartir-lo amb ningú, quan qui m'havia donat les ordres semblava desentendre-se'n o bé esperar alguna circumstància especial que, pobre de mi, se m'escapava.

Posat en aquestos i en d'altres pensaments, gairebé no me'n vaig adonar que ja arribàvem. Quan la ciutat de Còrdova, que de primer quedava lluny, desdibuixada entre calitges, se'ns va acabar per aclarir, una onada d'ahs i d'ohs va recórrer les nostres files. Els vam reprimir de seguida perquè la morisma que omplia les vores del camí per veure'ns passar no notés gaire la nostra admiració. Era un mar de teulades, amb mil mesquites que apuntaven les seves torres dretíssimes al cel, i totes tenien la coberta de metalls daurats, que esclataven sota el sol del migdia. Si no era or era un material que s'hi assemblava molt i en feia tot l'efecte, ben lluny dels nostres rústecs llosats de pedra o palla, que ja començàvem a enyorar. Com que ens havien fet fer una volta per poder entrar a la ciutat per la porta principal, per no ser totes les portes de categoria igual, vam travessar el riu Guadalquivir per un altre pont de romans, i vaig pensar que si no hagués estat per ells, ens hauríem hagut de mullar un munt de vegades els talibants de la camisa, per haver de travessar rius a gual. Ens vam reagrupar davant de les muralles, en una gran plataforma que vorejava el riu i que utilitzaven els cordovesos per anar a passejar a l'hora foscant, a la fresca, fins a uns molins que hi havia riu avall. Allí ens vam acabar d'arrenglerar per acompanyar el califa a l'alcassaba de la ciutat, on ja l'esperaven els representants de les províncies i dels gremis per jurar-li fidelitat eterna, perquè la notícia de la desfeta de l'indigne al-Mustaí havia arribat ràpida i puntual, la nit abans. El campament l'aixecarien a l'altre extrem del pont, prop d'un gran oratori públic des d'on s'acomiadaven els exèrcits del moro. Vam entrar per la porta del Riu, on hi havia dalt de tot l'estàtua d'una dona, mig rosegada pel temps, que vam suposar que era la de la Mare de Déu, i em vaig quedar parat que aquells pagans no l'haguessin tret d'allí, perquè no suporten les imatges, ni que siguin les d'altri, i vam atribuir a la deixadesa i a la mandra el fet que l'haguessin deixada al seu lloc.

Ens esperava una generació de gent que llançaven pètals de flors i saludaven amb càntics l'al-Mahdí. No em vaig poder estar de pensar com n'és de volàtil la fama dels prínceps, perquè tota aquella multitud entusiasta havia rebut de la mateixa manera el califa deposat, Solimà al-Mustaí, i encara si l'endemà l'al-Mahdí caigués en desgràcia i hagués de fer-se fugitiu, acollirien el nou califa, fos qui fos, amb el mateix tracte, i li jurarien obediència i lleialtat amb uns termes idèntics. Fos com fos, la turba estava contenta, potser no tant per la figura del nou califa —que ja he dit que era lleu i d'escassa presència— sinó per l'esperança que la seva entrada donaria pas a un període de calma i que es deixarien estar de conspiracions i corredisses pels passadissos del palau. Tenien ganes d'una mica d'estabilitat per dedicar-se als seus negocis d'una vegada, sense haver de mirar d'on venia el vent o a qui havien de posar bona cara. A nosaltres ens contemplaven amb una barreja d'admiració, de respecte i de temença.

—Els francs, els francs! —cridaven. Per ells érem els francs, els néts de Carlemany, els mateixos que els van plantar cara en temps de Carles Martell. Però nosaltres ja no sabíem què érem. Francs, potser ja no. Però si ens havien llogat pensant-se que llogaven francs, francs seríem, fins al final.

Així que el califa va entrar a la seva alcassaba per prendre'n possessió, un dels seus visirs va procedir a pagar-nos, perquè els deutes són sagrats i ja feia estona que ho reclamàvem. Així, vam posar-nos a fer cua per rebre els nostres emoluments, guanyats amb sang, suor, esforços singulars i uns sacrificis enormes, quan, si bé es mirava, no en teníem cap necessitat. Mentre m'esperava, vaig percebre que al cap de la cua hi havia un avalot, i arribaven grans veus i una agitació general. La notícia es va anar escampant per la fila: no hi havia diners suficients per pagar tot allò que se'ns devia. Les excuses eren evidents: els tresorers del nou califa havien trobat les caixes del palau ben buides i hauria de passar un temps prudent abans no tornessin a entrar-hi dinars i mancusos. Però el que ens podien pagar en aquell moment no arribava ni a la quarta part del total.

—Ah, no. De cap manera. Això sí que no! Passem-los pel ferro! —n'hi havia que cridaven.

Els disturbis van atreure l'atenció dels comtes i dels bisbes, que en virtut de la seva alta condició no havien de fer cua, com nosaltres, i havien anat a refrescar-se a palau convidats pel califa, que havia fet anar a buscar neu a les muntanyes per preparar aiguamel gelada, que ja era prou curiosa la fal·lera que tenien els moros per menjar gel. Van aparèixer en un balconet de l'alcassaba, amb el general Wàdih, que, des d'allí estant, va intentar calmar els agreujats, amb la promesa que ben aviat es resoldria el problema, i que ho jurava per les barbes del profeta o per alguna santedat similar, que no ho vam acabar d'entendre prou bé.

No pas sense recança, els esvalotats es van anar calmant, en part per les esperances que els havia donat Wàdih i en part també per l'expectativa del pillatge. Les instruccions que teníem eren molt clares, i si no les respectàvem seríem castigats de manera exemplar: només podíem actuar sobre els béns dels africans, i només durant la nit que s'acostava, des del final de l'oració del vespre fins a l'inici de la del matí. Les víctimes futures de la nostra cobdícia vivien sobretot en un parell de barris al nord de la ciutat, i la gran majoria ja havien abandonat Còrdova la nit anterior, en veure-les venir mal dades. Només no se n'havien mogut els impedits, els massa pobres i els que es creien intocables o protegits per la sort. Poca cosa per a les nostres ambicions, però el saqueig era una mena de premi de més a més, i no pas el nostre objectiu primer. Malgrat les previsions, que apuntaven que el botí seria magre i de poca entitat, tots els cavallers ens vam anar animant, com si fóssim infants davant de la promesa d'una llaminadura. Vaig anar a buscar l'Arnall, perquè no em feia cap il·lusió especial dedicar-me a saquejar les cases dels africans, i pensava que si m'afegia al seu grupet si més no m'engrescaria una mica. El vaig trobar amb tota la colla. Havien aconseguit de no sé on un bót de vi dolç i el vam buidar en un parell o tres de rondes.

Per fer temps, algú va proposar que entréssim a la famosa mesquita major, que era molt a prop d'allà on érem. Aquell matí mateix, un enviat de Wàdih ens havia dit que si la volíem visitar amb respecte ho podíem fer, com a fills d'Abraham i aliats del comanador dels creients que érem, sempre que hi anéssim fora de les hores d'oració, però que si mai gosàvem profanar-la amb paraules o accions blasfemes faria empalar els culpables a la porta del mercat, i després els esquarteraria i en llençaria els trossos als gossos dels barris pobres. Sens dubte, Wàdih recordava molt bé la nostra actuació a la mesquita de Medinaceli, perquè els mahometans són memoriosos de mena i els costa de perdonar les ofenses.

Aquestos i d'altres advertiments van fer que entréssim a la gran mesquita amb una mescla de temor i reverència, sabedors que hi retien culte als dimonis, tot i que a Medinaceli no vaig veure res que m'ho pogués confirmar. Ens vam haver de descalçar en un gran pati que donava accés a l'interior, seguint les indicacions d'un negre enorme, que en feia ben bé dos com nosaltres, i que duia una espasa corbada, amb unes lletres d'argent molt ben traçades que resseguien tota la fulla. Molts cavallers pensaven que era una humiliació haver-se de treure les botes, i he de dir que el meu pare es va negar a entrar si no el deixaven passar calçat, que ell ja anava prou bé, i que mai dels mais a cap missa li havien dit cosa semblant, i va estimar-se més de quedar-se fora, renegant en veu baixa contra el profeta i tots els seus circumcisos.

—La puta camella del desert que els va parir a tots plegats! —començava a barrinar, i el vam deixar que s'esplaiés tot sol, per no significar-nos més nosaltres.

Després ens vam haver de rentar mans i peus i cap en unes fonts que rajaven abundosament, i gràcies a Déu que aquí no hi hagué més raons, perquè ens pesaven molt més les ganes i la curiositat d'entrar a la catedral dels sarraïns que no pas totes les inconveniències amb què ens anàvem trobant. Després de les ablucions, ja ens van deixar entrar. Ens van dir que les enormes portes de bronze que vam haver de franquejar venien de la catedral de Narbona, i que eren allí com a botí de guerra, i que de les tres dotzenes de presoners cristians que les van portar a coll des de Narbona fins allí, en dos mesos i mig de penosíssim viatge, només en van arribar vius a destí la meitat, i encara van haver de ser sacrificats per no poder ser recuperats per a res més de bo.

Havíem sentit a dir moltes meravelles d'aquell edifici, que molts consideraven com la construcció més gran del món, que superava en meravelles i tresors els més famosos monuments dels antics, i fins i tot el temple de Jerusalem. Cap de nosaltres no n'havia vist cap altre, amb prou feines només les nostres esglésies, temples humils, fets amb quatre pedres i de poca ambició, de tal manera que no podíem comparar. Bé semblava, però, obra del diable, amb aquelles motllures amb inscripcions que ho omplien tot: només per fer una sola dovella d'un arc secundari caldria un any de feina, i n'hi havia d'incomptables, que ni un exèrcit de mil picapedrers traçuts, en tota una vida de treball continu, serien capaços de realitzar.

Vam passejar per aquell terrible bosc de columnes amb la boca oberta, sense gosar fer cap comentari, cada vegada més insignificants i empetitits. No es veia el final, i els escassos fidels mahometans que en aquella hora hi havia al recinte només feien que augmentar-ne la sensació d'infinitud, perquè semblaven formiguetes entre rostolls. A mesura que avançàvem, jo m'anava trobant més malament. Les arcades que s'entrecreuaven, els jocs de colors, els reflexos dels relleus de guix dels murs, els treballs de fusta dels sostres, tot em queia al damunt, m'empatxava. Hi havia una concentració tan gran de bellesa, que vaig acabar per perdre els sentits, saturat. Una gelosia delicadíssima de pedra marbre filtrava el sol de la tarda i escampava pel paviment mil espurnes de llum. Un tomb al cap, un mareig final, i vaig caure ben llarg a terra, sense que l'intent de recolzar-me en una de les columnes servís de res. L'Arnall i els altres companys es van espantar. Pensaven que potser ens havien enverinat i que jo havia estat el primer a notar-ne els efectes. Em van treure d'allà dins d'una revolada. Un dels metges que tenien la seva consulta al pati de la mesquita va fer l'intent de venir-me a veure, però el van espantar, perquè no se n'acabaven de refiar. Em vaig mig revisco-lar al pati, a l'aire lliure i sota el sol de la tarda, però fins que no em van posar el cap dins d'una de les piques de les ablucions no em vaig recuperar del tot. El meu pare, que ens esperava fora, deia que ell ja tenia raó, de no voler entrar en aquella cova de diables. No vaig fer més esforços del compte per explicar-los el que m'havia passat. Només intentar-ho, vaig llegir tanta alarma en els seus rostres, que ho vaig haver de deixar córrer.

—No res, companys. Alguna cosa que hauré menjat. No patiu —els vaig tranquil·litzar.

L'Arnall i els altres es van arronsar d'espatlles. Els muetzins de la ciutat ja havien començat a fer la seva crida d'oració, puntuals. Havíem de sortir de seguida del recinte i preparar-nos per a la nit.

XX

De les corredisses pels barris d'africans, que seran pàgines plenes de coses que fan venir vergonya i que potser valdria més que no fossin recordades

Després d'aquell meu cobriment de cor, hauria volgut anar-me'n cap al campament a reposar i, de passada, estalviar-me allò del saqueig de les cases dels berberiscos de Còrdova, una acció que ja m'imaginava que no em vindria gaire de gust. Ja n'havia tingut prou, de violències, i no veia la gràcia a una activitat que semblava més cosa de lladregots que no pas de soldats cristians. Però Miró, l'Arnall i els altres companys d'armes de cap manera no van deixar que me n'anés. Insistien, i em deien que el pillatge era llei de guerra, escarment d'enemics i un acte de venjança i record pels amics caiguts, a més d'un complement substanciós a la paga, sempre escassa, del cavaller.

Em vaig haver de quedar amb ells. No volia passar per covard, i potser ja no em vindria d'aquí conèixer qualsevol nou vessant del món de la guerra. A més, volia observar l'Arnall, per poder comprovar fins a quin punt la conversa mantinguda la vigília de la batalla de les Vaques havia estat un rampell o bé un canvi d'actitud. Els carrers eren plens de fidels mahometans que anaven a la mesquita, i de soldats cristians que anaven contracorrent en direcció als barris que ens havien indicat com a niu i refugi dels enemics del califa, sobretot el que en deien del Russafà. No hi havia ni ordres ni consignes: només la prohibició absoluta de no tocar les persones i els béns d'altres súbdits del califa que no fossin els de la facció rebel. Tothom es demanava com seríem capaços de complir aquestes condicions, perquè la pertinença al bàndol dels bons o dels dolents no era cosa que els moros cordovesos portessin pintada a la cara, però tampoc no ens vam posar pedres al fetge, perquè un tracte és un tracte. Ens sentíem —jo ja havia vençut les meves prevencions, endut per l'entusiasme general— forts i poderosos, capaços del que fos. Sort en vam tenir que tot de brigades de soldats de Wàdih, els més malcarats, tenien cura que no entréssim als barris prohibits, i ningú no va gosar desafiar-los.

Quan vam començar a arribar els carrers on teníem permís per entrar, la ràbia i la decepció van esclatar de sobte, com si les haguéssim estat covant des de feia temps. Les cases dels africans eren cases de pobres, i a més la majoria estaven ben buides, i com a molt trobàvem les romanalles d'una fugida precipitada: una capseta que havia contingut joies, peces de roba, mobles massa grans per ser carregats. Això ja ho havíem previst, però no treia ni una engruna de la frustració general. A mesura que la nit avançava el desànim creixia. L'Arnall obria les portes de les cases amb unes furioses puntades de peu. La destral de batalla de Miró, en comptes d'esberlar cranis, rebentava armaris i caixabancs, a la recerca d'amagatalls secrets. En un parell d'hores, jo amb prou feines havia pogut arroplegar quatre rampoines: una llàntia de bronze en forma de coloma, uns ungüentaris de marfil tornejat, una bola de ferro decorada, buida per dins, una trista tupineta plena de monedes de plata, tot curiós però de poc valor.

Pels carrers corrien alguns berberiscos que s'havien amagat als caps de casa o dins de cisternes, esperant que passés el mal temps, i que un cop descoberts eren perseguits amb urc pels nostres. Si no hi podia haver acapte de riqueses, anirien de cacera, que era l'entreteniment habitual dels guerrers. Quan els atrapaven, els tallaven el coll o els obrien el ventre per fer-los agonitzar. Hi havia dotzenes de cossos amuntegats a les cruïlles, enmig de bassals de sang. Era sorprenent la quantitat d'africans que, a despit de l'amenaça certa que es congriava damunt d'ells, no havien volgut anar-se'n, i s'havien quedat per esperar-nos, potser pensant que la seva baraca o bona fortuna els protegiria, o bé confiant que no n'hi hauria per tant. I no hi havia protecció possible davant dels qui no respectaven res, ni l'ordre diví ni les lleis humanes.

A mesura que avançava la nit el botí ja començava a tenir una mica més d'entitat. En una casa que semblava d'amos rics vaig trobar, en un racó, tres gobelets d'aram, molt fins i ben decorats, amb uns peus com de perdiu.

Mentre els posava a la bossa de cuiro on duia les altres troballes, vaig sentir uns grans crits procedents del pati. Vaig treure el cap per la finestra que hi donava. Era una noieta, una criada de la casa, gairebé una nena, que segurament no tenia cap altre lloc on anar, i que tampoc no havia fet cap esforç per amagar-se, com si hagués sabut que seria un intent inútil, una maniobra impossible que només hauria servit per atiar encara més la nostra fúria. L'estaven forçant els homes de la mainada del castlà de Taús, els quals havíem anat trobant ara i adés al llarg de la nit. L'aguantaven i la feien callar entre tres, un altre la penetrava i la resta s'ho mirava fent comentaris grollers. Em vaig quedar paralitzat una bona estona, mirant-los. Hauria d'haver intervingut, però hauria estat un suïcidi. Tot i això, vaig agafar l'espasa, com si anés a desembeinar. L'Arnall, que em va venir a buscar per anar cap a una altra casa, em va posar la mà a l'espatlla per tranquil·litzar-me.

—Quiet, Dacó, quiet. No facis res, no siguis boig. És carn ben morta, ¿que no ho veus?

Ja feia una estona que la noieta no deia res. El cap li penjava, amb un gest estrany, i l'encarregat de tapar-li la boca ja no tenia feina, però els homes continuaven fent cua, com si no els importés. No els importava, és clar.

—Au va, anem, Dacó, passa. Ni te'ls miris —em va dir, mentre m'arrossegava agafat pel braç. Com em va passar durant la batalla de la costa dels Bous, tenia una erecció intensíssima, animal, dolorosa.

A fora, algunes cases cremaven. El ventet fresc que s'havia aixecat amb la matinada arrossegava remolins de guspires i cendres. Vaig desitjar que el foc s'escampés per la ciutat, que Còrdova s'encengués tota, fins als fonaments, que tot aquell món detestable i pudent quedés envoltat de fum i flames, i fos al final un gran mar de brases.

La crida a l'oració va aturar aquella follia. La resplendor dels incendis sobre el cel havia amagat l'arribada de l'alba. M'hauria d'haver fixat que els estels dels Trillons ja havien aparegut al seu lloc al cel, i que en aquella època de l'any la seva aparició marcava la fi de la nit. Vaig sortir esgarrifat del carrer dels africans. Molts cavallers anaven també cap al campament, a dipositar en lloc segur el botí i a descansar després d'una nit que s'havia fet molt llarga per a tothom. Alguns arrossegaven uns baguls enormes, que no es podrien endur cap a casa de cap manera. D'altres passaven silenciosos i discrets, abraçant un sac amb el fruit de la rapinya, com si haguessin trobat en una fornícula a la casa d'un sabater la més santa de les relíquies, el Calze. Un cavaller de Besalú jeia en un portal. Tenia les mans damunt del sexe, intentant de contenir la sangarrera que brollava a batzegades, seguint el ritme dels batecs del cor, cada cop més fluixos. Maleïa, amb un filet de veu i entre sanglots, la puta sarraïna que l'havia acoltellat. Moriria escolat en uns pocs minuts si ningú no l'ajudava. Jo no ho vaig fer.

Vam recórrer els carrers de Còrdova com lladres que érem. A partir d'aquell moment un tel de vergonya ens cobriria a tots plegats, i ja podíem vèncer en mil batalles desiguals que després sempre ensenyaríem la cara més fosca. Mirava els rostres dels que deixaven aquells barris després de la festa de sang i foc i només hi podia llegir una satisfacció primària, animal. Vaig donar el sac del meu botí a l'Arnall. Jo no el volia per res. No tenia cap sentit tornar al campament, on començarien de seguida les baralles pel repartiment i l'evocació de les heroïcitats passades. Sense voler-ho, em vaig anar assabentant d'altres proeses fetes pels meus companys. Uns homes del vescomte de Cardona s'havien menjat davant de tothom el cor i el fetge d'un berberisc, i es passejaven camí del campament amb unes màscares fetes amb sang i tendrums, cridant blasfèmies contra els mahometans i escopint els pocs que es trobaven pel carrer. Algú va llançar un cap de moro dins del pati de la mesquita major, perquè els fidels se'l trobessin en sortir de l'oració. Els que tenien una mica de seny van intentar posar ordre, però de res no servien ni les amenaces ni els advertiments que aquell desbordament es giraria en contra nostre. Qui gosés plantar-los cara era escarnit, i, si insistia, colpejat amb mala idea. Els comtes havien desaparegut, devien estar tancats dins d'alguna de les residències del califa, aliens al que estava passant, o bé mirant-s'ho impotents, perquè ni tan sols la seva intervenció hauria servit de gaire res: tothom tenia el seu lloc en el món i en aquell moment ells n'eren fora, en una altra esfera. Ells eren els prínceps, els ungits, i nosaltres només homes, fets de fang i cendres.

Així que vaig poder, em vaig deslligar d'aquella torrentada de barbàrie. Vaig resseguir carrerons i callisses, on s'anaven obrint tallers i botigues, com si res no hagués passat als barris del nord. Veure aquell esclat de normalitat em va reconfortar una mica. Com havia vist a Tortosa, cada carrer tenia el seu ofici. Així, vaig passar pel dels escrivents, que no era lluny de les aules públiques de l'alcassaba. Davant de cada portal s'hi asseia un home que tenia un taulell de fusta amb tinters sobre els genolls, molt semblant als escriptoris portàtils que havia fet servir a Urgell. Em vaig aturar davant d'un d'ells, per veure com treballava. Els pergamins que feien servir eren de molt bona qualitat, adobats amb molta cura, sense les imperfeccions que tenen els nostres. Segur que en comptes d'aprofitar els corders vells utilitzaven pells de lletons o de vedells encara prenyats. Tenien també una mena de papir, del qual havia sentit a parlar algunes vegades, i que el feien amb draps de cotó i escorces de salze. A Tavèrnoles havien fet algun intent per fabricar-ne, que va fracassar, sense que aconseguissin res més que una pasta apegalosa, que no servia per a res. Amb gestos vaig demanar permís a l'escrivà, per veure si podia agafar-ne una mostra. No em va semblar cap gran cosa, el vaig trobar massa fràgil, amb una textura rugosa que no facilitava gens que el càlem hi corrés prou bé per poder dibuixar les lletres amb precisió, i d'un color massa clar. Havent-hi tants ramats d'ovelles com hi ha pel món, intentar trobar un suport millor és una pura fantasia, una quimera. Amb el poc àrab que recordava, vaig atrevir-me a preguntar per la biblioteca del califa, de la qual havia sentit a dir que era la més gran de l'univers, i on, entre d'altres, s'hi aplegaven tots els llibres que havien escrit els pares filòsofs. El bisbe Sal·la m'havia explicat moltes vegades que un dels somnis del papa Gerbert hauria estat poder-la visitar, perquè sabia que s'hi guardaven obres úniques. Vaig pensar que si hi podia entrar potser seria una illa de saviesa enmig de l'horror, uns moments de consol i tranquil·litat. Portava, és clar, la *Cedula*, i fer-la entrar al santuari dels teòlegs dels musulmans de l'Àndalus potser hauria estat un acte que hauria complagut el pobre bisbe Fèlix, que els coneixia i respectava. L'escrivà va moure el cap, negant. Pel que vaig poder entendre en el romanç esquitxat de paraules de l'àrab amb què em va contestar, en temps de l'al-Mansur la biblioteca havia estat escampada, n'havien cremat molts volums considerats com a perillosos als interessos del ministre, i en aquell moment estava tancada per a gairebé tothom. Només podien passar alguns alfaquins molt escollits que intentaven posar-hi ordre. Però un soldat franc com ara jo, esquitxat de sang i ple de pols, no hi podria entrar mai, per molt d'interès que hi posés.

Vaig donar les gràcies a l'escrivent. Si volia, podia anar als banys públics, em va dir. A tota la ciutat n'hi havia cinc-cents, de cases de banys, i una de les de més anomenada era al final del carrer. Hi podria passar una estona agradable per només un parell de monedes de plata, va afegir. No em va semblar pas malament. Em sentia tan brut i desgraciat que vaig pensar que no seria mala cosa provar-ho, i segur que no hi trobaria cap dels meus companys d'armes. Havia vist tantes coses horribles que necessitava poder treure-m'ho del cap, i de res no serviria demanar el consol de la confessió, perquè els mateixos que m'haurien d'absoldre n'havien estat còmplices principals. Si em rentava a fons el cos, potser em netejaria el cap de tota la brossa, i en sortiria, d'alguna manera, purificat.

L'entrada als banys es feia per una portella baixa, coberta amb un arc fet de maons blaus i vermells que donava de seguida a un tram d'escales fondes. Les parets del passadís que hi havia a continuació, decorades amb algunes columnes i trossos d'estàtues que semblaven antics, regalimaven aigua, que s'hi condensava. Al final hi havia una sala que feia de vestidor. L'home que n'estava encarregat d'entrada es va sorprendre de veure'm, però no va fer cap gest que signifiqués que la meva presència allí fos estranya, ans al contrari. Em vaig despullar del tot. Vaig deixar la roba i les armes en unes poselles de fusta, i fins i tot la bossa on hi havia la *Cedula.* M'era igual. Havia decidit que aquella experiència seria la meva expiació. Em van donar una mena de drap per tapar-me, i un tros de pedra de tacte molt suau, com si fos pedra de guix, més tova i grassa. A partir d'aquell moment, ja no sabia què fer. Només m'havia banyat de cos sencer al riu, al pic de la calor de l'estiu, i a les vigílies de Nadal i Pasqua, quan era a Tost. La senyora Sança sempre insistia que no podíem anar a l'església en dates tan assenyalades fent olor de llana agra. Ermengol el comte parlava sovint de la casa de banys que hi havia a Barcelona, a on anava sempre que podia, i em va semblar recordar que encara n'hi havia d'altres, però no comptava pas que fossin comparables. Havia vist al palau del bisbe la sala on es banyava, que era tan petita i tan fosca que semblava més aviat un lavatori de cadàvers.

L'encarregat dels banys, que va percebre de seguida els meus dubtes, em va indicar amb un cop de cap la bona direcció. Hi havia una primera sala, només il·luminada per un parell de finestretes altes, on em vaig trobar una gran bassa feta d'obra, amb dos homes que es movien dins de l'aigua tèbia, xipollejant amb els peus com un parell de llúdrigues. No vaig gosar posar-m'hi, víctima d'una estranya vergonya. Al fons de l'estança s'hi obria una altra porta, mig tancada. Hi vaig anar. La segona sala era molt més gran. La cobria una cúpula amb tot de finestrals a la base, per on entrava el sol, que donava al vapor que ho omplia tot un aire de clotada a la tardor, plena de retalls de boira esqueixada. El joc de llums recordava en certa manera l'interior de la catedral, quan a punta de dia entrava el sol ixent i llepava els murs emblanquinats, mentre aixecava milions de volves de pols. La comparança que vaig fer entre una casa santa i un establiment dels pagans em va esgarrifar. El paviment era de grans lloses de pedra marbre, de colors diferents, que feien dibuixos. Vaig avançar, vigilant de no relliscar. La piscina era molt més gran que no pas l'altra, i tenia com un sortidor al mig, que brollava d'una estàtua en forma de toro o de lleó. Em va semblar que només hi havia tres o quatre persones dins, no es veia prou bé, estava tot embromat. Vaig deixar el llenç amb què em tapava damunt d'un pedrís que hi havia adossat a la paret, i vaig posar-me dins de l'aigua, a poc a poc. Estava molt calenta i no feia aquella olor podrida de les fonts caldes que havia vist a la muntanya, aquelles que eren escalfades pels focs de l'avern. En un braser que hi havia en un dels extrems de la sala s'hi cremaven fulles de llorer i de timó. M'hi vaig deixar anar. Amb els peus notava com la base de la piscina, que era de terra cuita, cremava. Panxa enlaire, flotava a la manera de les truites borratxes de gamó, gairebé sense ni atrevir-me a respirar. No sé si vaig arribar a dormir. En qualsevol cas, hi vaig passar molta estona. De grat m'hi hauria quedat tot el dia, potser per sempre, però vaig notar que si no sortia a temps de l'aigua m'haurien hagut de pescar amb fitora. Tenia la pell feta una pansa, i una sensació estranya al cos, que era meitat deixadesa i meitat excitació per la novetat de l'experiència.

Vaig anar a buscar la tovalla per eixugar-me. Al pedrís on l'havia deixada hi havia un dels noiets que treballaven als banys. Va fer que l'acompanyés a una capelleta amb un sortidor, separada de la sala principal per una cortina. Em va fer jeure damunt d'una taula, cul enlaire. Em va ensabonar de cap a peus, i va fregar-me tot el cos amb una roba aspra, que semblava que m'anés a encetar tota la pell. Tot i l'energia que hi posava, quan trobava ferides o erosions les tractava amb tota la consideració que mereixien. Quan va acabar, em va fer girar panxa amunt. El noiet que em masegava era jove, molt magre i nerviüt, sense ni una ombra de pèl al cos. Em va començar a sucar la pell amb un oli perfumat. Vaig tancar els ulls al mateix moment en què tornava a sentir la cremor al membre, intensa i insuportable. Em vaig deixar estar de rigideses i prohibicions i ell ho va comprendre de seguida, perquè als sarraïns tot els és permès i no fan problemes d'on no n'hi ha. Però jo sabia que era pecat, el més horrible de tots, el que havia provocat la ruïna de Sodoma, una pluja de sal i de foc. Si mai ho sabien, la llei estipulava que m'havien de castrar, i penjar cap per avall fins que m'arribés la mort i la meva carn corrupta pogués servir només per donar de menjar a les garses. Amb aquestos tractes, jo no els ho diria. I el moret que s'afanyava damunt meu, segur que tampoc em denunciaria davant de l'ardiaca. Seria el nostre secret. No seria un altre Pelagi, que van fer sant per oposar-se al desig sensual del califa. El món era tan brut i tan salvatge que volia aprofitar qualsevol illa de plaer que tingués a l'abast. M'era igual que fos lícit o no. L'única condició era que no em volia convertir en una bèstia. Havia vist i havia provocat massa destrucció com per quedar-me indiferent per sempre, o bé per submergir-me en les formes més primàries de la carnalitat, com si fos un més dels meus companys, que a aquella hora devien estar buscant com desesperats una figa, de lloguer o no, on abocar-hi els humors que carregaven. Tots pensaven que si no eren dipositats en fembra, eren malaguanyats, i que si es quedaven emmagatzemats dins del cos, sense vessament, eren un niu de corrupcions. No hi volia donar més voltes. Vaig quedar-me uns minuts immòbil, sense dir res al noi, mirant els mosaics de la cupuleta del sostre. Discretament, el noi dels banys es va aixecar, es va mig vestir i va desaparèixer, cortina enllà.

Quan vaig sortir ja no hi era. Havien anat arribant més clients, i en un racó de la bassa funcionava una tertúlia força animada. D'altres noiets anaven i venien, el meu potser estava ocupat per alguna altra banda. M'era igual, potser millor, més fàcil, no hauríem de creuar mirades. Després de capbussar-me en la pica d'aigua freda em vaig vestir i me'n vaig anar. No tenia ganes de tornar tot seguit al campament, de manera que vaig comprar una mica de menjar en una parada al carrer, per mirar d'amagar-me una estona més, si podia. Però em sentia malament, la gent em posava mala cara i la canalla m'assenyalava amb el dit i em volia tocar la beina de l'espasot. Jo era un dels francs, anava vestit com un cavaller en peu de guerra i sens dubte era un dels que havia saquejat part de la ciutat, com uns mesos abans havien a fet els castellans, i com sens subte algú altre ho tornaria a fer en el futur. Que es fotin, vaig pensar, quan ja estava ben atabalat per aquella pressió callada. Els seus exèrcits també havien pujat fins a les nostres terres, havien cremat cases i esglésies, i la nostra presència allí era, en certa manera, la torna, el senyal que ja res no tornaria a ser el mateix. Ells havien perdut el control del seu país. Res no justificava que un cop allà ens comportéssim com animals, però jo no ho havia fet. Estava net i ningú no tenia dret d'acusar-me.

—Fas olor de meuca perfumada, Dacó. Ara m'explico d'on véns. Començava a passar ànsia, germanet. Però veig que no has perdut el temps i per això estic content.

La rebuda de l'Arnall, que estava ajagut davant de la seva tenda, mig endormiscat, fou el meu retorn a la realitat. No el vaig veure ni ressentit ni susceptible, com si res no hagués passat. Tot estava tranquil al campament, i res del que s'hi veia feia suposar que aquella nit hi havia hagut una festa de sang i de foc. Hi planava un aire espès de migdiada: el sol queia a plom sobre les tendes, i els cavallers s'estaven a fora, a l'ombra, en camisa i desvagats. N'hi havia que jugaven a bitlles, però la majoria dels homes que veia dormien com cadells. Els comtes i els bisbes no hi eren. Des que van arribar a Còrdova que no havien posat els peus al campament, i això que havien fet parar les tendes com sempre. Els rumors deien que estaven convidats a la medina, i que aquell matí els havien portat a veure els palaus de l'al-Mansur, que eren prop de la ciutat i que havien estat incendiats pels africans, ja feia uns quants anys. D'altres rumors asseguraven que l'expedició no s'havia acabat, que el califa i Wàdih insistien que havíem de sortir a caçar els berberiscos, abans no s'embarquessin cap a l'Àfrica, a les muntanyes del seu país, on podrien reorganitzar-se sense córrer riscos i tornar, més nombrosos i més valents, per imposar una altra vegada la seva llei i el seu candidat. La idea no seduïa a ningú. Ni la perspectiva de més paga i més guanys aconseguia engrescar els cavallers. Molts pensaven que si tornaven ara cap a casa, ho farien enriquits i vius, mentre que embarcar-se en noves bregues era una aventura de resultat incert, una manera temerària de temptar la sort. A més, si volíem encalçar-los hauríem d'anar encara més al sud, en un terreny del tot desconegut, i que segur que no seria tan avinent com el de la costa dels Bous. Els exploradors de Wàdih els tenien localitzats vora el riu d'Aro, en una regió on tenien molts aliats i des d'on esperaven sense perill l'arribada de la flota amb què travessarien l'estret.

La incertesa dels nostres propers moviments ens pesava com un roc. Amb l'arribada de la fresca, l'activitat del campament es va reviscolar, ni que només fos per anar a visitar les tendes convertides en bordells que hi havia plantades a la vora del riu, i que havien sortit com bolets de primavera, en només un dia. El califa havia prohibit el comerç carnal dins de la ciutat, per evitar escàndols, de manera que les meretrius del país i les que seguien l'exèrcit com les puces segueixen els gossos van haver d'improvisar un petit firal, molt semblant al que s'havia instal·lat a Toledo. Així que la brama va córrer, es va formar una processó contínua de guerrers, que hi anaven entusiasmats i cantaires i en tornaven una mica més pobres i potser més tristos.

Les pressions que rebien comtes i bisbes eren molt fortes. Van arribar al campament cap al tard, tibats i seriosos. Es van tancar a la tenda de Tallaferro, d'on no en van sortir en tota la nit. De matinada va arribar un missatger, que portava un ultimàtum escrit de l'al-Mahdí i no va voler esperar resposta. Va transcendir que la situació era complicada. El califa havia insinuat que si no volíem continuar amb la guerra, considerava trencat el compromís i mai no acabaríem de cobrar el que se'ns devia. I això si no ordenava que les tropes de Wàdih ens ataquessin per la rereguarda, perquè la ruptura del contracte ens convertiria una altra vegada en enemics. Alguns homes ja s'impacientaven davant d'aquella indeterminació. Miró es passejava pels grupets de cavallers que comentaven en veu baixa les notícies, cridant:

—No ens ho rumiem més! Marxem demà mateix, fem la feina i tornem al país carregats d'or i de glòria! No ens han de fer por quatre moros pelleringues que no espanten ni una monja jove!

Segons havia transcendit, el comte Ermengol era partidari de trencar amb l'al-Mahdí i tornar de seguida. Havia estat sempre el més reticent a emprendre l'exposició, i la seva postura n'era una conseqüència natural. Un dels seus criats havia revelat que a la seva oposició inicial s'hi havia sumat una premonició, un somni que havia tingut dies enrere i que ara interpretava com l'anunci cert d'un desastre. Ningú més no li feia cas, perquè ja era sabut que Ermengol creia en fetilleries i supersticions, moltes vegades en contra de la santa doctrina de l'església. Ramon Borrell sempre havia dit que si haguéssim de fer cas de senyals i pressentiments no ens aixecaríem mai del jaç. Ell també, i tothom, tenia somnis que auguraven desastres i, l'endemà, d'altres igual d'intensos que anunciaven l'arribada d'una era de felicitat. I després, ni una cosa ni l'altra, res que no pogués venir determinat per l'esforç de cadascú o per l'acció misteriosa de la providència —que no es manifestava a través de somnis, sinó per boca de les escriptures i dels homes sants que les sabien interpretar, que no era matèria fàcil.

El dubte es va fondre amb l'arribada del dia. De la tenda en va sortir Tallaferro, més enèrgic que mai, vestit ja amb l'arnès de batalla. Va començar a donar ordres a tothom amb grans veus i una certa agitació, com si hagués d'anar a apagar foc. Deixaríem Còrdova tan aviat com fos possible. No podíem organitzar una expedició lenta com la que s'havia arrossegat per aquelles planes inacabables, sinó que es tractava d'aconseguir una gran mobilitat, per poder fer jornades llargues i no haver d'estar pendents de trobar sempre el camí més còmode. Els peons i bona part de la impedimenta es quedarien a esperar-nos. Els genets de Wàdih, que acampaven riu amunt, se'ns afegirien de seguida, perquè des de la nit anterior que ja estaven preparats per marxar. Les darreres informacions dels espies deien que el gruix de l'exèrcit de Zawí continuava vora el riu d'Aro, a cinc o sis jornades d'on érem, en un terreny de mullenes i sorrals, a tocar del mar. Eren pocs, perquè una bona part del contingent —els berberiscos de les muntanyes del sud de Granada— s'havia escampat en acabar la batalla.

Vam córrer a buscar el cavall de marxa i el destrer, i a carregar les mules amb el material imprescindible. Dormiríem al ras sempre que fos possible, i no passaríem més de deu dies fora del campament.

El califa, que dirigiria l'expedició, no va voler renunciar a les cerimònies de comiat, perquè eren un dels símbols més sòlids de la seva autoritat, i marxar sense celebrar-les hauria estat considerat com un signe de debilitat o de covardia, i, segons qui ho hagués de judicar, una ofensa a la memòria del profeta. Muhàmmad l'al-Mahdí va congregar el seu exèrcit al gran oratori a l'aire lliure que hi havia al costat del nostre campament. Des d'on érem podíem seguir les lletanies inacabables i un lliurament de gallardets i penons a les divisions de cavallers que es va fer etern, perquè es dividien en brigades de cinquanta soldats i totes havien de tenir la seva banderola pròpia, sense que n'hi hagués prou amb només una per a tots. Al final de l'acte vam sortir, mig marejats per l'espera sota d'un sol rabiüt, de cap a la nostra perdició.

XXI

On es veu com s'acaba aviat la bona vida del soldat acampat i recomença la dels camins

L'hivern va esperar que sortíssim de Còrdova per tornar abans d'hora. El sol se'n va anar així que vam perdre de vista els murs de la ciutat, per donar pas a un cel rúfol, més propi d'octubre que no pas del mes de juny. Tota la tarda va caure una pluja espessa i freda, que ens va deixar entumits. Quan al cap d'un parell d'hores va parar de ploure, es va aixecar un vent tossut de ponent, que ens va eixugar les capes de viatge a canvi de deixar-nos a tots un cruiximent d'ossos que va trigar dies a marxar, fill no desitjat de la humitat i dels moviments dolents de l'aire. S'acostava la festa de Sant Joan, quan el dia venç a la nit, però semblava com si tot l'ordre del món s'hagués trastocat. Vam continuar la marxa per camins relliscosos fins que els cavalls van dir que ja n'hi havia prou. Aquella nit no vam menjar res més que una mica d'aquell pa morisc que és massa pla i massa flonjo, sense crosta, i un plat de cigrons especiats, dels que costen tant de pair. Gairebé no vaig poder dormir, desvetllat per les incomoditats i per la perspectiva d'un futur incert. Hi havia poques hores de nit, i cada jornada ens tornàvem a posar en marxa quan encara era ben fosc.

Fins a arribar a Còrdova no havíem tingut mai por del país que travessàvem, i els pagesos que anàvem trobant ens saludaven amb tebior o amb respecte, però mai amb l'hostilitat sorda dels habitants d'aquelles terres aspres del sud, que no ens deien res i se'ns quedaven plantats dalt d'un marge amb la mirada fixa i desafiant, quan no dibuixaven a l'aire rodes de maleficis amb els braços estesos. No em podia treure del damunt la sensació que eren enemics amb prou feines disfressats, que eren els espies més eficients de l'exèrcit fugitiu. El paisatge també era difícil, amb valls trencades, gairebé sense vegetació, i la poca que hi havia era aspra, tot espines. Quan plovia —i aquells dies va ploure sovint— la terra xuclava tota l'aigua que queia, amb la fal·lera d'un mort de set que troba una font al peu del camí.

La marxa era prou ràpida, però els genets cavalcaven tothora en silenci. Estàvem esgotats i qualsevol esforç de més era sobrer. Els relats de batalles antigues que amanien les llargues tirades de camí a la primera part del nostre viatge ja no se sentien per enlloc. Si algú n'explicava alguna, ho feia desmenjadament i d'esma, a batzegades, més per l'obligació de mantenir una aparença de normalitat que no pas per les ganes reals que tenien de dir-les. Només Ermengol el comte, contràriament al que es podria pensar atesa la seva actitud fins a aquell moment, semblava estar en plena forma, més content que resignat i delerós per entrar en combat una altra vegada. Cantava tonades molt velles, que ningú més no recordava, i a mesura que avançàvem se'l veia cada cop més animat i rejovenit. Fins i tot Tallaferro, que era llançat fins a la inconsciència, insolent i amb prou feines temorós de Déu, no les tenia totes, i movia el cap en direcció a tots els punts cardinals com si per qualsevol banda impensada hagués d'aparèixer la nostra desgràcia. Ramon Borrell s'havia tornat mut, i els bisbes es refugiaven en les tirades de jaculatòries i en les seves pregàries interiors per no haver de donar la cara.

Les cabrotes negres, mig salvatges, que véiem enfilades als cingles, eren súcubes que ens vigilaven. El vol baix d'aufranys i de voltors, que esperaven que algun dels nostres cavalls es convertís en un carnús per poderse atipar, aconseguien posar-nos nerviosos, amb aquells cercles obsessius, que repetien cent vegades perquè sabien que, més tard o més d'hora, la mort els aniria a favor. El Negre de Tor va gastar dotzenes de fletxes per abatre'ls o espantar-los, sense poder tocar-ne cap, ell, de qui es deia que era capaç de travessar el cor d'una àliga que volés a cinc-centes passes d'alçada.

Els cristians anàvem a l'avantguarda, només precedits per un centenar d'arquers a cavall, una de les forces especials de Wàdih, que feia d'enllaç amb els exploradors. Hi havia molta por, perquè els congostos per on ens vèiem obligats a passar eren paranys de ratera, d'on no en sortiríem vius si ens trobaven desprevinguts. En alguna ocasió ens van poder avisar a temps: hi havia grups de berberiscos que ens esperaven en alguna tallada, amb provisió de cantals i sagetes. La marrada que llavors havíem de fer ens acabava de desmuntar, perquè significava enfilar-se durant hores per camins precaris, encara més solitaris i perillosos que els que havíem deixat enrere, i que no portaven enlloc, només a erms plens de rocs, a rius sense aigua. En una plana dalt d'una muntanya hi vam veure passar un ramat d'escorpins de la mida d'un pam, als quals vam haver d'aturar amb una barrera de foc. A la baixada, un cavaller del bisbe de Vic va beure aigua d'una font segellada, desobeint els consells d'un dels exploradors que s'hi havia quedat per avisar-nos del perill, i en deu minuts s'havia tornat boig, com si se li hagués menjat l'ànima un dimoni. Treia escuma per la boca i feia veure que parlava en un idioma incomprensible. No el van curar ni els exorcismes ni les sagnies, i el van dur lligat dalt del cavall, fins que la llengua se li va botir de tal manera que va morir ofegat. Vam passar un nit al ras, en un cel negríssim on no s'hi veia cap estrella coneguda. Les poques que es podien percebre estaven desordenades, com si l'esfera que les sostenia s'hagués despenjat de l'esfera superior.

Això va passar el dia abans d'arribar a les envistes del riu d'Aro, festa de Sant Silveri, papa de Roma que fou mort pel general Belisari, segons va dir-nos el bisbe Aeci de Barcelona, que, així que podia, ens il·lustrava amb alguna història pietosa, encara que només fos per distreure'ns i no deixar que ens encaboriéssim amb altres pensaments. El dia es va llevar amb una alba de color groc que va incendiar les pedres blanques del camí i les herbes seques dels ermots que travessàvem. Cap a la mitja tarda vam veure, a la dreta i lluny, la gran roca on van desembarcar els primers moros, els que van matar l'últim rei dels gots, perdut pels seus pecats i per la seva supèrbia. Els homes de Wàdih ens deien que, a l'altra vora, es podia veure la costa de l'Àfrica, i si ens hi fixàvem bé trobàvem un filet de llum bruta a l'altra banda que prou podria pertànyer a aquella terra.

El riu que ens portaria fins al campament berberisc era de curs curt però de molt pendent. Naixia en unes muntanyes que hi havia a una jornada al nord, que portava aigües veloces i fondes de color negre, i no es lliurava al mar com fan els rius que donen a d'altres rius, sinó que quan es disposava a fondre's amb el mar les seves aigües es confonien amb la terra, i la terra amb el mar. Aquesta era la preocupació més gran dels comtes, que s'haurien estimat més un camp obert i net, on els moviments dels exèrcits serien els naturals a l'ordre de batalla. Però els berberiscos prou sabien bé que tindrien molts més avantatges si ens obligaven a atacar-los en terreny de mullenes i sorrals, i de cap manera no es mourien d'allí.

Jo m'hauria estimat més que la flota que els havia d'anar a recollir hagués arribat a temps per endur-se'ls a l'altra banda, i fixava la vista en la marina per veure si hi podia distingir veles. Hauria estat igual. Els enemics ja s'havien resignat a la batalla, i tocaven els tambors sense parar ni un instant, només perquè els sentíssim des de lluny, amb uns ritmes tallats. Alguns dels seus cavallers més atrevits s'acostaven fins a l'abast de les nostres fletxes, per provocar-nos. S'havien pintat tota la cara amb ditades de color vermell i negre, i cavalcaven a pèl, aplanats contra el llom del cavall. Els responíem amb cops de fona i d'arc romà, del tot inútils. Ningú no hauria dit que eren els mateixos soldats que havien fugit confosos com bufots encara no feia una dotzena de dies. S'havien transformat. Eren uns fatxendes, cridaven i ens insultaven en el seu idioma, que cap dels nostres aliats musulmans podia entendre, i prou es notava que estaven convençuts de la seva victòria.

Des del lloc on vam acampar, aquella nit vam provar de fer grans fogueres, per fer veure als africans que nosaltres érem més, que estàvem còmodes, ben instal·lats i sobretot que no els teníem cap por. No hi havia llenya bona enlloc. Els pocs arbres que vam trobar eren de fusta verda, que feien una fumera insuportable, de les que provoquen el plor i la basca. Vam haver d'apagar-les de seguida, perquè el fum ens ofegava.

Al campament dels africans hi havia encesos tot de focs estranys, que omplien la plana d'una resplendor verdosa, més semblant a la dels espectres de llum que es veien de vegades als aiguamolls que no pas a una flama feta per l'home. Llavors algú ens ho va fer veure. Era una festa dels musulmans, la que marcava la nit més curta de l'any, la que nosaltres celebràvem la vetlla del Baptista.

Els comtes i Wàdih havien decidit que començaríem a atacar de seguida, sense esperar l'arribada del dia. Seria millor o, si més no, ens estalviaríem una espera insostenible. Els bisbes van dir una missa trista i apressada, enmig de la fosca i de la remor sorda, amb prou feines perceptible, de mil homes que ploraven en silenci, perquè en aquella hora funesta l'esperança dels soldats era només una brasa petita que s'apagava.

XXII

On és protagonista la batalla del riu Aro, i on es veurà per què tant de bo no ho hagués estat mai

No hi ha dues batalles iguals. La segona no va ser com la primera. Només he estat en dues, i no sé si la tercera serà com la primera o bé d'una altra mena. Potser és que només hi ha dues menes de batalles: les que es guanyen i les que es perden. O totes són la mateixa, una sola batalla d'una sola guerra, i l'únic que canvia són les circumstàncies particulars, els accidents, les contingències. Qui és el que acaba mort, i qui el que torna viu.

Ens vam vestir en silenci. L'ausberg em pesava més que mai, i no vaig trobar en Colldarnat els nervis tensos que el tenien tan alerta el dia de la batalla dels Bous, però no aixecava el cap de terra, i tenia la cua empegada a l'anca, com si l'hi haguessin enganxat amb pega. Després, un cop el vaig muntar, responia com sempre a la brida i al fre, però un pèl tard, amb una espurna de dubte, potser de temença. D'altres cavalls renillaven com mai no ho havien fet. N'hi havia un d'espantat que no es deixava ensellar, i corria davant de les nostres files, sense que ningú no el pogués agafar.

Era ben fosc, i ens va costar d'acostumar-nos a tanta negror. Lluny, encara es percebia la resplendor de les fogueres dels africans, que no només no s'havien apagat, sinó que encara cremaven amb més intensitat. Els seus tambors sonaven forts i amb un ritme del tot diferent. El vent arrossegava el so i el feia rebotar contra les muntanyes del nord. Vam avançar a poc a poc, en direcció al riu. L'havíem de travessar, però els exploradors ens asseguraven que es podia passar pertot arreu a gual. El terreny no deixava que les nostres forces es despleguessin com havia estat previst, i avançàvem desordenats, en grupets, fins que ens vam poder agrupar en un gran replà que hi havia sobre el tram final de la baixada que portava a la ribera. Com va passar a l'altra batalla, als natzarens ens van col·locar al mig. Nosaltres, les forces dels bisbes, esperaríem en una segona línia per donar suport a l'atac de l'avantguarda. Als flancs, els musulmans, disposats en tres línies. Ja no hi havia ni llancers ni foners. Els arquers a cavall no servien de gran cosa amb tan poca llum, i es quedarien a la rereguarda, des d'on intervindrien així que hi hagués una mica de claror.

El comte Ermengol havia passat al davant. Va enfilar-se amb el cavall sobre una roca plana des d'on ens podia veure —intuir, més aviat— a tots. Gairebé no se sentia, perquè tenia una veu que era com un sospir ronc, fet d'un buf d'aire.

—Germans. Tot el que hem viscut fins ara ha estat un regal, un llamp entre bromes de tempesta. Hem de donar gràcies per això, i qui no n'estigui conformat, que es foti. Si lluitem com a cavallers morirem com a herois, i farem que el dia d'avui sigui recordat d'aquí a mil anys. Si no sabem què és la por, potser sabrem què és la victòria. Penediu-vos dels vostres pecats dolents, i recordeu-vos per sempre dels bons.

Va girar cua i va posar el seu destrer al galop. Va travessar tot sol el riu, que era una serp d'oli negre. El van seguir els de la primera línia nostra. Sense ni un crit, només se sentia el soroll dels ferros i del xipolleig de l'aigua. Els cavallers del califa van tardar uns moments a reaccionar, fins que un toc de corn molt breu els va fer avançar.

Els africans de Zawí no estaven formats en disposició de combat. Pel poc que es podia percebre amb aquella poca llum, els genets no s'acabaven d'arrenglerar, i semblava que encara esperaven que es fes més clar. Se'ls volia atacar per sorpresa, perquè no tinguessin temps d'acabar d'organitzar les línies i obligar-los a defensar-se sense ordre i a repèl del nostre avenç. Però a l'altra banda del riu, en un terreny que havia de ser net i pla fins al campament enemic, van començar les dificultats. Els cavalls s'enfonsaven en les mullenes, els costava de tirar endavant, i quan intentaven trobar passos més fàcils ensopegaven amb tot d'estaques clavades al fons. Dotzenes de destrers estripats espernegaven entre els llots que es tenyien de sang. Els genets sortien com podien, de quatre grapes i embolicats amb els budells dels seus cavalls, cridant per fer-se passar la por que els paralitzava. Entre una pluja de fletxes que queien de tot arreu, intentaven, molts cops debades, trobar una nova cavalcadura.

Els africans ens havien estat esperant a nosaltres i no pas a la flota amb la qual havien de fugir. Sabien que acabaríem per empaitar-los. Havien triat bé el terreny i l'havien convertit en un parany, l'escenari perfecte per fer-nos a trossets a tots, encara que fóssim més i ens mogués la cobdícia i el poder. Quan van encendre uns bassals amb betum ens van atacar de cara. Una fumera negra va allargar la nit que ja s'havia començat a fondre. No hi havia corredors per on poder avançar cap a un camp obert, i tampoc no podíem recular costa amunt, on ens haurien caçat a tots. L'única sortida que teníem era baixar per la vora del riu en direcció a la platja, i pregar perquè allà poguéssim refer-nos i mirar de combatre sense trucs, a camp obert, com homes i no pas com dimonis.

Ja des del primer moment vam veure que havíem perdut. No sabíem els detalls, ni la dimensió real de la derrota, ni quans sobreviurien, ni com. Amb prou feines vaig poder lluitar. Ens fèiem nosa els uns als altres, i la confusió dels primers moments havia crescut fins a convertir-se en un tel que ens encegava a tots plegats. Vaig perdre de seguida el contacte amb l'host de l'ardiaca: la darrera imatge que en tinc fou la cara partida del Pere Veguer de Torres, abatut per un tall d'espasa just per sota de la protecció del nas. Anava ben dret dalt del cavall, sense la barra, amb la llengua penjant, i una expressió atònita als ulls, que tal vegada encara eren vius.

Enlloc no es veia ni un penó, ni un senyal, com si els haguessin llençat tots per poder córrer més lleugers. Vaig tenir la sensació que tothom s'havia abandonat a la resignació més covarda, per tenir la certesa terrible que havia arribat el final. Alguns morien sense lluitar, es quedaven ben quiets davant de les espases dels berberiscos, a l'aguait del final, un llamp fi d'acer, amb els ulls tancats, només per estalviar-se l'angoixa de l'espera, potser per poder triar la manera més feliç i ràpida de perdre la vida.

Al cap d'un poca estona em vaig veure envoltat de cavallers que no coneixia, que feien tombs sense sentit a l'entrada de la platja de pedres, i que van ser delmats en irrompre una columna d'africans, tan contents i riallers que es diria que anaven de cacera. No me n'havia adonat, però era a la vora del mar, un mar que era tan negre com el riu.

No sé què va passar. Em vaig despertar panxa enlaire, cobert d'aigua fins a la barbeta. No em podia moure. Havia perdut el casc, i notava que tenia una ferida al front, una bola de foc que s'encenia cada cop que una onada la llepava. El sol era sol de migdia. Els sorolls que se sentien ja no eren sorolls de batalla. S'havia acabat. Corrien genets que cridaven. Algun bram de dolor, un toc de corn, que no era dels nostres. Vaig sentir unes veus per damunt meu. Algú em tirava pedres. No em vaig moure, em vaig fer el mort, no em va costar gens de dissimular, potser vaig tornar a perdre els sentits. Les veus se'n van anar, i al cap d'una estona ja no se sentia res. Vaig intentar aixecar-me. L'ausberg era una llosa, però no podia treure-me'l sense ajuda. No sé com vaig aconseguir posar-me dret. Els que m'havien llançat els rocs volien veure si era viu o no, per considerar si valia la pena baixar a rematar-me. Tenia l'espasa penjada a l'esquena, i si me l'haguessin vista potser s'hi haurien pres la molèstia. Colldarnat era una mica més enllà, ofegat, encastat entre unes roques: només el vaig veure de cua d'ull i no em vaig atrevir a mirar-me'l de cara, perquè era conscient que li havia fallat, que si era mort havia estat per culpa meva, que el seu destí no era just, perquè tots dos en fèiem un, i hauríem d'haver-ho compartit tot. Em va venir a la memòria la fetilleria de la Llobeta, a mil anys i a mil milles de distància. Hi pensava sovint, però aquell dia no havia volgut repenjar-me en el consol que m'oferia. Havia funcionat i estava viu, però jo no havia pogut o no havia sabut complir la meva part del pacte.

Em vaig enfilar com vaig poder per les roques, sense gosar mirar enrere, per no pensar més en el pobre Colldarnat. El pit em feia mal i em costava de respirar. Al pla de la batalla no hi havia rastre d'africans, se n'havien tornat tots al campament, per deixar pas als que venien a buscar els nostres morts. I de morts, prou que n'hi havia. Com si els haguessin sembrat, una escampada immensa.

Mentre corria sense rumb, vaig ensopegar amb una pedra i vaig caure ben llarg a terra. M'ofegava, pantegant com una truita fora de l'aigua. Uns cavallers que no coneixia de res em van treure l'ausberg. Va venir a ajudar-me Pere de Caboet, que era bon sanador. Em van netejar la ferida del cap amb aigua de Sant Cosme i em va posar un pegat d'oli de lluert sobre el cop de sang de les costelles, perquè no tenia pell calenta de conill, que era el millor remei contra aquella mena de patacades. L'oli em coïa com si un llop afamat m'arrenqués el fetge de viu en viu, però l'havia d'aguantar fins que es tornés negre, senyal que ja havia xuclat tot el mal. Potser vaig perdre els sentits. Quan vaig tornar a obrir els ulls hi vaig caure. La *Cedula*. Déu meu, la *Cedula*. Encara la tenia, ben desada dins de la seva bossa, ningú no s'havia molestat a veure què hi portava a dins. S'havia humitejat, però estava tip de rentar pergamins escrits, que s'havien florit o fumat, i la tinta que es feia servir als escriptoris no s'esborrava mai. Em vaig tranquil·litzar; ja l'eixugaria quan pogués posar-me a la vora del foc.

Els africans, abans de retirar-se, havien regirat els cadàvers i fins i tot havien fet una passada pel campament. Buscaven l'or que poguessin dur amagat. A alguns els treien els ausbergs, sobretot els més fins, els dels francs, que eren fets d'escates en comptes d'anelles. També els robaven les espases que de res no havien servit, s'emportaven les bosses planes de cuiro on duien els mancusos de la paga, ben lligades a la cintura, per damunt de la camisa. Dits tallats, també, pels anells de ferro que els berberiscos es penjaven del coll, per fer els seus recomptes i ensenyar-los com a trofeus a les cabres que vivien a les seves muntanyes.

Era l'hora en què els supervivents cuidaven dels morts. Grups de cavallers els anaven retirant del camp, i de la platja, i de dins del riu. Molts no suraven i mai no serien descoberts, perquè caure en una tolla amb un ausberg posat era com fer-ho amb una roda de molí lligada al coll. Els vius no feien pas més bona cara que els difunts que recollien. Als més malferits, als que no podrien ni aixecar-se de terra sense perdre les entranyes, se'ls feia empassar la comunió, se'ls donava una ditada d'oli sant i se'ls deslliurava de més patiments. Sense retrets, sense pensar-hi gaire, i la major part de les vegades amb una mirada d'agraïment. D'altres s'hi resistien, i mossegaven i escopien l'hòstia, perquè no es resignaven a acceptar el que era inevitable. N'hi havia tants que no els podrien enterrar a tots. A dotzenes, a centenars. Aquesta vegada els bisbes no havien fet la providència d'un espai sagrat. No van tenir temps per consagrar-lo, i a més hauria estat percebut com el reconeixement de la impossibilitat de la victòria. Ara ja el tenien, sense necessitat de triar l'emplaçament. Només podrien apilotar els morts, i encabat cobrir-los d'una mà escassa de terra, que se n'aniria avall amb la primera pluja. Després d'aquesta ficció d'enterrament cristià, deixaríem els cossos dels nostres germans a les hienes. No havien vingut de tan lluny per a això, i una sepultura digna era el mínim que se'ls podia oferir a canvi de la nostra pena. Ni això, no tindrien.

Algú va començar a cridar. Havia descobert un cos, el d'Ermengol el comte. No gosava tocar-lo. Vaig veure com un estol de cavallers corrien cap al lloc d'on venien els crits. Entre d'altres, Miró i l'Arnall, que volaven en direcció al punt de la troballa. Eren vius, i jo ja ho sabia, perquè no són de la mena que es deixen matar. Els acompanyaven els seus gossos grisos, els gossos ossers més bons del país d'Urgell, els únics éssers feliços enmig de tanta desolació. Per a ells, tot havia estat una gran cacera, una festa contínua. Duien el morro i les potes tacats de sang, i no vaig voler saber qui l'havia vessada, ells o nosaltres, potser de tots.

Els nostres aliats moros van venir a assegurar-se de la veracitat de la notícia.

—L'Armacund, l'Armacund! —cridaven. Arribaven fins al lloc on jeia el comte, feien uns gestos de dolor com si el mort fos algú de la seva parentela i, tot seguit, tornaven a cuidar-se dels seus, dels quals també n'hi havia legió.

Ermengol era mort i ben mort, i ja tenia la pell color de difunt, de pedra de calç. S'estava panxa enlaire, amb els braços creuats sobre el pit, com si ja l'haguessin presentat per al dol. Els ulls oberts, ben apagats, enfonsats en la cara, perquè havien començat ja el camí de la corrupció, que no té retorn. No se li veia cap ferida aparent, només un filet molt prim de sang que li regalimava pels forats del nas i per les orelles, i la causa de la mort hauria estat un cop molt fort als polsos o al clatell, fet amb l'espasa plana o bé amb una maça sense tall. El comte semblava un sant o un àngel, i tots els que arribaven a la seva presència es senyaven, entre grans plors i lamentacions, perquè la mort d'un príncep deixa orfe el seu poble.

XXIII

De l'amargor de la derrota i de les providències que comporta, i on també es veu com la segona anada a Còrdova fou encara cosa pitjor que la primera

És natural que després d'una batalla els seus protagonistes la vulguin recordar i encara refer, per teixir entre uns i altres un tapís que la representi en tots els seus aspectes, i pugui des d'aquest moment ser evocada una i altra vegada des del començament fins a la mala fi, sense que hi hagi més afegits o amaniments que els de la imaginació que qui ho expliqui hi vulgui posar. Així, la veritat, que sempre pateix a l'hora de repassar fets d'armes, en trauria potser algun benefici.

Això no va ser de cap manera possible amb aquesta batalla del riu d'Aro. Va ser tan confusa que si s'escoltava el testimoni de cadascun dels supervivents es diria que hi va haver tantes batalles com cavallers hi van intervenir, o fins i tot més, perquè els relats canviaven de dalt a baix cada cop que s'explicaven. Tothom tenia els seus propis records, que moltes vegades eren contradictoris i no complementaris amb els del company que tenia a la vora durant la brega. Només es va arribar a un acord en el nombre de caiguts, que havia estat de quatre-cents i trenta. De morts sobre el camp n'hi havia tres-cents i sis, i tota la resta es va suposar que reposaven al fons d'aquelles aigües maleïdes.

Va morir el bisbe de Barcelona, a qui no li van ser de profit les relíquies de santa Apol·lònia que portava, perquè els berberiscos li van rebentar la boca d'una destralada, que feia horror de veure'l. Els dos bisbes que quedaven, Arnulf de Vic i Ot de Girona, en van sortir més morts que vius, tan malferits que va ser com un miracle que arribessin amb un alè de vida a les seves ciutats, només a temps per deixar-hi anar l'ànima, que ja feia temps que maldava per sortir del cos. Ermengol l'ardiaca, aclaparat per la dimensió del daltabaix, va dedicar-se a organitzar els funerals i les absolucions generals, en haver-se convertit de cop i volta en la màxima autoritat eclesiàstica de l'expedició. També va caure Adalbert, fill de Guitart, vescomte de Barcelona, a qui Ramon Borrell considerava com un segon germà petit. Fou un dels darrers morts identificats, i el van treure del mar, verd i rebotit. El comte s'havia submergit en un pou de malenconia, del qual no el van poder treure ni els bons consells dels amics ni els remeis dels físics, que li donaven tot de tònics i coccions que no li feien cap efecte. Tenia només una preocupació, que era pensar com podia endur-se els cossos dels seus germans difunts i del bisbe sense que la corrupció de la carn ho fes impossible, perquè en cap cas no volia deixar-los colgats en país d'infidels. Es va reunir amb els metges i amb l'ardiaca per trobar una solució, que fos factible amb les eines escasses de què disposaven i sobretot que no anés en contra dels preceptes de la fe. No es podien embalsamar els cossos, per no disposar dels olis necessaris i per no estar segurs que la tècnica funcionés, perquè cap dels metges ho havia fet mai i només havien llegit els detalls de la pràctica en llibres. Wàdih, que havia vingut a donar el seu condol, va oferir també la ciència dels metges jueus del califa, i se li va dir que no amb tan poca diplomàcia que va marxar enfadat del campament: molts cavallers pensaven que havia estat ell el responsable de la mort d'Ermengol, en compliment d'aquell jurament antic. Com que no es volien córrer riscos i en cap cas no estarien segurs de l'èxit de l'operació, només hi havia una sortida possible, que era separar els ossos de la carn, i tornar a casa amb la carcanada sola, per desagradable que fos el procediment, però que no faria sinó accelerar el procés que disposa la natura. Com que els ossos eren el producte final de la consumpció de la persona, res no impediria la resurrecció de la carn, un cop arribada l'hora del Judici. Uns pocs voluntaris van dedicar-se a esquarterar els membres, per deixar-los ben nets, i l'ossada acabaria de quedar blanca i raupada després de coure-la tota la nit en aigua de mar barrejada amb cendres. Quan a algú li agafaven basques o desmais, n'entrava un altre per prendre el relleu. En veure el rostre desmanegat dels que havien participat en les operacions, a molts se'ls van passar les ganes que tenien de fer el mateix amb parents i amics. Les vísceres i els músculs es van quedar dins d'un vas fet amb lloses, al mig del camp, cobert per un pessó de rocs, que em va recordar el que hi havia al castell de Montgamastre. Amb l'Arnall ens hi vam quedar una bona estona apilotant-hi més pedres. Sabíem que mai més ningú de nosaltres no hi tornaria, i volíem que en quedés memòria.

Mentre els ossos bullien, l'olor grassa de carn morta ho omplia tot, i s'afegia al nostre desànim per fer un morter de pena i de dolor, que s'anava endurint a mesura que passaven les hores. Abans de marxar, Ramon Borrell va ordenar que el cor d'Ermengol i el d'Adalbert fossin conservats en sal, dins d'uns tupinets. Fetes totes aquestes providències, vam marxar del campament de la vergonya, camí de Còrdova, on recolliríem els peons, la nostra paga i les atzembles, les carregaríem amb el botí i amb el pes amarg de la derrota i, si no hi havia cap altra desgràcia, tornaríem cap a casa.

Durant el camí de tornada vam començar a refer l'episodi de la mort d'Ermengol, del qual, a mesura que en sabíem més coses, més estrany ens resultava. D'entrada, un parell dels nostres cavallers van jurar que el dia de la batalla de les Vaques havien tingut la visió del nostre comte mort, en la mateixa postura i amb les mateixes ferides, però que en veure'l immediatament després ben viu i llest en el combat, no van dir-ne res a ningú per por a escampar mal averany. D'altres van comentar l'esglai que van poder veure en el rostre d'alguns dels berberiscos quan van trobar-se el comte de cara. N'hi havia que refusaven lluitar i fugien quan el veien, horroritzats, fins al punt de llençar les armes i girar cua. Els més atrevits asseguraven que el comte ja havia mort en el decurs de la batalla de les Vaques, però que per designis divins o per alguna fetilleria poderosa, va obtenir la gràcia d'allargar el moment de la seva mort per combatre una mica més de temps al nostre costat. No vam poder treure tot l'entrellat a aquestes notícies singulars, que en res no alteraven el resultat final, però que obrien la porta a considerar-ho com una intervenció de la providència. Ja se sap que Déu Nostro Senyor, amb la seva infinita saviesa, no té cap consideració a l'hora d'enredar-nos i dur-nos per camins tortuosos i poc fressats, plens de confusió i de misteris, com s'ha vist ja moltes vegades i en especial a les batalles importants, on és habitual que al costat de soldats de carn i ossos hi lluitin esperits i aparicions, per ajudar-los en el tràngol o bé com a recordatori de la potència divinal, que de tot és capaç i que prou se'n cuida de recordar-nos-ho quan li sembla. Miró era un compendi d'aquesta mena d'il·lusions, i ens va estar enumerant tots els fets inexplicables amb què s'havia anat trobant al llarg d'una vida dedicada a la guerra: boles de llum que ballaven sobre el camp de batalla, un llop blanc amb una espasa a la boca, les llagues sagnants d'un Crist de fusta la vigília d'un combat.

Submergits en una discussió interminable sobre aquesta i d'altres cabòries, vam refer el camí d'anada, encara més lleugers, amb les ales que posa als peus la pressa, que tanmateix es pot confondre amb l'actitud covarda d'aquell que fuig. Tres dies vam posar en el viatge de retorn, i si no fos pels ferits que no podien cavalcar i els dúiem lligats en una civera dalt de dos cavalls, encara hauríem pogut córrer més. Estàvem precedits en unes hores per les tropes del califa, que s'havien afanyat a volar cap a Còrdova per posar-lo a xopluc a l'alcàsser. Tenien molta por. Als berberiscos, que s'havien replegat per tornar a marxar sobre la capital, i aquesta vegada per quedar-s'hi, un cop el seu candidat, Solimà al-Mustaí, se'ls afegís. I també por a nosaltres, els natzarens, els francs, els que en teoria encara érem els seus aliats. El nostre exèrcit era un senglar ferit al coll, que trauria forces d'on fos per tal de sortir viu de la barrancada on l'havien dut els gossos i les llançades dels caçadors. Contra la voluntat dels prínceps ens havien fet anar a lluitar, més enllà dels pactes que ens lligaven. Havíem perdut, quan ja havíem guanyat i ens sentíem victoriosos. I ens devien diners, molts diners. Anàvem a Còrdova amb la intenció de cobrar-los i després tornar a casa. Res més. Abans de sortir, Ramon Borrell es va veure obligat a parlar-nos.

—Cavallers. No mirem enrere. Recordarem per sempre aquesta data, i els germans que han mort en aquesta terra estranya. Ja no hi podem fer res. Anem a casa, on podrem cuidar dels ferits i honorar els morts. Passarem abans per Còrdova, a trobar-nos amb els companys i a cobrar-nos els deutes. S'ha avançat una ambaixada perquè ho tinguin tot preparat. No hi hauran més excuses. En tres setmanes s'haurà acabat tot, i no hi tornarem. Potser hagi estat un error, o potser no. Amb el temps ho sabrem.

Vam rebre el seu discurs sense entusiasme. Alguns cavallers es removien, inquiets, i no escoltaven les paraules del comte. Estàvem cansats i sense una molla d'ànims. Les arengues ja no servien de res, i com més aviat s'acabés aquell malson, millor. Vam avançar a bon ritme en direcció al nord. Els paisatges que tant ens havien corprès a l'anada no ens feien ara cap efecte. No hi havia ni rastre de berberiscos enfilats als penya-segats, i vam travessar els congostos sense témer res. Venint d'on veníem, ja res no ens podia pertorbar.

L'arribada a Còrdova no em va impressionar una segona vegada. Amb una ja en tenia prou. La capacitat de meravella dels homes té un límit, i jo ja feia temps que l'havia superat. Havia vist molt en només sis setmanes, i amb el que havia vist ja en tindria prou per administrar-ho durant el que em quedés de vida.

Vam arribar al campament a la tarda del dia de la festa del Baptista. Sense bisbes disponibles i sense esma, no vam celebrar-la com era habitual, i això que era festa grossa i de molta devoció, i ens hauria agradat fer l'aigualada, garlandes d'herbes i posar lluminàries, però no ho vam fer, perquè teníem d'altres coses al cap i les notícies no eren pas bones. L'ambaixada no havia tingut cap èxit. El califa volia guanyar temps. No s'havia compromès en cap data per al pagament, i només oferia en contrapartida un augment de les quantitats a percebre. Wàdih, que sabia prou bé com n'era de desgraciada la vida del soldat, i com quedaven de desgastats els exèrcits quan passaven tant de temps sobre el terreny, no semblava gaire conforme amb els tractes de l'al-Mahdí. Però tampoc no gosava contradir-lo, perquè el califa era home que tot el que tenia de petit ho tenia de caparrut, i deien que en veure's entronitzat ja no acceptava bons consells de ningú; així que Wàdih devia pensar que s'emmerdés ell, que per alguna cosa era el que més manava. L'ambaixador, que era l'abat de Sant Benet, home molt prudent, llegit i de món, amb maneres i molt bones paraules, va tornar pessimista. Sabia prou bé que de cap manera no acceptaríem un pagament diferit. La situació del califa, tot i que de moment mantenia el control sobre gairebé tot el país, no era gens bona, i no passaria gaire temps abans no tornés a tenir dificultats per mantenir-se assegut a la trona, perquè els berberiscos li farien la vida impossible així que tornessin a aplegar un exèrcit suficient. L'abat explicava que Wàdih havia fet advertiments al califa que nosaltres ens prendríem molt malament qualsevol dilació en el pagament, i que entraríem a Còrdova en peu de guerra i amb ordres de saqueig sense reserves si no tancàvem els deutes a l'arribada al campament.

I a la porta només ens esperava l'abat, que ja havia deixat de negociar i s'havia posat l'arnès de combat i volia ser el primer a entrar a la ciutat. No hi havia res més a dir ni a negociar. El pacte trencat ens donava permís per fer el que volguéssim, i les ordres eren les de no aturar-nos en la destrucció fins que en tinguéssim prou.

Ens vam afanyar a preparar-nos. Còrdova era tan gran que no tenia prou muralles per encerclar-la tota, i semblava mentida com de vulnerable podia ser la perla del món, com ells en deien. Els moros eren tan creguts i estaven tan convençuts de la seva supremacia que només tenien ben protegida la part de l'alcassaba, i encara amb uns murs que ja s'havien trobat fets, obra antiga de cíclops, de pedres gegants i ben tallades, que amb prou feines havien estat apedaçades pels nouvinguts. Cap de les portes dels barris exteriors seria un obstacle: es podien obrir amb una escopinada. Si no ens acostàvem a la medina, on el califa s'havia fet fort, no tindríem cap oposició. Es diria que ja li anava bé, i molts pensaven que tot estava previst, que a l'al-Mahdí ja li anava bé que el seu poble tastés la fel de l'anarquia, per poder-lo trobar més dòcil l'endemà. Per molt estrany que em semblés aquest raonament, tot el que va passar després els donava la raó, i ara crec que els qui això sostenien tenien tota la raó, perquè els governants que no temen Déu miren només per la salut del seu cul i no pas per la del seu poble. Vaig pensar en el joc d'escacs del pobre comte Ermengol. Érem els elefants, la peça que va recta i destrueix, i no para compte si és casella blanca o negra.

Comparada amb la primera nit de saqueig, la dels barris dels africans, la segona no fou tan horrible, perquè tothom s'ho va prendre com si fos del tot normal: saquejadors i saquejats, cadascú instal·lat en el seu paper, sense protestes ni lamentacions. A tot s'acostuma l'home, i més que res a les petites modificacions de les rutines. A la primera nit de saqueig estàvem ebris per la victòria, mentre que a la segona vam córrer pels carrers de Còrdova enfurits pel dolor de la derrota. No hi havia res a respectar. Totes les mesquites que vam trobar foren profanades, exceptuant-ne la major, que va ser l'única que els soldats de Wàdih van poder protegir amb garanties. Triàvem les cases que es veien més riques, cosa que era difícil, perquè per fora les trobàvem totes iguals, però amb una mica de pràctica vam aprendre a distingir les bones de les que no en trauríem profit, per algun detall que vèiem en les portes, un forrellat ben treballat, una gelosia més fina. Era molt diferent de l'altra vegada, quan resseguíem carrers deserts i cases buides, i actuàvem amb una certa prevenció. Res a veure. Hi trobàvem resistències, propietaris que es revoltaven i als quals havíem d'arrencar una arqueta de marfil o un gerro de plata amb violència, la qual cosa encara ens excitava més. N'hi havia que no estaven interessats a arroplegar més possessions, sinó que anaven a la recerca de carn fresca. Arrencaven les noietes púbers dels braços de les seves mares, i se les enduien per forçar-les, o bé s'estaven de compliments i ho feien davant de la mirada aterrida dels seus pares. Si trobaven resistències no s'ho pensaven dues vegades, amb un tall al canot o una punyalada al cor resolien el conflicte, i llavors llençaven els cossos al carrer, perquè servissin d'exemple i d'escarment, per espantar els vius i estovar-los. Pensaven que no era cosa d'atabalar-se amb qui plantés cara, perquè no es quedarien sense candidates, i n'hi havia que trobaven més plaer a esbudellar que no pas a violar. N'he volgut oblidar els rostres, perquè m'hauria estat molt difícil de poder-los mirar a la cara després. Recordo només gestos, detalls petits, parts de cos sense amo: unes mans de cuiro escanyant un vell, uns peus que jugaven a empènyer carrer avall el cap d'una criatura, una galta esgarrapada. Algú va alliberar un lleó que estava tancat al jardí d'un mercader ric. Va córrer enfollit pels carrers fins que el van caçar a llançades.

Pels carrers corrien tot de dones demanant la pau, i d'altres deien que eren cristianes en terra d'infidels per sol·licitar la misericòrdia dels germans de religió. N'hi havia que llançaven les joies i monedes per la finestra per mirar d'evitar l'entrada dels rapinyaires, i l'única cosa que aconseguien era atiar encara més la seva cobdícia, igual que una criatura que no en té prou amb un tros de bresca i obre tota l'arna.

A estones volia amagar-me, deixar enrere aquell esclat de bogeria, buscar uns banys oberts, impossibles de trobar en aquella nit terrible, i abandonar-me una altra vegada als seus plaers, que potser per ser prohibits eren tan intensos. En d'altres moments no m'importava seguir el corrent, buscar la companyia de Miró, l'Arnall i tota la seva mainada, on em sentia segur i entre amics. Amb ells em dedicava a rebentar baguls i, si s'esqueia, la closca d'algun propietari repatani, mogut per un anhel de venjança que era tan gran com el del desig, i de compliment molt més senzill. La major part del temps volia fer les dues coses alhora, sense que la meva consciència, ja prou sotraguejada, patís gaire. No vaig voler participar en cap dels jocs de sotmetiment de les pobres dones de les cases per on passàvem, i per sort ningú no em va obligar a fer-ho, i sí que encara puc dir que em van fer cas quan, en algun moment, els vaig obligar a canviar de víctima, o a aconsellar-los que la prenguessin com a esclava en comptes de fer malbé una inversió de futur en un instant de baixos arravataments. No podia fer-hi més, perquè si els portava massa la contrària serien capaços de no tenir en compte vincles ni d'amistat o de família, i encara interpretar malament la meva intervenció. Així em vaig concentrar en la tria d'objectes que valia la pena emportar-nos o no, i els companys em van fer confiança. Havíem d'arroplegar tot allò que fos valuós i de poc pes, o si més no de poca grandària, perquè no seria cosa de travessar l'Àndalus amb tot d'embalums penjant de les mules, que no seria propi d'un exèrcit com cal, perquè semblaríem més mercaders que no pas homes d'armes. Després d'hores de remenar objectes de tota mena, els sentits es saturaven, i no eren capaços de distingir el que era peça bona de les rampoines.

—Dacó, fill de Miró, vine a veure això. ¿Què et sembla? —em consultaven en cas de no acabar-ho de veure clar.

—Al sac, al sac —no dubtava mai, perquè un criteri afinat no admet vacil·lacions.

Tips ja de remenar cases de particulars, vam entrar en una de les mesquites, per pensar que, en justa equivalència, qui volgués arroplegar riqueses al nostre país faria bé de començar i potser acabar per les esglésies, que és l'únic lloc on hi ha joies i argent en bones quantitats, i no pas a les barraques en què vivíem, on amb prou feines hi podríem trobar escudelles de fusta, cobertors pollats i màrfegues donades. En una plaça vam trobar una mesquita gran i d'aspecte ric, i que, misteriosament, encara no havia estat objecte de les atencions dels nostres companys. Les portes, ben tancades i reforçades amb ferramenta, prometien un interior ple de meravelles. Ens va costar un munt de fer-les caure, i tots aquells esforços eren notícia de promeses. En un primer moment ens va decebre, perquè no hi havia ni canelobres ni coses com ara creus o imatges dels sants, que són fetes de materials nobles, i sí molta riquesa gastada en bigues treballades, arcs de pedres de colors i parets escrites, que no ens eren de cap profit, perquè no ens ho podríem endur enlloc. A l'entrada de l'espai més sagrat de les mesquites, que és petit com una latrina, hi havia uns brasers molt bonics, decorats amb molta traça i delicadesa, però Miró va pensar que no ens podíem presentar davant dels parents que ens esperaven amb uns brasers com aquells, que ens els fotrien pel cap i dirien, amb raó, que per portar allò no calia haver-se mogut de casa, que no servien de res i malaguanyat viatge, on havíem perdut tanta joventut i gent valuosa, i això total per arrossegar quatre braserots que refotuda falta que ens feien.

En un dels extrems de la nau d'oració s'obria una portella, que no tenia cap gràcia especial, i quedava mig dissimulada entre dos contraforts. Vaig pensar que potser donava pas a l'escala de l'alminar, i que aprofitaria per enfilar-m'hi per veure els incendis de Còrdova des de les altures i, si m'animava, potser estrafer un inici de cant d'oració que ningú no escoltaria. Sí que hi havia una escaleta, però no conduïa al minaret, sinó a una cambra que era estudi i biblioteca. Els armaris eren plens de llibres escrits en la llengua dels àrabs. Vaig remenar-los per veure si en trobava algun amb llatins o llengua grega, però només hi havia escriptures de moros, aquella feta amb caragols i que mai no vaig aconseguir de llegir prou bé. A la major part dels llibres hi havia dibuixos, que eren cercles o geometries, com si fossin llibres d'astròlegs. Si hagués aparegut amb els braços carregats d'un pilot de llibres de planetes, els companys me'ls haurien fotut pel cap i se n'haurien rigut. En una capsa de fusta negra hi havia uns instruments de bronze per llegir estrelles. Vaig recordar que Sal·la m'havia explicat com el papa Silvestre llegia l'àrab de correguda i que podia fer servir aquella mena d'estris, plens de rodetes i guies, per trobar constel·lacions i endevinar el moviment de les esferes i els planetes. Me'ls vaig endur. Abans de deixar la biblioteca, hi vaig calar foc amb la torxa. No sé per què ho vaig fer, i me'n vaig penedir de seguida, pero hem d'arrossegar els nostres actes i els penediments només serveixen per al recompte final, i no per donar-nos consol en vida. En aquell moment pensava que si no podia endur-me'ls que no fossin per a ningú més. El primer llibre no va calar de seguida, i per un moment vaig pensar que només en sortiria fum. Però en un moment es va encendre tot, i vaig haver de fugir si no em volia rostir allà dins.

L'Arnall em va dir si estava boig, de voler carregar amb aquells ferrots, i va començar a remenar una esfera celestial feta amb unes peces que semblaven cintes de bóta, buscant-li debades la utilitat. Ja no vam tenir temps de discutir gaire cosa més, perquè un genet va recórrer la ciutat fent sonar el corn de Ramon Borrell, amb aquell so greu i ronc que coneixíem prou bé. Havíem de plegar i concentrar-nos a la porta del Pont.

Pel camí vam anar esgarrapant els detalls de les negociacions que hi havia hagut durant la nit. Grups d'alfaquins i ciutadans influents havien anat a suplicar a l'al-Mahdí que ens pagués sense més endarreriments, perquè els francs que voltàvem com fures sense control per tots els carrers de la ciutat érem una plaga insuportable, i que no hi havia capital al món que fos capaç de suportar tres saquejos en un sol any, que ja n'havien estat dos de nostres i un altre anterior, de berberiscos i castellans, tan dolents com nosaltres. Per solucionar-ho, van oferir els diners de les fundacions sagrades que hi havia a la gran mesquita per dotar pobres. Els administradors s'arrencaven els pèls de les barbes, perquè tocar aquell tresor era la pitjor de les ofenses al Profeta, que era el primer amic i protector dels desposseïts, però molt pitjor era tenir mil idòlatres furiosos, blasfemant contra tots els signes de la fe i assedegats d'or i de donzelles. El califa, pressionat per Wàdih, que també volia veure lluny de la ciutat aquella caterva de perills, no va tenir altre remei que accedir-hi. Els visirs que es cuidaven de la hisenda es van concentrar al pati de la mesquita major, on van rebre els baguls plens de les monedes pels pobres. Les van comptar allí i les van traslladar cap a la porta del Pont, on esperàvem que ens paguessin, ben arrenglerats per facilitar les operacions. Fèiem més fila de bandits que no pas de soldats. L'un portava uns canelobres, l'altre duia sota el braç una arqueta de marfil, o un parell de sacs a l'espatlla. Els que havien robat nenes per endur-se-les com a esclaves van ser els darrers a arribar, perquè primer les van portar al campament, que no hauria estat ben rebut que s'haguessin presentat a l'acte de pagament amb les filles dels pagadors. Em van donar un total de seixanta-tres monedes d'or, comptant la primera paga rebuda a Medinaceli. Podria comprar un bon ramat, amb aquella quantitat, cent caps d'ovelles prenyades. Cent cinquanta cabres, o vint-i-cinc vaques. O un parell de destrers, un ausberg d'escata fina i una espasa de combat, i encara en sobraria per pagar i armar un escuder i per comprar els drets sobre un camp de blats o un molí. Mirava els rostres ferotges dels meus companys de cua i els veia amb més cara de guerrers que no pas de pastors.

XXIIII

On es parla de com fou de penós el camí del retorn

Un cop van quedar els comptes clars ja no hi havia excusa per allargar el moment del retorn. Va córrer el rumor que el califa havia fet una darrera proposta a Ramon Borrell, perquè volia tornar a combatre els africans amb el nostre concurs, potser aconsellat per Wàdih, i estava segur que en aquella ocasió el seu Déu, el misericordiós, el sublim, el tot el que se us acudeixi, ens conduiria a tots plegats cap a la victòria, perquè els gossos africans, que siguin maleïts per sempre, no comptaven que seríem capaços de tornar-los a atacar.

El comte havia respost que de cap manera, perquè no estàvem en disposició de combat, i el pacte de Tortosa havia quedat resolt. I sobretot es diu que va negar-s'hi perquè sospitava que la invitació era una mala pensada del general per afeblir-nos encara més, i qui sap si volia aprofitar la nova expedició dels dos exèrcits per atacarnos amb traïdoria, com havien suggerit alguns confidents que li havien anat a vendre —caríssimes, pel que es va dir— aquestes informacions i d'altres de les quals no en va treure cap profit. Tots vam respirar alleujats en conèixer la resposta del comte, de qui patíem pel seu bon criteri, i jo més que cap altre dels meus companys, perquè amb el temps havia anat agafant una quimera creixent contra el general. Estava ben convençut que un home sense ous no estava capacitat per dirigir un exèrcit, perquè ja he dit abans que els testicles són la font de vida i el magatzem de la força, la qual cosa es pot comprovar quan es buiden per unió carnal, que la persona queda com fluixa i sense tremp ni voluntats, fins que la natura torna a omplir el que la natura vessa, que en temps de joventut és només un instant, com prou bé havia pogut experimentar. Per això mateix, qui no té no pot perdre, i igual que un cavall coix no pot ser mai un destrer, un home mutilat en el centre de la seva condició no pot ser un bon conductor d'homes, però sí un feló, i no ens podíem treure del cap la sospita que havia ordenat la mort del comte Ermengol.

Vam aixecar el campament en un parell d'hores, i els esforços més grans es van fer per acomodar dalt de les mules i les atzembles tot el que havíem arroplegat en els dos saquejos, i els cossos en forma de carcanada pelada de comte Ermengol, del bisbe Aeci i del cavaller Arnau, vescomte que hauria estat si el malfat, que no entén de privilegis, no hagués tallat arran tots els seus drets de successió. Tots tres viatjarien dins d'uns bagulets de fustes d'olor amb incrustacions de plata i de vori, que un dels cavallers de Tallaferro havia trobat amagades a la casa d'un mercader dels més rics de la ciutat. Els van lligar amb tota cura a les selles perquè no hi hagués cap escampadissa d'ossos, que, per altra banda, estaven embolicats amb teles de seda. Però els tres morts segur que no es queixarien del tracte rebut. Molt més delicat va ser tenir cura dels ferits. Feines vam tenir per acomodar-los. Hauria estat imperdonable que un cop haguessin superat el pitjor dels tràngols, se'ns morissin pel camí. Però si era llarg i incòmode per als sans, molt pitjor seria per als apedaçats, que eren tants que semblaven una processó d'esguerrats a la recerca de la font dels miracles.

Tot i això, el trajecte que de baixada havíem fet en tres setmanes el vam poder refer en dues, que ni les legions del Cèsar eren capaces d'anar tan de pressa. Els ferits no ens feien alentir el pas, perquè eren els primers que volien tornar a casa, a recuperar-se o, pels que no hi havia esperança, poder morir en pau en terra cristiana, lluny d'idolatries i més a la fresca. Qui estava pitjor era el bisbe Ot de Girona, a qui no hi havia per on agafar, pobre home, i tot ell era una nafra, de cap a peus. Sempre tenia un metge a la vora, de nit i de dia, i si va sobreviure al viatge va ser gràcies a una famosa medicina que en diuen la triaca, que és feta a les terres de Pèrsia amb seixanta-sis plantes i pols de mòmia, tan escassa i d'un preu tan elevat que no n'hi havia per a tots els que la necessitaven, cosa que va aixecar moltes protestes de cavallers que anaven igual de malferits, que deien que havien lluitat amb tanta o més eficàcia que el senyor bisbe i, per tant, tenien dret a rebre les mateixes atencions, o encara més, que pel fet de no ser homes d'església no tenien tan segura la salvació com un pontífex. Però a mesura que els rondinaires morien les seves queixes s'anaven esvaint, amb la qual cosa va anar tornant la tranquil·litat que l'expedició necessitava.

Sense que ens acompanyessin les forces de Wàdih, que s'havien quedat a Còrdova a esperar esdeveniments, havíem d'estar més atents del que podíem. Érem una colla de cavallers rics i cansats, al límit de l'esbufec final, i per això estàvem exposats al bandidatge. No coneixíem el terreny i ens la podien fotre per on volguessin. Així que la guàrdia badava, sortia un escamot de vailets del no-res i ens robaven mules i bagatges, i ens enverinaven l'aigua dels pous posant-hi un gos mort. D'aquesta manera vaig perdre els instruments d'astròleg. Em va saber greu, sobretot perquè el podrit cabrer moro que me'ls va fotre a prop de Saragossa no en trauria cap profit, i els penjaria del sostre de la cova on vivia pensant-se que eren unes remaleïdes relíquies del seu profeta, el de la barba perfumada, el sublim, el senyor dels tres mons.

La tensió i les ganes que teníem tots plegats d'acabar feia que el viatge fos la nostra gran preocupació, l'únic que comptava. No hi havia temps ni per recordar el passat ni per començar a parlar del futur. El ritme a què marxàvem era esgotador, i durant les escasses estones de descans planava sobre el campament un aire pesat, mig de cementiri. Mal moment per tractar de temes delicats, però volia parlar amb l'Arnall dels escacs d'Ermengol.

No sabia com fer-ho, perquè era un tema que fins llavors no havia estat tractat, com si tots dos defugíssim el moment d'encarar-nos-hi. ¿Què era el que passava, quina era la llosa que dúiem tots al damunt? Tampoc no calia ser gaire llest per veure com Ermengol l'ardiaca em defugia tothora. Ara, quan creuàvem mirades hi podia notar un reflex de duresa glaçada que mai abans no li havia trobat, i que em va fer desistir de tornar a plantejar-li la qüestió de la *Cedula*. Volia creure que el desig de mantenir-ho tot en secret era més gran que no pas l'ànsia de llegir-la. Ermengol sabia que un campament de cavallers derrotats no era pas el lloc idoni per a les confidències i els amagatalls. I l'Arnall tampoc no feia cap pas per compartir amb mi el llegat que ens havia fet el comte. Una llosa de silencis, de paraules no dites, de pors, potser de secrets dels quals no n'era partícip.

Al final em vaig decidir, el dia desè de la nostra partida. Per fer una drecera que ens estalviava de passar per Saragossa havíem de travessar l'Ebre a gual. Fou una operació lenta i pesada, perquè vam haver d'improvisar una enraiada de pollancres per poder traslladar els ferits i part de la càrrega, la que no es podia mullar per ser massa delicada. Vam ser dels primers a passar, amb la gran responsabilitat de traginar les caixes amb els ossos sense perdre-les riu avall d'un mal cop d'aigua. No hi va haver cap problema, però fins a mitja tarda no hauria acabat de passar tothom. Després de dinar vaig anar a trobar l'Arnall, que feia la migdiada a l'ombra d'una noguera. Me'l vaig quedar mirant una estona. Dormia com una criatura, i un filet de baves li penjava de la boca. No el vaig despertar, però un tàvec dels rabiüts es va cuidar de mossegar-lo al tou del braç.

—Fotuda sia la pell del boc! —va maleir, mentre s'alçava d'un bot—. És la primera migdiada decent que puc fer en dos mesos i no hi ha manera de dormir-la tranquil.

—T'haguessis fet monjo, tot això que tindries —vaig observar—. Ningú no te'n privaria, perquè és precepte sagrat i manament de Déu.

—Cert. Quan arribem, fes-m'hi pensar, que canviaré de vida, si em perdonen els pecats.

—És la seva feina i no t'ho tindran en compte —vaig respondre—. Però abans no busquis un convent on et vulguin, tenim una feina que hem de fer a mitges.

Va esbossar un somriure fatxenda que no em va agradar gens.

—Els escacs. Ja has trigat prou a parlar-me'n. No haurà estat pas per falta d'oportunitats. ¿O potser no sabies què dir-me'n?

M'esperava, i s'havia posat a la defensiva, com qui espera una bastonada. Començaven les dificultats. Ermengol ja m'havia advertit.

—Ja saps què en volia fer. Els haurem de dur a Sant Egidi. Era el que volia.

Em va aturar en sec.

—Dacó. No corris. Primer haurem de veure què diu el testament. La lletra escrita és el que val, i no pas les paraules, que només són fullaraca seca. Em sorprèn que un escrivent com tu ho dubti.

—Ja ho sé pla bé, el que hi diu, al testament —vaig replicar—. I tu també, Arnall.

—No ho saps. No fins que es proclami. ¿Qui seran els marmessors? Misteri. Ja en parlarem després, germanet. Una mica de paciència. Primer hem de tornar vius a casa, i després ja en parlarem.

No en vam parlar més. Davant dels altres manteníem una ficció de bones relacions, però tots dos sabíem que hi havia entre nosaltres una esquerda vella, que no s'havia obert fins a aquell moment. Cada dia que passava era un dia menys d'angoixes i sentiment, però no podia evitar trobar-me tothora amb l'Arnall i haver-li d'aguantar-li una mirada burleta, fins a arribar a la insolència. Jo em mossegava la llengua i continuava cavalcant.

A les envistes de la plana de Lleida tothom es va veure salvat. Els que havien resseguit totes aquelles terres en les seves expedicions les trobaven familiars i fins i tot acollidores, i van aconseguir encomanar el seu alleujament a la resta de l'expedició. Miró, que coneixia els topants, ens va conduir fins a un gual sobre el Segre, que vam poder travessar amb només tres pams d'aigua.

—Tenim secada a casa —ens va anunciar.

Al fons es començaven a dibuixar les muntanyes blaves, mig amagades per núvols de calor i de tempesta. Aigües amunt de Balaguer, l'expedició es va dividir en dues parts, la que continuava cap a llevant, en direcció a la frontera de la Segarra, i els que anàvem cap al nord. No hi va haver cap comiat. L'endemà travessaríem aquella frontera que no es veia.

Mentre muntàvem el campament vaig creuar-me amb la Guinidildes, que no ens necessitava més i ja se n'anava a la seva bauma. No l'havia trobada més des de la vigília de la primera batalla, com si m'hagués defugit, només l'havia vista de lluny, les dues vegades que vaig anar a buscar-la per veure si havia sobreviscut a les batalles. Sospito que amb l'Arnall es va comportar igual. Se'm va quedar mirant fixament, però amb una ombra de vacil·lació que va donar pas a una mitja rialla, que amb prou feines va poder —o va voler— dissimular. No va haver de dir-me res més: estava prenys, i segur que la Gunidildes era d'aquelles dones que ho sabien de seguida, sense esperar altres manifestacions de la seva natura. Era de justícia, perquè s'ha de dir que nosaltres hi vam posar el més gran interès, sense estalviar ni esforços ni l'entusiasme i bona disposició que el negoci demanava. Ella era l'única persona que tornava de l'Àndalus amb algun profit, que carregava vida en comptes d'arrossegar morts.

XXV

On es parla de la trista arribada a casa, i de dues cerimònies de comiat, una que fou pública i l'altra privada

Ramon Borrell es va quedar amb els que pujàvem cap a Urgell. Va enviar a Barcelona els seus lloctinents i la resta de cavallers, i els va dir que havia d'acompanyar les despulles del seu germà per enterrar-les al costat de les del seu pare. Bernat Tallaferro també es va voler quedar, amb tots els seus cavallers, que tornarien més tard travessant la Cerdanya.

La notícia de la mort del comte s'havia avançat amb els correus. Així que entràvem en un terme, el toc a difunts des del campanar de l'església ens acompanyava, i anunciava a la parròquia següent que ens acostàvem. Ens esperaven a tot arreu: els pagesos agenollats a la vora del camí, les dones, agrupades una mica més enllà, que ploraven com si el mort fos el seu primogènit. Molts de nosaltres ja gairebé havíem oblidat que carregàvem els ossos del comte, perquè no es pot viure contínuament instal·lat en el dolor i a tot t'acostumes, però veure com era d'intensa la pena dels altres ens va fer despertar de la nostra distracció culpable, i a mesura que ens acostàvem a la fi del viatge vam tornar a submergir-nos en la melangia i el llanguiment.

Mentre fèiem nit a Ares, la que seria la darrera de la nostra expedició, va caure una gran tempesta, amb pedra i tot, que va semblar que nevés. Sabíem que seria un temporal dolent, perquè durant la tarda les fulles de les espases es van tornar de color blau. Les tendes amb prou feines suportaven el pes del gel, i vam passar la nit arraulits. No ens va importar, perquè era el nostre mal temps de sempre, i no pas aquelles calorades tan fortes que havíem suportat en terra de moros. L'endemà vam fer el tros de camí que faltava embolicats en boira baixa, que no va voler anar-se'n en tot el dia, malgrat que encara no érem arribats a les idus de juliol. Era l'època de sega, i els blats dels camps només esperaven que una mica de sol els eixugués. Amb les espigues carregades d'aigua, era com si acotessin el cap en senyal de dol. En aquell últim tram del camí totes les campanes de la ribera sonaven a l'hora. Combinades amb aquella boira tossuda, vaig pensar que el dia del judici no seria cosa més lúgubre.

Ermengol l'ardiaca havia suggerit que els funerals es fessin l'endemà mateix de la nostra arribada i a la catedral, per ser la primera i principal església del comtat, capaç d'acollir més gent i més d'acord amb la dignitat del difunt. Ramon Borrell es va imposar i va dir que no, que els farien a l'església de Sant Fèlix del castell de Ciutat, on havia estat enterrat el comte Borrell pare, i tan aviat com arribessin. Volia que la cerimònia fos ràpida, perquè aquell funeral ja feia tres setmanes que durava. Tan aviat com l'enterressin, podria començar el dol d'una vegada. Ermengol va haver de callar, perquè no hi havia res a discutir. Vam arribar a Ciutat a mitja tarda, sota un sol que feia mal i que havia aconseguit vèncer les bromes. L'esplanada del castell era plena de gent que ens havia vingut a rebre. Havíem perdut més de doscents cavallers, gairebé la tercera part dels que havien sortit. Havia corregut la brama de la derrota, però ningú no sabia amb certesa qui havia caigut en combat. A mesura que les famílies reconeixien els supervivents hi havia esclats de joia, i se sentien crits de desesperació quan ja no quedaven més esperances o algú els avançava la resposta al seu neguit.

L'ardiaca va haver de celebrar la cerimònia tot sol. L'estat de salut de Sal·la havia empitjorat molt en aquells dos mesos, i ja no podia ni llevar-se del llit. L'ofici va ser curt, i a dins de l'església només hi van poder entrar la vídua, Ramon Borrell, Bernat Tallaferro i el vescomte Ramon, que s'havia quedat a Urgell per garantir-ne la defensa. El fill, Ermengol el segon, tenia només set mesos, i era al castell amb la seva dida. Els ossos del comte van ser dipositats al vas que hi havia sota de l'altar. El sagristà que els va enterrar va dir que l'olor de les fustes de la caixa els havia impregnat, i que la comtessa, que els volia tocar abans de colgar-los, va tenir un cobriment de cor.

A la porta del temple Ramon Borrell va anunciar que la proclamació sacramental del testament del comte es faria l'endemà, a l'església de Santa Eulàlia, com establien els costums. Després d'això ja no hi havia res més a fer. Ni més celebracions, ni més cerimònies de comiat. Tothom cap a casa.

Ermengol no va perdre ni un moment per baixar fins a la ciutat d'Urgell amb la seva mainada. Vam cavalcar com si ens tornessin a empaitar els africans de Zawí. A la porta del palau ens esperava el levita Ranemir. Ermengol va ser el primer a descavalcar, i li va donar el bes del retrobament. A cau d'orella, el levita li va estar parlant una estona llarga, més llarga del que hauria estat només una simple salutació de benvinguda. Ermengol tenia els ulls tancats i movia el cap, molt lentament. Quan Ranemir va acabar, li va posar les mans sobre les espatlles, com per donar-li les gràcies. Ermengol es va quedar plantat uns instants al costat del seu cavall, fins que em va cridar.

—Dacó, fill. Vine, és l'hora. Ara sí.

Vaig saltar del cavall. Ranemir havia obert la porta del palau i ens esperava, impacient. Vam passar pel pati. Semblava tan poca cosa, comparat amb el que havíem pogut veure. Hi planava un silenci que em va semblar estrany. A mitja escala, Ermengol es va aturar.

—La *Cedula,* Dacó. Treu-la de l'amagatall.

Vaig buscar la bossa on la duia. Quan la vaig obrir, em va sorprendre el poc pes que feia. Les cobertes, que eren d'un pergamí gruixut i groller, estaven arrugades i resseques, amb un tacte aspre que no em va agradar gens. Vaig donar el quadernet a Ermengol, que el va obrir amb tota cura. L'enquadernació va cedir amb un grinyol. Una polseta fosca va caure a terra.

Déu del cel, Déu misericordiós. L'aigua. Durant la batalla del riu d'Aro la *Cedula* es va mullar, quan vaig caure al mar. Així que vaig poder vaig eixugar el llibret amb tota cura, a prop del foc, com havia vist fer tantes vegades. No hauria d'haver passat res, tant el pergamí com la tinta aguanten una remullada sense patir-hi gens ni mica. Llavors ho vaig entendre. Fèlix, en el seu captiveri, segurament no va tenir accés a la mateixa tinta que fèiem servir als escriptoris, i havia hagut d'escriure la seva obra final amb una tinta de flor de ferro. Potser no era fàcil d'elaborar, però els ingredients es podien trobar sense problemes en una cuina, i amb un petit suborn, obtenir tota la tinta que necessités. Havia vist tintes fetes amb bolets, amb clara d'ou i mel, i la que utilitzàvem sempre es feia amb goma aràbiga i escorça de roure cucada. Però aquella tinta agafava rovell amb la humitat, i un cop el metall amb què era feta es corrompia s'ho menjava tot. Ho hauria d'haver previst, però que Fèlix hagués utilitzat una tinta poc habitual escapava a qualsevol suposició. Fos com fos, la *Cedula* era il·legible. El pergamí havia desaparegut en moltes parts, i en d'altres havia quedat reduït a una pelleta fosca, tan prima i fràgil que només de tocar-la ja es desfeia. La major part del llibret el tenia esmicolat al fons de la bossa. Només es podien llegir bé algunes lletres i unes poques paraules esparses, als marges interiors, que de res no servien sense la seva continuació. Aquells petits fragments només recordaven que allà on amb prou feines es mig llegia un mot hi havia hagut una obra sencera, d'una profunditat i d'una bellesa tan grans que feien insuportable el pensar que mai més no es podria recuperar. La *Cedula* s'havia perdut, definitivament i per sempre, i jo era el responsable absolut de la seva desaparició, el culpable d'una desgràcia que no tenia reparació possible. El món em va caure al damunt, i la constatació del desastre em va deixar sense respiració, com si m'haguessin picat a l'estómac amb una maça. Havia comès uns pecats horrorosos per recuperar el llibret, i ara el pecat de l'orgull i la confiança, que eren venials i de poca categoria comparats amb els altres, me l'havien pres.

Ermengol va comprendre de seguida què era el que havia passat. Em va posar una mà a l'espatlla.

—Dacó. Tranquil·litza't. Ha estat la voluntat de Déu. Nosaltres només som els seus instruments. Si algú n'ha tingut culpa, he estat jo. Si te l'hagués acceptat quan me'l vas portar, potser això no hauria passat. Però no ho sabrem mai. Cada dia prenem mil decisions diferents, i cada decisió que rebutgem ens obriria la porta a una vida nova. Però hi ha una força superior que ens acompanya i ens ajuda a cada cruïlla, i així tot té el seu lloc en el pla de la providència. No t'hi facis mala sang.

Va mirar Ranemir, que esperava impacient al cap de l'escala.

—Ens hem d'afanyar. Sal·la és a punt de morir. Vés a buscar l'altre llibre, el del monjo. Corre.

Vaig saltar escales avall. El llibre de l'Apocalipsi havia fet tot el camí a lloms d'un dels matxos d'Ermengol, ben protegit dels perills del viatge. L'enemic del nostre bisbe sant havia acabat triomfant, dos segles més tard. Amb els ulls plens de llàgrimes, el vaig desembolicar i me'l vaig endur cap al palau. Ja no entenia res.

Quan vaig entrar a la cambra de Sal·la, Ermengol estava agenollat vora el capçal del llit. Havia agafat la mà del bisbe, una mà petita de nen que era ja la mà d'un mort. Sal·la era l'ombra d'una ombra, un esperit amb només un tel de carn.

—No parleu, oncle, no parleu.

Però la veu del bisbe no era la d'un agonitzant, i hi havia posat les poques energies que li quedaven per ferse sentir.

—Ermengol, fill. Has tornat.

—Ha estat gràcies a les vostres pregàries, oncle, i a la voluntat de Déu.

Sal·la va emetre una ranera, un alè de mort.

—No em facis patir més. ¿Heu portat la *Cedula*?

—Sí. Dacó l'ha trobada. No ha estat fàcil.

Sal·la va alçar els braços, com si es volgués abraçar a Ermengol.

—Vull tocar-la. Que Déu el beneeixi.

Ja no hi veia, la malaltia l'havia tornat cec. Llavors ho vaig entendre. Sal·la coneixia perfectament tots els llibres de la biblioteca de la catedral. Si li haguéssim portat qualsevol altre volum, potser l'hauria reconegut. El de l'Apocalipsi era nou per a ell. Ermengol me'l va agafar i el va acostar a les mans del bisbe. A poc a poc, el va deixar sobre el ventre. Sal·la el va palpar, ansiós. S'aturava en les costures de l'enquadernació, en comprovava el gruix que feia, fins i tot intentava olorar-lo.

—És llibre gran. Pesa massa per a un vell que es mor.

—El bisbe Fèlix va escriure la *Cedula* als marges d'aquest volum on hi ha els sermons de sant Agustí, oncle, i també hi trobem d'altres escrits dels pares. En total, són només unes poques pàgines, però plenes de llum i de saviesa. De seguida les copiarem en la vitel·la més blanca que trobem.

Ermengol va obrir el llibre a l'atzar. A la pàgina escollida hi havia la miniatura de la puta de Babilònia, una figura d'ulls de gat que em va torbar quan la vaig veure per primera vegada. Els dits de Sal·la van lliscar ansiosos sobre la pàgina, i notaven els llocs on hi havia les columnes de text, perquè resseguien les ratlles com qui s'ajuda en la lectura.

—Llegiu-me'l. Per favor.

Ermengol em va mirar, i amb la mà va fer un gest perquè m'acostés.

—El començament, només, oncle. Heu de reposar —li va dir.

Vaig canviar de pàgina, per fer veure que me n'anava cap a l'inici. Amb la veu tremolosa, vaig començar a recitar l'introit, l'únic fragment que recordava, i encara a mitges. La resta era material improvisat, una pura invenció.

—Fèlix, en presó, vol redactar aquesta *Cedula* per al consol dels seus deixebles i per l'anhel d'escampar la fe en la veritat —vaig dubtar un moment—. La iniquitat dels homes i la malícia dels temps en què vivim no són propicis per a la lectura de les escriptures i dels textos inspirats, als quals ens hem d'acostar amb l'esperit net d'un infant. El captiveri m'ha donat les forces necessàries per obligar-me a destil·lar el meu pensament en una doctrina que no admeti discussió sempre que sigui contemplada sense rancúnies i amb caritat.

Ermengol em va aturar amb suavitat, mentre retirava el llibre de la falda de Sal·la.

—Dacó, no cal que continuïs. Ja és mort. Que Déu el tingui a la glòria i ens el santifiqui per a la seva església.

Ranemir s'hi va acostar, va apropar l'oïda al pit de Sal·la, i després li va prendre els polsos.

—Ara sí —va confirmar—. Sal·la ha estat vençut pel pes de la mort.

Ermengol, sense perdre temps però amb delicadesa, va agafar l'anell guarnit amb una pedra verda que duia al dit del mig de la mà dreta, per evitar que els rebotiments que acompanyaven el camí de la corrupció ho fessin després més difícil. Mentre se'l guardava en una bosseta que duia penjada al coll, es va adreçar a Ranemir.

—Demà cap al tard anunciarem el traspàs. Tot té el seu temps. Si avui hem enterrat un comte, demà no podem enterrar un bisbe. Demà passat potser sí, i de tota manera llavors ja no hi haurà altre remei. Bon Ranemir, ja podeu començar a preparar-ho tot. Que els criats el rentin de seguida i, sobretot, que jurin que no diran res. I feu ventilar aquesta cambra, que ja put, i no podríem aguantar el secret. Envia algú a Ripoll perquè avisi Oliba, i a algú altre que vagi fins a Sant Cugat. I ja podeu preparar la carta per a l'arquebisbe de Narbona. Aquesta nit jo ho diré a Ramon Borrell, i es quedarà pels funerals. Si avancem una mica la feina després no haurem de córrer.

Em vaig agenollar davant seu.

—Ara vós sou el bisbe d'Urgell, pare Ermengol. Vull ser el primer en rebre la vostra benedicció.

No li va agradar tanta reverència. Em va fer alçar, una mica molest.

—Au va, Dacó. No em vinguis amb això, ara. Tingues una mica de paciència. Tot demana el seu temps. Ara tenim feina. Vull que m'acompanyis. T'he d'ensenyar una cosa.

Va sortir de la cambra sense girar-se, i va baixar les escales a grans gambades, i jo amb prou feines el podia seguir. Ni tan sols va aprofitar per treure's la roba de viatge, que portava pols de tots els camins de la terra. D'un bot va tornar a pujar al seu cavall, encara no l'havien entrat a les quadres. El meu ja no hi era, però em van donar un matxo fresc, que els que havien arribat amb nosaltres estaven arrebentats. Vam deixar la ciutat per la porta del nord. Ja sabia quin era el camí que havíem pres. Anàvem cap a Hiel, a veure Fèlix.

XXVI

On tant de bo tot el que s'hi escriu ens ho haguéssim pogut estalviar

Vam fer tot el trajecte sense dir-nos res. Si mai algun pagès que tornava de la vinya o dels horts de la banda de Sant Esteve ens saludava amb reverència, Ermengol responia amb brusquedat, amb una mitja benedicció, seca i de compromís, sense alentir per res el pas. La boira ja s'havia alçat feia una estona i la llum ocre del capvespre banyava els camps de sègol madur.

Quan vam arribar vam veure de seguida que la porta del mur que envoltava el recinte estava espanyada, i només la mantenia al seu lloc un tros de corda lligada a una estaca que sortia de la paret. Era un tancament de quadra i no pas de santuari. Ermengol va descavalcar i la va obrir d'una empemta. El vaig seguir. El temple de Sant Pere i Sant Feliu ja no en tenia, de porta: l'havien arrencada no sé pas com, i s'estava a terra, mig desballestada, amb les ferramentes forçades. Vam entrar dins de la nau. La porta de la cripta no hi era. Ni arrencada ni destruïda: enlloc. Se l'havien endut.

Ja podia endevinar la resta. El sarcòfag havia desaparegut. Era evident que qui hagués entrat a l'església no volia deixar cap memòria de la presència del bisbe Fèlix. El paviment era net, jo diria que escombrat. Ni una estella, ni un tros de marbre escrostonat, ni les bigues de pedra amb relleus que suportaven la sepultura, ni els canelobres de forja. Res. Tot s'ho havien emportat. Les portelles de fusta de roure que tancaven una fornícula tampoc no hi eren. No vaig dubtar que si haguessin tingut l'esperança de ser capaços d'ensorrar l'església fins als fonaments, ho haurien fet.

Ermengol no es va quedar dins de la cripta ni un instant més del necessari per fer-se una idea del que havia passat. Vam sortir a fora. Ell suava a raig, i jo tenia una pedra al cau del cor. Vam seure en un pedrís al costat de la porta, veient com el sol s'anava colgant.

—¿Què ha passat, aquí? —vaig preguntar.

—Ja ho has vist. Fa tres setmanes va arribar a Hiel un escamot de soldats i es van endur el cos de sant Fèlix. No en sabem res més. Ni quants eren, ni d'on venien. Res. Van matar un pobre noiet que feia de vigilant, i ningú no els va veure en part de món. Els van intentar seguir el rastre, però se'n van trobar molt pocs, i confusos, com si els haguessin netejat. Un que hi entenia va dir que segurament eren francs, per la mena de ferradures que gastaven, i també que cavalcaven de pressa, i que, per tant, no podien anar gaire carregats. Sospiten que van llançar el sarcòfag i el cos al riu, a alguna tolla fonda, com les que hi ha a l'entrada del congost, on no pugui aparèixer més. Ara els ossos de sant Fèlix ja deuen ser cendres escampades al vent. Però no se sap res del cert, i segurament no ho sabrem mai. Va ser una feina ràpida i neta.

—¿I ara?

—Ara no res, Dacó. No res. ¿Tu què penses que es podria fer?

No tenia cap argument. Potser no n'hi havia cap que fos vàlid. Però bé havia de dir alguna cosa.

—Ens queda la memòria, pare Ermengol. Ens queda la fe, ens queda la devoció, les promeses.

No gosava mirar-me'l, però per un lleugeríssim canvi en la respiració vaig notar com Ermengol s'incomodava. La resposta va trigar a arribar.

—És igual, Dacó. Tot això que dius no ens serveix de res. La de Fèlix és ara una causa perduda. Si ja ho era quan ell vivia, avui encara més. Un cop mort Sal·la, ja no hi haurà qui la defensi prou bé. Jo no en tinc ganes, ni els coneixements necessaris. Et vull ser sincer. La doctrina de Fèlix és fina com ala de papallona. Només que la toquis, els dits et queden plens de pols de colors, però és impossible de reproduir-ne el dibuix. El pensament que va teixir Fèlix ja ha estat destruït per sempre. Que tinguéssim els seus ossos no volia dir re. Un símbol, només. Estem empaitant una il·lusió, una quimera, la mina d'or que hi ha a cada extrem del pont que es fa al cel quan plou. No ens seguirà ningú. No hi ha cap possibilitat. Ni que tinguéssim la *Cedula* ni tota la resta d'obres que va escriure i li van cremar els teòlegs, malalts d'ira i d'enveja. Massa difícil. Treu-t'ho del cap. Pel teu bé. Agraeixo el teu sacrifici, jove Dacó, ho saps prou bé. Ha estat una prova dura, i en tindràs la recompensa que mereixes. Ara sé que no t'ho hauríem d'haver demanat, i voldria que em perdonessis. La majoria no se n'hauria sortit.

Vaig callar. No volia mirar als ulls a Ermengol, i les paraules no em passaven de la boca de l'estómac. Ell encara no ho havia dit tot.

—Per contra, ara sé que podem confiar en tu. Cegament. Has demostrat amb escreix el que vals. Et necessito. S'acosten temps complicats, i caldrà estar molt alerta i comptar amb els valors més segurs. Ets prou espavilat, Dacó, i suposo que t'hauràs adonat que s'ha encetat un camí que no sabem cap a on ens portarà. La tendència ja es percebia abans, però anar a Còrdova ha estat com posar llevat fresc a la pasta del pa. Els nostres cavallers van sortir de casa pobres i valents i han tornat rics i ambiciosos. No sé si has parat l'orella per escoltar el que deien a tothora. Els que vivien en una cabana a la vora d'un barrancot volen ara tenir un castell, i els que ja vivien en un castell en volen un de més gran. No hi haurà cap manera de controlar-los si no és parlant el seu mateix idioma. I menys encara amb un comte que es passarà el dia penjat de les mamelles d'una dida.

—Sí. És cert —vaig haver de reconèixer.

—No podem quedar enrere. És més que una simple qüestió de supervivència. Ara és el moment de passar al davant i convertir la nostra església en l'àrbitre de la nova època. S'està covant un canvi, i en el nou món l'espasa dominarà sobre la llei antiga. A partir d'ara manaran els cavallers, els senyors de la guerra. No serà fàcil guanyar-los per al nostre partit o, si més no, que no ens siguin hostils. Ens hem de fer necessaris, i per ser necessaris hem de ser poderosos i, sobretot, no tenir escrúpols. En qualsevol cas, no farem res només amb abraçades, sermons i bones paraules. I tampoc amb les idees prohibides d'un bisbe perseguit. Obre els ulls, Dacó. Hi haurà un esclat de violència sense precedents, de germans contra germans. Una guerra. Com comprendràs, no podem obrir cap altre front. Això que ha passat amb els pobres ossos de sant Fèlix ha estat un advertiment. No sé ben bé de qui, però sempre s'ha de fer cas dels avisos seriosos, i actuar en conseqüència. No és cosa de covards, sinó d'homes prudents. Et vull tenir al meu costat. Tens la força de la joventut, i ets determinat i valent, i et mous bé en moments difícils.

Les cicatrius que tenia al coll i a la cama em bategaven, com si s'haguessin de tornar a obrir.

—No puc.

—Pensa-t'ho bé.

—No puc, pare Ermengol.

No podia. Em faltava l'aire. Em vaig aixecar, amb dificultats. El cap em rodava i un principi de basca em va pujar fins al coll. Sense dir-li res més, vaig aconseguir pujar dalt del matxo. I vaig fugir. Ermengol no es va moure, ni va fer cap intent de seguir-me.

De tornada a la ciutat d'Urgell, vaig córrer a buscar el que quedava de la *Cedula*. Dalt de l'escriptori, vaig agafar un pergamí nou i vaig intentar copiar els fragments que es podien llegir, per veure si la destrucció era només una aparença i per sota hi podia trobar un ordre coherent. Ni que fos només una frase, alguna cosa que tingués una mínima espurna de sentit. No ho vaig aconseguir. Alguna paraula esparsa, sense cap connexió amb la resta, que només feia que alimentar la meva frustració i la meva ràbia. En veure que acabaria boig si continuava amb aquest propòsit impossible, vaig optar per una altra via: intentar recordar el que havia llegit de la *Cedula*, en aquella albada esplendorosa prop de Caracuel. Tenia l'esperança que si actuava d'aquesta manera, el poc que es podia llegir del manuscrit quedaria completat pel que en pogués recordar. Fora de la frase de l'inici, que m'havia quedat gravada amb foc a l'enteniment, vaig ser incapaç de confegir res més que quatre frases, tan buides de contingut que semblaven blasfèmies. Tot s'havia esborrat, convençut que la lletra escrita era molt més forta que la sorra humida de la memòria. Si hagués sospitat per un moment el que podia passar, hauria estudiat les ratlles sublims de Fèlix amb devoció, fins a poder-les recitar sense dubtes, d'una tirada, com fan els nenets moros a les escoles de les mesquites amb el seu Alcorà. I no ho vaig fer, a desgrat de les moltes hores vagaroses, de la infinitud de moments en què vaig palpar la bossa on duia el llibret, només per comprovar que encara hi era, sense que mai no gosés tornar a capbussar-me en aquelles pàgines.

I el resultat de tota aquella deixadesa meva el tenia al davant. Per aconseguir aquell tros absurd de pergamí ple de garagots i esmenes havia fet un jurament sagrat. Havia matat. M'havia convertit en un assassí, en el pitjor que pot ser un home. En assassí i en traïdor. I tot el meu sacrifici i el sacrifici de les meves víctimes, que comportava una condemna segura, no havia servit per a res. Només per demostrar unes qualitats que segur que no tenia, només per fer de peó en una partida nova d'escacs que era a punt de començar.

Em vaig quedar adormit a l'escriptori, caragolat damunt d'un escó, mig malalt de pena i d'esgotament. Vaig sentir unes campanes de matinada, les passes d'algú que s'havia acostat a veure qui era aquell desgraciat que dormia en aquell lloc tan poc avinent. Potser ho vaig somiar. En despertar-me, ja era de dia, i un sol intens entrava pels finestrals de la sala. Em va sorprendre comprovar que tenia molta gana, i mentre baixava fins a la cuina a veure si podia trobar un rosegó de pa vaig recordar que feia més d'un dia sencer que no tastava res.

S'acostava l'hora de la proclamació del testament d'Ermengol. Com a darrer marmessor, tenia l'obligació d'anar-hi, però gens de ganes de ser-hi, cap ni una. Em temia el pitjor, no volia participar en una farsa, en la representació d'un joc d'interessos i falsedats, on jo hi tenia una part petita i insignificant. Vaig passar per la meva cambra per canviar-me. Tot estava igual, com si no hagués passat el temps, però la roba que em vaig posar m'anava baldera, i unes calces que abans eren justes ara em penjaven. A l'habitació que ocupava l'antic Dacó n'havia entrat un de nou, més magre i més desenganyat. Adolorit, també. Al carrer, prop de la font, un bassal que vaig fer servir de mirall improvisat em va tornar la cara d'un esvaït.

Era dia diumenge. Ja havia perdut el fil de l'ordre de les setmanes. A primera hora, després de la missa major del matí, el sagristà va començar a tocar la campaneta de Santa Eulàlia, aquell dring una mica esquerdat que convidava a tothom que volgués a la proclamació pública d'unes últimes voluntats. De la catedral van sortir la majoria dels que assistirien a l'execució del testament, que havien anat a oir l'ofici. El vescomte Guillem, Miró d'Abella, que arrossegava una cama perquè una fletxa sarraïna li havia tallat un nervi a la costa dels Bous, i Ramon de Peramola. El bisbe Sal·la, que se suposava que també era un dels marmessors, no podia, deien, per la seva salut delicada. I encara n'hi havia un altre que no hi seria present per patir la mateixa malatia que el bisbe: Guillem de Lavansa, que va compartir el destí del comte al riu d'Aro, escolat després de perdre un braç en combat. L'abat Ponç de Tavèrnoles i Ramon Borrell acompanyaven Tedberga, la vídua del comte, que ja havia perdut l'aplom amb què va rebre els ossos del seu marit el dia abans.

A dins de Santa Eulàlia ja hi havia el prevere Vives, que duia el testament i era l'encarregat de llegir-lo. Ermengol, l'encara ardiaca, no va aparèixer, aqueferat com estaria amb els preparatius de l'anunci de la mort de Sal·la. A més, no era cap secret que les relacions entre els dos Ermengols no havien estat mai gaire bones. L'Ermengol comte prou que s'ho havia buscat, perquè en els darrers anys havia propiciat el conflicte, sobretot per la usurpació de drets antics que l'església tenia sobre diversos llocs. Tuixén, per exemple, a l'altra banda del Cadí, que havia estat ocupat pels soldats del comte feia quatre o cinc anys. Un bon dia s'hi van presentar, van fer fora la guarnició del bisbe i no van fer cap cas ni de les escriptures ni del que deien els jutges. Vist amb una mica de perspectiva, vaig entendre que el que havia volgut fer Ermengol era afermar el seu poder, i d'aquesta manera avisar a l'altre Ermengol que no ho tindria fàcil si volia fer-li ombra. Però Ermengol el comte ja n'era una, d'ombra, feta de cendres i d'oblit, i en canvi, a Ermengol el bisbe —perquè ja es comportava com si ho fos, i des de feia temps— només li calia esperar el moment de la collita.

L'església era tan petita que amb prou feines hi cabia una dotzena de persones. Em vaig quedar a fora, a tocar de la porta. De tota manera, la cerimònia fou breu, i va consistir en la lectura del testament, que anava precedida i tancada per uns precs per l'ànima del difunt, i una asseveració pública del notari per confirmar-ne l'autenticitat. Hi havia alguns tafaners desvagats que es repenjaven al mur del costat de la porta, per veure si podien escoltar alguna cosa. Vives recitava més que no pas llegia, i la seva veu arribava a fora sense dificultats. Ermengol havia donat la sella i el fre del seu destrer, que era tot de plata, a Santa Maria d'Urgell. I diners a tots els monestirs que va recordar a l'hora de dictar el testament, i que eren molts: jo no hauria pogut esmentar-ne ni la meitat de la meitat. Un record també per al monestir d'Orlhac, d'on havia sortit el papa Gerbert: quatre vasos de plata. Dos llits per al bisbe Sal·la, que ja no els necessitava. Cinquanta unces d'or per als pobres captius, i també el preu de la venda d'un pollí que prometia ser el més bon destrer de la nostra terra. I tornava Tuixén a la jurisdicció de l'església. Quan Vives ho va llegir, posant-hi una mica d'èmfasi poc dissimulat, es va alçar entre els badocs que escoltaven un murmuri de sorpresa. Ermengol es penedia, reconeixia haver obrat malament i, amb una veu que ja ressonava des del més enllà, demanava el perdó. Després d'aquesta revelació, les poques clàusules que quedaven van passar desapercebudes. Cap al final, els escacs. Com m'havia dit anaven al monestir de Sant Egidi, per ajudar a l'obra de l'església nova.

L'Arnall Miró s'havia posat al meu costat. Concentrat com estava, no l'havia vist arribar. Quan va sentir l'esment als escacs del comte em va tustar amb el colze.

—Ja ho has sentit, germà —em va dir—. Digue'm, per favor, ¿què penses fer, ara?

—Les voluntats dels morts són sagrades. Jo no penso fer res més que el que va disposar el comte. Saps prou bé que, arribat el cas, jo faria el mateix per tu.

L'Arnall va tancar els ulls.

—Dacó, ets un innocent. ¿Vols que sigui aquest el primer testament que s'executa sencer?

—Jo no vull res.

La conversa es va interrompre quan van sortir tots els que havien seguit la cerimònia des de dins de Santa

Eulàlia. Vaig haver de parlar un moment amb Vives, que ja havia pensat com s'organitzaria la marmessoria dels béns del comte, de la qual ja havia tractat amb l'abat Ponç. Jo no hi tenia, en principi, cap funció concreta. Si mai em necessitaven, ja m'avisarien. És clar. Jo era l'accident, el nom estrany que apareixia al final de la llista, el desconegut. El jove protegit del comte, que al mateix temps havia crescut sota l'empara de l'altre Ermengol, el bisbe imminent. Quina cosa més estranya, segur que pensaven. M'esperaven per dinar, això sí, en un àpat funerari que es faria a la memòria del comte al palau. Si volia anar-hi, és clar, perquè no en tenia cap obligació. Vaig declinar la invitació, i potser m'ho vaig imaginar, però diria que se li va notar un sospir discret d'alleujament. Potser em va veure uns ulls de boig, perquè des que m'havia despertat aquell matí notava com s'havia trencat alguna cosa dins meu, el fil molt prim que lliga el senderi amb la follia.

L'Arnall s'havia cansat d'esperar, i xerrava amb el vescomte Guillem. No sé pas de què parlaven, però movia molt els braços, com si el tema de la conversa l'hagués esverat. Quan em va veure, li va dir alguna cosa a cau d'orella i el va deixar.

—¿Ja heu quedat per repartir-vos el botí? —va preguntar.

—Estàs desconegut, Arnall. Ja no sé qui ets.

—¿No ho saps? ¿Vols que t'ho expliqui?

—Per favor.

—Més tard. Si vols els escacs hauràs de guanyar-te'ls. Aquest vespre, a Tost.

XXVII

On es juga una partida difícil i es prenen algunes decisions

Vaig deixar la ciutat d'Urgell a mitja tarda, just quan començaven a sonar les campanes per anunciar al món la mort de Sal·la. Me'n vaig anar com una fura, sense dir res a ningú, carregat només amb l'espasa i una mica de roba. Quan omplia la bossa vaig trobar algunes peces que havia agafat a Còrdova: uns vasos de coure amb inscripcions, un gobelet de vori, molt ben tornejat, i una esfera de ferro decorada amb unes àligues, que contenia un anell, també de ferro, fet de petites boletes soldades. En vaig fer un farcellet i el vaig anar a deixar a la catedral, damunt de l'altar de Sant Just, perquè en fessin el que volguessin. Em vaig sentir més lleuger, alliberat per fi d'una càrrega tan incòmoda.

Mentre travessava el Segre per la Palanca, vaig tenir la sensació que me n'anava per molt de temps. Tot el camí fins a Tost, el mateix que havia fet desenes de vegades, em semblava nou. A l'alçada del Pla vaig trobar mon pare Miró i la senyora Sança, que baixaven cap a la ciutat d'Urgell. Tot just els havien avisat de la mort del bisbe. Potser una mica massa d'hora, no vaig poder evitar de pensar. No havia vist Sança des de feia més d'un any, però ella va actuar com si només fos un conegut de lluny, digne tan sols d'una vaga salutació de compromís. Va ser una trobada breu i freda, molt de compliment. El meu pare evitava de mirar-me als ulls, i el vaig trobar estranyament tens i distant. Sabien que pujava cap a Tost, però no van fer cap comentari. Només el vell Enecó, que els acompanyava, semblava content de veure'm, encara que només ho podia percebre amb la seva mirada, que tenia un toc de complicitat continguda. No va gosar manifestar-se de cap altra manera. No tenia cap sentit de fer durar aquell patiment, i vaig clavar els esperons per arribar com més aviat millor.

A l'hora foscant entrava al castell. Hi havia una gran tempesta cap a la banda de Pallars, encara molt lluny. S'anava acostant de mica en mica, i enviava de primer unes ventades d'aire humit.

—Arribes tard, Dacó. Una mica més i et mulles. Em pensava que t'havies perdut. Ara pensava anar-te a buscar.

L'Arnall era dalt de la torre. No vaig veure ningú de la guarnició. Potser eren a la sala de baix. Les quatre cases del poble eren ben tancades. Vaig respondre a la provocació, i de seguida em vaig penedir d'haver-ho fet.

—Conec aquest camí tan bé com tu, Arnall.

—Segurament que sí.

—¿Vols dir-me què et passa? —vaig optar per anar de cara—. No entenc res.

Parlava a l'aire. L'Arnall ja no era a la plataforma de la torre. Va aparèixer al cap de l'escala.

—No perdem temps, germanet. Tenim feina. Espero que no hagis oblidat les normes.

Vaig enfilar-me escales amunt.

—No. ¿Les recordes, tu?

—Perfectament. Com si l'hagués inventat jo, el joc.

Vam entrar a la sala del mig. L'Arnall va posar unes teies enceses a la gran teiera de ferro que hi havia al centre de l'estança.

—Deixa l'espasa, que et farà nosa. No la necessites per a res. És només un joc, no un combat —em va dir.

L'espasa es va quedar a l'entrada. L'Arnall es va asseure a terral damunt d'un coixí, davant del tauler.

—Et deixo començar. Recorda. Qui guanya, es queda el joc i en farà el que voldrà.

—¿Hi ha alguna altra opció?

—No. Cap ni una. És així com ha de ser. Oblida el testament del comte. És un testament vell, i ara l'hauria redactat d'una altra manera.

—No ho pots dir. ¿Per què em fas això? —vaig demanar, mentre obria el joc amb un dels peons del mig—. Som germans, Arnall. Ens hem criat junts. Podem parlar del que vulguis.

—No res, no sóc, amb tu. Dacó, bord de Tost. Obre els ulls. Desperta.

Em costava concentrar-me en el joc. Al llarg d'alguns moviments, la partida semblava que es jugués contra un mirall, perquè l'Arnall reproduïa els que jo feia. Tots dos teníem por de fer un mal pas i acabar-la abans d'hora.

—¿Què vols dir?

—Ets un ingenu, Dacó. T'estic fent un favor —va dir, mentre jo perdia el primer cavaller, que havia començat a atacar i amb qui havia dipositat moltes esperances—. Has jugat a la banda equivocada. Busca't un bon amo, el millor que puguis trobar en aquestos temps dolents. Has estat perdent el temps amb els capellans. Durant dos anys t'he estat vigilant, sense que te n'adonessis. Però t'has anat apartant de la família, has anat sempre a la teva. Ens has decebut. Pensava que no caldria que et digués res, que ja te n'adonaries tot sol, i ja veig que no. La meva mare et va enviar prop d'Ermengol perquè volíem saber quina una en portaven de cap. Ell i Sal·la. Al comte li feia por l'ambició de l'ardiaca, i va encarregar al nostre pare que el tinguéssim ben informat. Eres l'element perfecte, però et vam perdre pel camí. Et vas fer malbé.

A aquelles alçades, l'estat de la partida reflectia la conversa. S'havia embussat al centre del tauler, amb la meitat de les peces entravessades. Tenia un elefant al mig del pas, sense poder avançar ni recular, amenaçat pel conseller negre que avançava, quadre a quadre, sense que pogués aturar-lo.

—No saps el que dius, Arnall —vaig objectar, movent el cap.

—T'han ben enredat amb els deliris de Sal·la. El somni d'un vell que no tocava de peus a terra. Obsessionat amb un heretge, fins al punt que va robar els seus ossos.

El cor em va saltar.

—¿Què en saps, d'això? ¿D'on ho has tret?

—Ho sé tot, germanet. És difícil mantenir secrets com aquest. De fet, ho sabia gairebé tothom. ¿Recordes aquell ambaixador franc? El que vam trobar de tornada de Tortosa. No era un ambaixador, però ¿oi que va fer-ho bé? De fet, era un enviat de l'arquebisbe de Narbona, que havia vingut a comprovar en persona fins a quin punt s'havien corromput els nostres capellans. Convé tenir bons tractes amb els que manen de veritat, perquè després saben actuar en conseqüència i tornar-te els favors.

—No m'ho puc creure. Em vols confondre.

—Li ho vam anar a dir nosaltres tan aviat com Pere de Torres va portar els ossos aquí. Mesos abans que es dignessin a revelar-te el secret. Ja veus quina confiança tenien en tu. Ho sabia mig món i el pobre Daconet encara s'estava dalt de la figuera. No se t'ha fet justícia. La puresa de la teva devoció no ha tingut bons receptors, ja ho has vist. M'hi jugo l'espasa bona que, a partir d'ara, el bisbe Ermengol se'n desdirà. La memòria de Fèlix fa molta nosa, i ell ho sap. És un home ambiciós i intel·ligent, però que no té escrúpols. És un mestre a l'hora d'utilitzar la gent que té per sota, i fer-los ballar a la tonada que més li convé. Espero que, a hores d'ara, ja te n'hagis adonat. Si no, ja no pots dir que no t'ho hagi dit ningú.

—Acaba d'una vegada —vaig fer un moviment a cegues, un peó se'n va menjar un altre, una jugada del tot inútil. L'Arnall va respondre amb un atac de cavaller que jo no havia previst.

—Tranquil. Tenim temps, encara. Sobretot, no et posis nerviós. Mira de jugar millor o perdràs abans d'hora.

—Deixa'm estar —un dels meus elefants va obrir un nou flanc d'atac.

—No em fas por, Dacó. No tens malícia, ni ràbia. Ets massa obedient, com un gos de pastor. Si et diuen de mossegar la pota d'un corder, la mossegues i no penses si allò que fas és bo o és dolent. Saltaries per un esbalçader si l'amo t'ho ordenés. Em va sorprendre el que vas ser capaç de fer a Caracuel. Matar aquells tres pobres monjos de la manera com ho vas fer. ¿Saps? Jo no hauria pogut. Confesso que quan els vaig veure em vaig espantar. Tu potser no t'hi vas fixar, però tenien un gest de terror pintat a la cara, com si els hagués anat a tallar el coll el diable en persona.

—Em vas seguir.

Els cavalls llunyans que vaig sentir aquella nit no eren cap cosa de la imaginació.

—Exacte. Volia veure fins on eres capaç d'arribar. Vaig quedar ben parat, t'ho confesso. Però els hauries d'haver enterrat, Dacó. És molt poc cristià allò que vas fer, deixar-los allà estesos, pobres monjos. No sé què havien menjat per sopar, però quan vam entrar al monestir, allò pudia de mala manera, com si ja portessin dies i dies de podriment. Vam haver de calar-hi foc. N'hi devia haver algun altre d'amagat o bé un dels que pensàvem que era mort encara tenia un alè de vida, perquè des de fora vam sentir uns esgarips que glaçaven la sang.

—Ja n'hi ha prou.

—No sabia que fossis tan sensible, germanet —va dir, mentre continuava avançant amb aquell cavaller fet de pedra negra—. No ho has de ser. No és un bon temps. No sé què coi hi vas anar a buscar, en aquell cony de monestir perdut al desert. Un llibre, o una carta, imagino. Alguna cosa petita, fàcil de transportar, una relíquia de Fèlix, el desgraciat bisbe d'Urgell. El llibrot que vas carregar a una de les mules d'Ermengol segur que no era. No val la pena. No sé si ho vas trobar o no. No m'importa. Si ho vas trobar no deu haver-te fet cap bon servei. Si no, no series aquí.

—¿Què passarà, ara? —necessitava trobar una sortida, com fos, una escletxa, una mica de llum.

—Depèn de tu —deia, al mateix temps que el meu elefant va aconseguir tapar el pas al cavaller—. Pots anar-te'n amb el bisbe. Ell ja et coneix, ara tu el comences a conèixer. Potser us entendreu, potser no. Pots provar-ho, si vols.

—¿I si no vull? —el meu conseller es va poder col·locar en una bona posició, protegit pel cavaller que em quedava i per dos peons.

—Si no vols —va començar, com si no comptés que aquesta opció fos possible—. Si no vols. Sempre pots tornar a casa. Ja saps els tractes. Hi ha un lloc per a tu. Saps de lletra, que això no fa mai nosa. També ets capaç d'assassinar qui convingui sense posar-te pedres al fetge. No t'ha de saber greu. Segons com t'ho miris, és una rara qualitat. No tothom pot fer-ho. Vine amb nosaltres. Torna a casa, Dacó. Ens hem quedat sense un comte que pugui contenir-nos, i Ramon Borrell no serà capaç de controlar el nostre país sense descuidar el seu. L'olla ja fa dies que bull. Faran falta cavallers que siguin capaços de fer un pas endavant, i tu n'ets un. Dels bons.

L'elefant, amb el suport del cavaller, va fer bé la seva feina.

—T'he guanyat. No hauries de parlar tant, Arnall. Et distreus massa, amb tanta xerrameca.

L'Arnall va mirar el tauler i la disposició final de les peces, incrèdul, com si allò no fos possible.

—Mira-te'l. Tens raó —va haver d'acceptar.

—Ara m'he de quedar amb les peces. És el tracte.

—Somies, Dacó. Torna a la realitat. Saps prou bé que no puc deixar que te les emportis. No permetré que aquestes peces vagin a espetegar qui sap on. No tinguis cap dubte que els monjos de Sant Egidi les vendran al primer arroplegat que passi davant del monestir i per una misèria, i s'esgarriaran per sempre. No pot ser, per respecte a la memòria del comte.

—No és just —vaig objectar.

—És com és. Si no hi estàs d'acord, hauràs de lluitar. I no t'ho posaré fàcil, ja ho saps. Tu tries.

—No vull lluitar —i sí que volia.

—Res a dir, doncs.

L'hauria matat. Duia tanta fúria al damunt que li hauria saltat al coll com un llop, i amb els polzes li hauria tret els ulls, abans que tingués temps d'adonar-se del que li passava. Però no podia fer-ho. L'Arnall ho sabia, i em mirava amb una rialla foteta. Havia perdut, una vegada més. Vaig sortir de la sala sense mirar enrere. El pes de l'espasa se'm va fer insuportable. Carregava una creu. La tempesta s'havia aturat a l'altra banda del riu, i era només una cortina fosca damunt de les muntanyes de ponent, que prenia forces per avançar de matinada.

Vaig fugir. A les fosques, pel camí que seguia Segre avall fins al monestir de Centelles. El monestir era una massa negra i pesada, a la dreta, una mica apartat. Si els monjos que hi vivien sentien alguna cosa, es feien els sords. Vaig continuar pel corriol que s'acostava a l'entrada del congost, fins que ja no es podia avançar més. Deien que era el lloc on van esbalçar el sarcòfag de Fèlix, una nit com aquella. Al fons, l'aigua negra roncava amb un so greu i continu, que recordava la buna baixa d'un sac de gemecs. Trencava contra les parets de pedra de calç i continuava rabent riu avall. Hi havia només un tros de lluna, que amb prou feines dibuixava els contorns de les roques i es reflectia en l'escuma de l'aigua.

Vaig llançar l'espasa al fons. Va caure recta, sense fer tombs, sense que, en picar contra l'aigua, se sentís cap altre soroll que el bram del riu.

XXVIII

On es veu com tot el que una vegada comença sol tenir un final que el tanca, més bé o més malament

Avui és la vigília de Tots Sants, el moment en què els morts, siguin allà on siguin, s'acosten de nou a la terra. He passat tres mesos escrivint com un posseït, i potser no sigui cap casualitat que avui sigui el dia en què —si Nostro Senyor no disposa altrament, cosa que no crec, perquè altres feines té— acabaré allò que vaig començar. Fa un dia fosc. Ahir va nevar, la primera de l'any. Van caure dos pams de neu. He demanat al pare abat dispensa d'anar als oficis de terces i de sextes, per poder acabar avui mateix. M'ho ha concedit, però no en tenia cap necessitat. No sóc monjo, ni tan sols novici. No sóc res, m'estic al monestir de Santa Cecília com a convidat, em puc quedar a la cel·la tant de temps com vulgui, que ningú no vindrà a dir-me res. Estic sota la protecció del pare abat, que coneixia dels dies de Codinet. Ningú fora d'ell sap ben bé qui sóc.

Podríem dir que hi estic refugiat, prop de casa, amagat del món i de la seva terbolesa. He d'acabar avui, com sigui. Ho noto. Demà no sé pas què faré. No m'ha de faltar la llum, fins i tot en aquest capvespre tan fosc que ara s'ha girat. Tinc una bona provisió de teies, una llàntia de greix de corder i un saquet de culs de ciri que he anat recollint de l'església, d'amagat.

Els he anat veient a tots. Els noto encara al meu costat, silenciosos, només un vapor subtil. No diuen res, ni tenen cap actitud en especial, cap retret, cap recomanació, ni una paraula, cap pensament. Apareixen, s'hi estan una estona i després se'n van, es fonen en la fosca. O potser es queden, discrets, en un segon terme. N'hi ha que tenen una presència més forta, gairebé corporal. Ermengol, sobretot. No l'he vist, però diria que l'he sentit respirar, darrere meu, com si llegís per damunt de l'espatlla. Anava i venia, com si anés a obrir la porta invisible. M'han fet pensar en els darrers mesos. He tingut molt present el noiet moro de la llança, aquell que va tenir la mala fortuna de posar-se al meu davant, el primer que vaig matar en combat. Avui també hi és, em sembla. Sense rancúnies, o ell o jo. I Pere de Torres, és clar. Somriu a desgrat, que la darrera vegada que el vaig veure, ja mort, ni tan sols tenia boca.

He voltat molt món, fins que vaig decidir tornar a casa, a buscar encara no sé el què. En tres anys he tingut temps per a moltes coses. He estat en terres de França. He hagut de robar per menjar. M'han ficat a la presó, un parell de vegades. M'he pogut escapar. He captat a la porta de les esglésies, m'han fet fora de pobles a bastonades i cops de roc, he fet de pastor de porcs. En travessar un bosc, vaig veure com un llop es menjava un nadó. I totes les dones eren la Llobeta, i totes em giraven la cara. Vaig veure el mar. Em vaig embarcar, de Marsella cap a Gènova, i no em va agradar l'experiència. A Narbona, un mercader jueu em va dir que els nens de Còrdova cantaven cançons sobre l'any dels francs i la mort del seu rei Ermengol. Les coses no van anar bé al califa al-Mahdí. El nostre auxili li va servir de ben poc, i fou executat per ordres del seu general més fidel, Wàdih el Capó. Ha vingut, també. No sabia que era mort. És un mort recent, ho puc percebre, i encara podria afinar una mica més: li han tallat el cap en públic, que és el càstig reservat als traïdors. Quanta mort, i quanta cobdícia. Sal·la també hi és, però molt desdibuixat, amb prou feines un sospir. Pensava que vindria acompanyant Fèlix, i m'he equivocat. El bisbe sant no ha aparegut, i no vull pensar en el motiu.

Vaig estar a punt d'embarcar-me cap a Terra Santa, llogat per uns pelegrins que buscaven un escamot d'homes joves i valents perquè els protegissin durant el viatge. A darrera hora me'n vaig desdir. Volia tornar, com fos. M'era igual que no fos ben rebut. Llevat del pare abat, ningú no sap qui sóc. Potser no m'hauria conegut ningú: molts dels rostres que he anat trobant des que he tornat només em són familiars, però a molts em costa posar-los un nom. Ells tampoc no m'han reconegut, tot i que ni jo ni ells no hem canviat pas gaire. Els meus antics companys d'armes tenen ara una altra feina. Ara fan d'amos, i la llei la dicten ells. Res no els atura. Em van dir que Ermengol el bisbe ja ha fet que comencin les obres per obrir el pas del congost. No serà fàcil. Diu que faran falta tres ponts, arrapats a la roca i penjats sobre el buit, i molts mestres de ponts diuen que no accepten l'encàrrec.

Ara han arribat. Són aquí, i els trobava a faltar. De fet, els esperava. Els tres monjos de Caracuel, amb el quart que no vaig veure però que també hi era. Com els altres, han arribat sense fer gens de soroll. Han ocupat un espai lliure, i, com els altres, també, s'esperaran fins que es faci de dia, quan s'aixecaran i marxaran.

Quan se n'hagin anat començaré una vida nova. Deixaré el monestir, i tornaré als camins. ¿Quina és l'ànsia que em mou? ¿La venjança, o potser un impuls cec de resistència? ¿O bé l'orgull? Demà potser ho sabré. No sé per què penso ara en la Guinidildes. Ja fa temps que deu haver parit. Tinc la sensació que aquest hivern serà llarg, i difícil de passar.

Aquesta edició de *L'any dels francs*, d'Albert Villaró, es va acabar d'imprimir als tallers d'Hurope, S.L., a la ciutat de Barcelona, el dia 14 de novembre de l'any 2003.